W0241887

CHARLES
LE TÉMÉRAIRE

DU MÊME AUTEUR

LA VICTOIRE SUR L'HIVER, Fayard, 1978.

L'ENJEU DE LA FORMATION PROFESSIONNELLE, Fayard, 1987.

MÉMOIRES D'OUVERTURE, Belfond, 1990.

POLITIQUE EN JACHÈRE, Albin Michel, 1993.

VOYAGE EN NORVÈGE, Éditions de l'Armançon, 1995.

JEAN-PIERRE SOISSON

CHARLES LE TÉMÉRAIRE

BERNARD GRASSET
PARIS

Tous droits de traduction, de reproduction et d'adaptation
réservés pour tous pays.

© *Éditions Grasset & Fasquelle, 1997.*

« Il n'y a rien de supérieur à une vérité qui semble invraisemblable. Dans les grands faits de l'histoire, il y a toujours, parce qu'ils s'élèvent au-dessus de la commune mesure, quelque chose d'incompréhensible. »

Stefan ZWEIG, *Magellan.*

Avant-propos

En janvier 1995, quittant Saulieu par un matin de grand froid, je me suis rendu au cœur du Morvan. Il avait neigé : les oiseaux volaient bas sur les étangs gelés. Pas un bruit. Pas un cri. Rien.

J'ai marché longtemps. Seul.

Peu à peu, ce paysage blanc devenait un écran sur lequel se jouaient l'histoire d'une vie et celle d'une mort. Dans mon esprit, se formaient lentement les images du dernier duc de Bourgogne, mort dans la neige, retrouvé nu dans un étang de Nancy, une joue arrachée par les loups.

Ce jour-là, j'ai décidé d'écrire une vie de Charles le Téméraire.

Pendant deux ans, j'ai vécu dans l'intimité de Charles. Je me suis plongé dans Commynes, Chastellain, La Marche, les grands chroniqueurs du XVe siècle qui l'ont connu et accompagné. J'ai mis mes pas dans ses pas à Dijon, Gand, Bruges et Nancy. Je l'ai suivi dans ses déplacements, jour après jour, m'efforçant de reconstituer le puzzle complexe de sa vie. Perdu et admiratif. Inquiet et passionné.

Je suis allé en Hollande sur les bords du Rhin, à Gorinchem, où Charles avait bâti sa résidence secondaire et courait la mer. En janvier 1996, je me suis rendu en Suisse sur les champs de bataille de Grandson et de Morat par le même froid qui sévissait à Saulieu un an auparavant. Une immensité blanche. Aucun bruit. Dans ma tête, revenaient les images du dernier duc de Bourgogne, nu, mort dans la neige.

Ma passion pour Charles me l'a rendu familier. Certains jours, je l'ai haï ; d'autres je l'ai aimé. J'ai rêvé de lui, qui a voulu, selon Michelet, « trop de choses infinies », qui a désiré construire un pays nouveau, qui a été à la fois si fort et si faible [1].

Son dessein a été de fonder un royaume de l'Europe médiane, entre la France et l'Empire, de la mer du Nord au lac de Genève. Il avait l'intelligence, l'imagination, la volonté d'entreprendre, mais il n'a pas su adapter sa politique aux oppositions qu'il a rencontrées. Téméraire dans le projet ; réservé, méticuleux, maladroit dans la réalisation. Il s'est précipité, gâchant souvent le temps en prétendant le devancer : il était l'homme d'une pulsion. Puis il hésitait, attendait et laissait passer le moment d'imposer sa décision : dans l'exécution, il n'avait pas l'art de la main.

Plus j'ai avancé dans mon étude, plus j'ai découvert un être exceptionnel, de passions et de souffrances, de violences et d'emportements. Une vraie vie placée sous le seul regard de Dieu. Je me suis efforcé de décrire le rêve d'un homme qui a tenté, à la charnière du Moyen Age et de la Renaissance, de dominer un monde qui avait, comme le nôtre, la peur de la mort. Au XVe siècle, la vie était « si violente et contrastée qu'elle répandait l'odeur mêlée du sang et des roses [2] ». Monde finissant, monde hésitant, violent et beau, où se croisent guerriers et

---

1. Jules Michelet, p. 1029. — Les références des ouvrages cités dans la bibliographie ne sont répétées ni dans les notes ni dans l'index.
2. Johan Huizinga, *L'automne du Moyen Age,* p. 30. Sans doute le livre sur la civilisation du XVe siècle le plus prophétique, le plus moderne aussi.

esthètes, poètes et bourreaux : la beauté a le goût du péché. L'époque est empreinte de mélancolie.

Hommes du XVe siècle, debout dans votre peur, vous me paraissez si proches de ce que nous sommes.

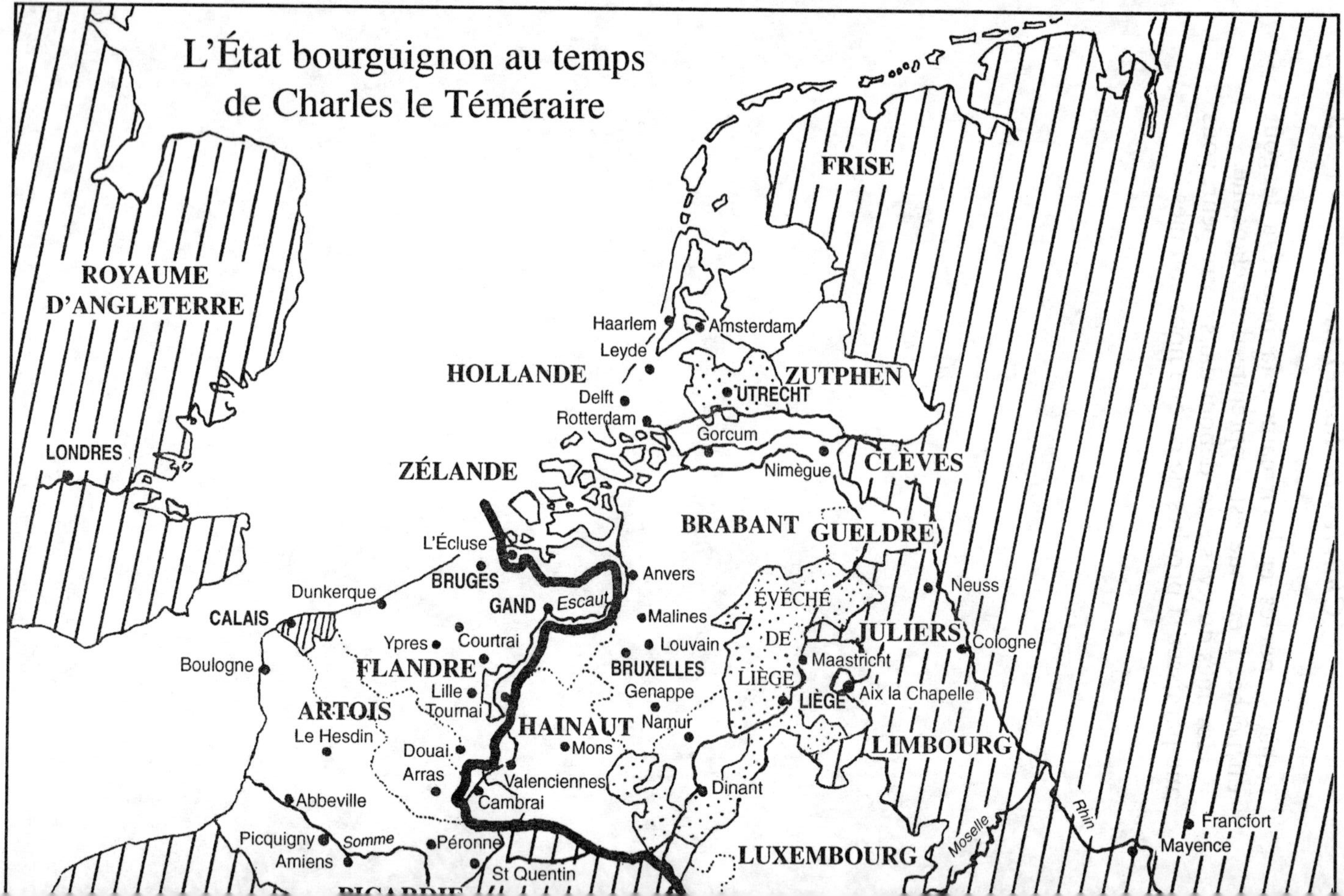
L'État bourguignon au temps de Charles le Téméraire
ROYAUME D'ANGLETERRE
LONDRES
FRISE
Haarlem
Amsterdam
Leyde
HOLLANDE
ZUTPHEN
Delft
UTRECHT
Rotterdam
Gorcum
ZÉLANDE
CLÈVES
Nimègue
BRABANT
GUELDRE
L'Écluse
BRUGES
Anvers
Dunkerque
GAND
Escaut
ÉVÊCHÉ DE LIÈGE
Neuss
CALAIS
Malines
JULIERS
Cologne
Ypres
Courtrai
Louvain
Boulogne
FLANDRE
BRUXELLES
Maastricht
Lille
Genappe
LIÈGE
Aix la Chapelle
ARTOIS
Tournai
HAINAUT
Namur
Le Hesdin
Douai
Mons
LIMBOURG
Arras
Valenciennes
Dinant
Abbeville
Cambrai
Rhin
Moselle
Francfort
Picquigny
Somme
Péronne
Mayence
Amiens
St Quentin
LUXEMBOURG

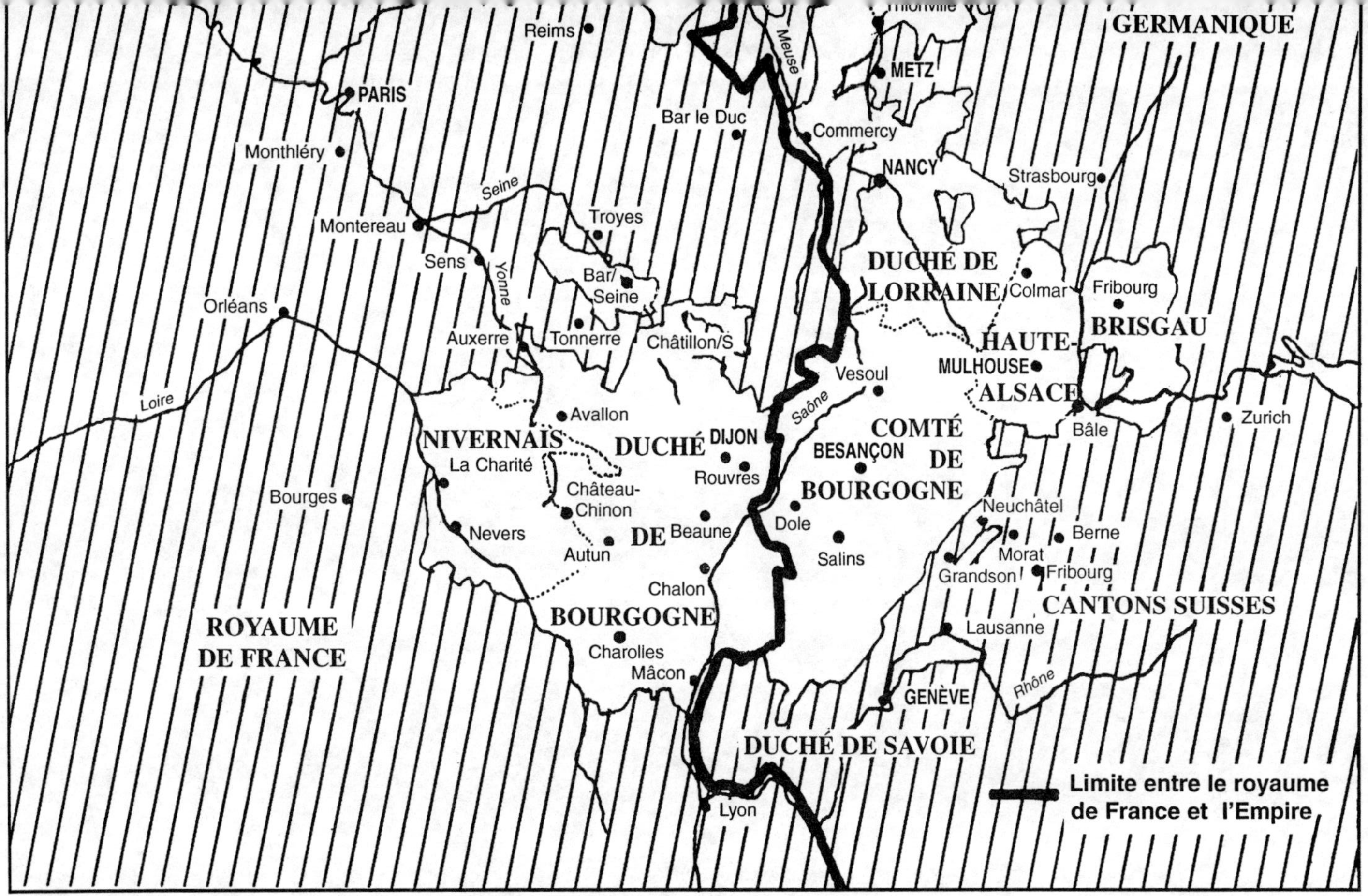
GERMANIQUE
Reims
PARIS
Monthléry
Bar le Duc
Meuse
METZ
Commercy
NANCY
Strasbourg
Seine
Montereau
Troyes
Sens
Yonne
Bar/
Seine
Orléans
Auxerre
Tonnerre
Châtillon/S
DUCHÉ DE
LORRAINE
Colmar
Fribourg
BRISGAU
HAUTE-
MULHOUSE
ALSACE
Vesoul
Saône
Loire
Avallon
NIVERNAIS
DUCHÉ
DIJON
Rouvres
BESANÇON
COMTÉ
DE
BOURGOGNE
Bâle
Zurich
La Charité
Bourges
Château-
Chinon
Nevers
Autun
DE
Beaune
Dole
Salins
Neuchâtel
Morat
Berne
Grandson
Fribourg
Chalon
CANTONS SUISSES
BOURGOGNE
Lausanne
ROYAUME
DE FRANCE
Charolles
Mâcon
Rhône
GENÈVE
DUCHÉ DE SAVOIE
Lyon
Limite entre le royaume
de France et l'Empire

LE RÊVE BOURGUIGNON

Charles le Téméraire est le prince le plus fastueux, le plus baroque, le plus cultivé de son temps — le plus solitaire aussi. Dans sa tente, la veille de sa mort, il lit la *Cyropédie* de Xénophon. Il a voulu cette chose folle, une grande Bourgogne qui irait des Pays-Bas à la Suisse : un royaume du Rhin, sans rapport — autre que celui des origines — avec la Bourgogne actuelle, ses tuiles vernissées, ses vignes et ses vallées apaisées.

Il est le quatrième et dernier duc de Bourgogne de la branche des Valois. L'histoire de sa maison est un long poème d'orgueil héroïque : elle dure un peu plus d'un siècle, de 1363 à 1477, rythmée par des guerres avec l'Angleterre, la France, l'Empire et les cantons suisses. Elle est aussi marquée par la révolte des communes contre le pouvoir central que les ducs de Bourgogne ont voulu imposer aux Pays-Bas. Un âge de sang et de violence. Mais demeurent un développement sans précédent de l'économie et l'éclosion d'un art incomparable.

Au XVe siècle, la cour des Valois de Bourgogne est la plus brillante de l'Occident : les peintres et les écrivains la présentent même comme le spectacle d'un rêve. Les portraits de Van Eyck ou de Memling montrent des hommes et des femmes impassibles, absents, entrés immobiles dans l'éternité. Quel contraste avec les troubles de l'époque ! Ils décrivent « une civilisation de la lumière intérieure[1] ».

Les ducs de Bourgogne ont façonné les Pays-Bas modernes. Au départ, sans trop y croire : ils voulaient le pouvoir à Paris et n'ont pu le prendre. C'est par défaut qu'ils s'installèrent à Gand, Bruges ou Bruxelles, préférant souvent aux armes les voies du mariage et de la succession. Ils ont géré et étendu leur patrimoine avec une obstination de notaire. Ils l'ont étiré vers la mer du Nord ; ils ont rassemblé sous leur autorité l'Artois, le Hainaut, le Brabant, la Flandre et la Hollande, qui étaient alors les pays les plus riches d'Europe.

Nous possédons les registres de leurs receveurs des finances, conservés dans les archives de Dijon et de Lille : ils décrivent, jour après jour, l'histoire de cette richesse, son extension et sa répartition : à la fin du règne de Charles le Téméraire, les ressources que le duc tire de la Bourgogne — duché et comté — représentent moins de dix pour cent des recettes générales de l'État bourguignon[2]. Les comptes évoquent aussi des traités de commerce, des banques et des compagnies de navigation. Ils parlent de développement, de relations commerciales entre les villes du Rhin, de l'Escaut et le reste de l'Europe. Ils relatent la création d'une économie moderne fondée sur la liberté des échanges.

L'Europe médiane est bourguignonne. Elle s'ouvre sur l'Angleterre, l'Europe du Nord, le Portugal et l'Es-

---

1. Jean-Philippe Lecat, *Le siècle de la Toison d'or*, p. 14.
2. Vingt-deux registres des archives départementales de la Côte-d'Or couvrent presque intégralement le règne de Philippe le Hardi. Seuls manquent les comptes de vingt-cinq mois et demi. Pour les quinze années du règne de Jean sans Peur, nous disposons seulement de sept comptes, répartis entre les archives de la Côte-d'Or et celles du Nord. Les comptes des deux derniers règnes sont conservés dans les archives départementales du Nord. Pour le règne de Philippe le Bon, quatre comptes manquent. Pour celui de Charles le Téméraire, la série est complète. « La continuité est ainsi presque absolue de 1419 à 1477 » (Michel Mollat, « Recherches sur les finances », p. 290).

pagne par les ports flamands et hollandais. Ses problèmes sont déjà les nôtres : recherche de débouchés nouveaux, inégalité des coûts salariaux, évolution des taux de change. Michelet a eu l'intuition de cette force économique de l'État bourguignon, lorsqu'il a évoqué les ducs de Bourgogne : « Dans cette mort du XVe siècle, ils gouvernaient des vivants [1] ! »

Philippe le Hardi, Jean sans Peur et Philippe le Bon — les trois premiers ducs — ont été des hommes magnifiques, souvent impulsifs et toujours d'un orgueil « sacerdotal », comme l'écrit Malraux de Saint-Just. Ambitieux mais réalistes. En un siècle, ils ont bâti « cet étrange empire de la maison de Bourgogne [2] ».

Charles n'était pas plus énergique ou déterminé qu'eux. Il l'était autrement : c'était un romantique et ce sont d'ailleurs les romantiques qui l'ont appelé le Téméraire. On ne peut le comprendre sans connaître la vie et l'œuvre des ducs qui l'ont précédé et dont il est l'héritier. Sans eux, on ne peut expliquer cette exubérance de la vie et cette présence de la mort mêlées en lui, cette colère rentrée, cette façon qui lui est propre d'aller au bout de son rêve.

1. Jules Michelet, p. 846.
2. *Ibid.*, p. 873.

I

Philippe le Hardi

L'aventure des ducs Valois de Bourgogne commence quand le roi de France, Jean II le Bon, hérite du duché de Bourgogne et le donne à son fils Philippe. Né le 17 janvier 1342, Philippe combat aux côtés de son père à Poitiers en septembre 1356 : ce gamin de quatorze ans, debout sous les haches et les masses d'armes, protège le roi : « Père, gardez-vous à gauche ! Père, gardez-vous à droite ! »

Une dynastie finit, une autre commence. Dans des conditions tragiques, les Capétiens cèdent la place aux Valois : la peste ravage la Bourgogne et emporte le dernier duc capétien, Philippe de Rouvres. Il meurt à dix-sept ans le 11 novembre 1361. Le roi de France est son plus proche héritier, du moins le prétend-il ! Et, pour prouver son bon droit, il accourt à Dijon, où l'attend son ami Jean de Boulogne. Celui-ci préside le Conseil ducal et lui facilite la prise en main du duché. Une vieille complicité unit les deux hommes : quand Jean le Bon a perdu sa femme, Jean de Boulogne lui a présenté sa nièce, Jeanne, veuve elle aussi. Jeanne est la mère de Philippe de Rouvres. Affaire de famille : Jean le Bon a élevé Philippe et devient son héritier.

Sur le chemin de Dijon, il s'arrête à Auxerre pour assister à l'installation du nouvel évêque, Jean Germain, qui a été membre de son Conseil. L'abbé Lebeuf a décrit, avec gourmandise, l'étape auxerroise : le 16 novembre, Jean le Bon a couché au château de Regennes ; le lendemain, il dîne au château de Saint-Bris [1]. Il a assuré la carrière de l'évêque d'Auxerre, qui sait lui témoigner sa reconnaissance !

Arrivé à Dijon le jeudi 23 décembre, le roi se rend devant les États, jure de respecter les libertés de son nouveau duché. La Bourgogne veut rester indépendante : elle le restera ! Elle n'entend pas devenir une province française : elle ne le deviendra pas ! Le roi promet tout ce qu'on lui demande ; il confirme les avantages acquis, exempte les uns du paiement de l'impôt et anoblit les autres. Sans trop regarder : la peste sévit toujours, il veut regagner Paris. En six semaines, il signe cent vingt chartes, réorganise l'administration, nomme Poinçart Bourgeoise receveur général des finances et confie à Jean de Tancarville la charge d'assurer l'ordre public. Puis il s'en va, besogne faite et Bourgogne en poche.

Le voici de retour à Dijon dans l'été 1363, après s'être rendu en Avignon pour rencontrer le nouveau pape Urbain V. Il a remonté en bateau les cours du Rhône et de la Saône. En Bourgogne, l'ordre n'est pas rétabli. Des compagnies de pillards ravagent le duché et ont même défait, lors de la bataille de Brignais, les troupes royales. A la fin du mois de juin, Jean le Bon s'installe à Talant, révoque Tancarville et confie à Philippe le gouvernement du duché avec le titre de lieutenant du roi. Puis il regagne Paris. Philippe entre à Dijon, muni des pouvoirs de son père, le lundi 10 juillet 1363 : ce jour marque le début d'une nouvelle dynastie.

Philippe le Hardi n'est pas encore duc de Bourgogne. Tout jeune, il a reçu de son père la Touraine en apanage. La coutume des rois de France est alors d'attri-

1. Abbé Lebeuf, t. I, p. 467-470.

buer à leurs fils une province, dont les revenus assurent leur train de vie. Philippe le Hardi ne deviendra duc de Bourgogne qu'après la mort de son père : il renonce à la Touraine et Charles V, par lettres patentes du 2 juin 1364, lui donne la Bourgogne. Dom Plancher a décrit les cérémonies d'investiture, publié le texte de la charte que Philippe a signée, le serment qu'il a prononcé de respecter, comme son père, les franchises du duché.

Dès son avènement, Philippe souhaite joindre au duché le comté de Bourgogne, la Comté comme l'on dit alors, qui deviendra la Franche-Comté. Maître de Dijon, il veut le devenir de Besançon. La Comté ne fait pas partie du royaume : depuis le partage de Verdun entre les petits-fils de Charlemagne, elle est fief d'Empire. Mais Philippe la considère comme « le complément obligé » du duché de Bourgogne et il rappelle que ses prédécesseurs, les ducs capétiens, l'ont possédée[1].

Comment la récupérer ? Il choisit la voie qui deviendra la pratique habituelle des ducs Valois : le mariage. La Comté appartient à Louis de Male, comte de Flandre, qui la tient de sa mère, Marguerite de France. Elle reviendra à sa fille Marguerite, qui a été fiancée à Philippe de Rouvres et s'est trouvée « veuve avant d'avoir été femme[2] ». Marguerite n'a guère eu de chance : après Philippe, son père l'a fiancée à Edmond, fils du roi d'Angleterre. Le pape a refusé la dispense nécessaire car les jeunes gens sont cousins. Charles V s'est opposé au mariage : le rattachement de la Flandre à l'Angleterre lui paraissait constituer, pour la France, une menace trop grave.

Pour sa part, Louis de Male n'est pas favorable à un mariage français : il craint les réactions de l'Angleterre, dont la Flandre dépend pour son approvisionnement en laine. Que le roi d'Angleterre interdise les exporta-

1. Joseph Calmette, *Les grands ducs de Bourgogne*, p. 50.
2. Ernest Petit, *Histoire des ducs de Bourgogne*, t. IX, p. 250.

tions et la Flandre, dont la principale activité est l'industrie textile, sera réduite au chômage !

Pour emporter la décision, Charles V se rend à Tournai et demande à Louis de Male de l'y rejoindre. Ce dernier refuse en prétextant une maladie soudaine ! Le roi fait alors intervenir sa mère, la vieille duchesse Marguerite, qui est née princesse de France et se le rappelle. Elle accourt chez son fils, écarte sa robe, montre son sein. La scène est décrite par Barante :

« Puisque vous ne voulez point obéir à la volonté de votre roi — le comte de Flandre est vassal du roi de France — et de votre mère, pour vous faire honte, je vais trancher ce sein qui vous a nourri, vous et point d'autres, et je le donnerai à manger aux chiens. Sachez aussi — la menace est plus grave — que je vous déshérite, et que vous n'aurez jamais mon comté d'Artois[1] ! »

Un tel langage suffirait-il ? Charles V rend au comte de Flandre les châtellenies de Lille, de Douai et d'Orchies, jadis acquises par Philippe le Bel. Voici à nouveau réunies, sous une même autorité, la Flandre française et la Flandre flamingante : le roi croit bien faire, puisque les deux Flandres doivent revenir à un prince français. Pour empêcher leur rattachement à l'Angleterre, il organise leur union à la Bourgogne. Sans le savoir, ni sans doute le vouloir, il fonde l'État bourguignon.

Au duché de Bourgogne, Marguerite de Flandre ajoutera les comtés de Flandre, d'Artois, de Rethel, de Nevers et de Bourgogne. Tout porte à croire à la fin du XIVe siècle que l'association de la France et de la Bourgogne sera porteuse de paix et que la France, avec la Bourgogne, sera plus forte et plus assurée. Mais une politique bourguignonne, d'abord autonome puis opposée aux intérêts français, s'affirmera progressivement.

1. Prosper de Barante, t. I, p. 81.

Le 19 juin 1369, le mariage de Philippe et de Marguerite est célébré à Gand. Philippe le Hardi multiplie les joutes et les banquets, offre des bijoux, des gobelets d'or et d'argent. Il dépense sans compter, sans avoir les moyens de ses libéralités. Son contrat de mariage l'oblige à verser à son beau-père une somme de cent mille livres : peu lui importe ! Une moitié sera payée par le roi, l'autre empruntée à un financier parisien. Ernest Petit, qui fut conseiller général de l'Yonne et historien de la Bourgogne, a étudié les comptes de Philippe le Hardi et de Jean sans Peur et retracé les itinéraires des deux premiers ducs de Bourgogne[1].

Chaque jour, des clercs d'office inscrivaient les dépenses sur des bandes de parchemin de vingt centimètres de large et d'une longueur qui pouvait atteindre un mètre en fonction de l'importance des achats. Les rôles de la journée étaient attachés ensemble ; à la fin de l'année, ils pouvaient constituer une liasse de deux mille documents. En tête de chaque rôle étaient inscrits, sur plusieurs lignes, la date, le lieu, le nom des invités : le maître de la chambre aux deniers examinait les comptes et payait les dépenses. Jour après jour, les rôles — ou « escrœs » — relatent ainsi le « giste », le « disner », le « boire du matin » du duc de Bourgogne. Le souper avait toujours lieu là où le duc couchait, comme le boire du lendemain matin — l'équivalent de notre petit déjeuner ; le dîner et le souper correspondaient à nos heures actuelles du déjeuner et du dîner. Quelle admirable histoire que cette approche de la vie quotidienne entrevue à travers les comptes, si précise, si minutieuse, si rigoureuse[2] !

Philippe le Hardi était grand, robuste et bien bâti.

---

1. Ernest Petit, *Itinéraires*.
2. Auditeur à la Cour des comptes, j'ai appris du président Pomme de Mirimonde, à ma sortie de l'École nationale d'administration, à lire, à « faire parler », selon son expression, les liasses qui, de nos jours encore et dans des conditions peu différentes, sont transmises à la Cour et aux chambres régionales des comptes.

Sans cesse à cheval : il allait de Dijon à Paris en trois jours, partait de là pour la Flandre, chassait quand il ne voyageait pas, le soir jouant à la paume ou aux dés. Jamais en repos. Le teint était brun, les yeux vifs, comme lui, toujours en mouvement. Dans sa vie, il ne s'est guère arrêté et, d'ailleurs, le faut-il ? Ceux qui s'arrêtent meurent, après avoir connu la déchéance, qui est pire que la mort.

Sa mâchoire inférieure avançait, comme avanceront celles de ses fils et des Habsbourg qui, par Marie de Bourgogne, descendront de lui. Avec la même volonté d'être et de paraître : à la guerre, Philippe porte des chapeaux de paille d'Italie. Toujours bien habillé, changeant souvent de vêtements, il prend grand soin de son corps : le soir, il fait répandre dans son bain de l'essence de roses et de la poudre de violettes. Ardent à la chasse, il l'est aussi en amour ! Marguerite n'est pas belle, mais Philippe l'aime tendrement : bouquets de marguerites, initiales *P* et *M* entrelacées sont semées partout, sur les tapisseries et jusque sur les sculptures de la chartreuse de Champmol. Philippe et Marguerite ont huit enfants : deux fils meurent peu après leur naissance ; deux autres, Antoine et Philippe, seront tués à la bataille d'Azincourt. Philippe s'occupe de ses enfants, les marie, les installe : il inaugure la politique matrimoniale qui deviendra l'arme privilégiée des ducs de Bourgogne.

Au demeurant, Philippe le Hardi est un homme de réflexion, doté d'un solide bon sens. Le décrivant, Joseph Calmette est éperdu d'admiration. Pour lui, Philippe possédait des réserves, qui lui semblent inépuisables, de clairvoyance et d'ingéniosité : « Patiemment, il a orienté les faits vers les fins qu'il méditait et a su attendre le moment de se découvrir [1]. »

Philippe a conduit ses guerres comme sa politique : avec méthode, sans précipitation, utilisant les erreurs

1. Joseph Calmette, *Les grands ducs de Bourgogne*, p. 45.

de ses adversaires. Il a été un grand capitaine : quand Du Guesclin meurt, le commandement de l'armée royale lui est confié. Lui, si brave, sait refuser la bataille si elle n'est pas nécessaire, préfère harceler l'ennemi, s'enferme dans les places fortifiées, attend le reflux : c'est la stratégie de la poursuite, qu'imagina Du Guesclin et qu'il développe à son tour.

On ne le voit guère à Dijon : Marguerite, en son absence, gère le duché. Les *Itinéraires* d'Ernest Petit sont révélateurs à cet égard : Philippe le Hardi est le plus souvent à Paris ou en campagne. Après la mort de Charles V en 1380, Paris devient l'objet de tous ses désirs. Il joue un rôle de premier plan dans ce qu'il est convenu d'appeler le gouvernement des oncles. Charles VI a douze ans et ses oncles se partagent le pouvoir. Jean de Berry accepte une sorte de proconsulat : il s'occupe des provinces du Sud, du Languedoc et de Guyenne. Louis d'Anjou, l'aîné, préside le Conseil, mais à la façon des présidents de la IIIe République, sans pouvoirs réels, sauf celui d'organiser les débats. Philippe le Hardi est le plus jeune, le plus volontaire, le plus obstiné : c'est à lui que revient la réalité du pouvoir.

Il puise dans les caisses royales les ressources nécessaires à sa politique flamande. Bertrand Schnerb a calculé le montant des dons et pensions qu'il reçut, des prélèvements qu'il opéra et qui s'élevèrent à sa mort à cent mille livres par an [1].

En 1382, pour préserver son héritage flamand, il entraîne Charles VI dans une guerre de Flandre : à la demande de son beau-père, il part mater la « révolte des chaperons blancs ». Il donne la priorité aux affaires de Bourgogne lorsque le feu prend à la maison : la Flandre brûle et Philippe doit empêcher les milices communales, que conduit Philippe Van Artevelde, de prendre le pouvoir. Louis de Male a dû quit-

1. Bertrand Schnerb, *Les Armagnacs et les Bourguignons*, p. 23.

ter Gand, puis Bruges ; il s'est enfui seul, à pied, habillé en valet. Il a gagné Lille et appelé son gendre à son secours.

L'armée royale qui part le rétablir dans ses droits est commandée par Louis de Sancerre. Le 29 novembre 1382, à Roosebeke, elle écrase les milices flamandes, au cours d'une bataille de légende livrée dans le brouillard. Deux mondes s'affrontent : l'État nation en gestation et les pouvoirs locaux du Moyen Age. Ce combat essentiel, les communes vont le perdre : Courtrai est réduite en cendres, comme le seront Dinant et Liège au XVe siècle.

En 1386, Philippe le Hardi envisage d'envahir l'Angleterre : là encore, il entraîne Charles VI dans ses aventures. Il rassemble une flotte de plus de cent bateaux, qu'il fait ramasser dans tous les ports d'Europe, de Séville à Lübeck. Dans le port de l'Écluse, les mâts sont si nombreux que, pour Froissart, ils forment comme « un grand bois ». Charles VI en personne commande l'expédition ou est censé le faire : il a dix-huit ans et sa fierté est de ne pas avoir le mal de mer ! L'ordre d'appareiller n'est pas donné : les vents sont contraires et le duc de Berry s'oppose à Philippe le Hardi. Froissart rapporte les propos qu'il tient devant le Conseil : « Ce voyage est nul ! En décembre, la mer est froide et orgueilleuse[1]. » La flotte n'est jamais partie.

Désormais, c'est vers l'Empire que Philippe tourne ses regards : il tient la Flandre et la Comté, il prendrait volontiers le Brabant. Les deux familles qui se disputent la prééminence dans l'Empire sont les Wittelsbach de Bavière et les Luxembourg. Le duc de Brabant, qui est un Luxembourg, meurt ; sa veuve, Jeanne, est une Bavière. Elle n'a pas d'enfant, elle est la tante de Marguerite, qui est l'épouse de Philippe. « Tante Jeanne » a le sens de la famille : pour assurer sa succession, elle

1. *Azincourt*, p. 166-167.

organise, avec la complicité de ses neveux, un double mariage entre les enfants de Bourgogne et de Bavière. Guillaume de Bavière épouse Marguerite de Bourgogne et le fils aîné de Philippe le Hardi, Jean de Bourgogne, Marguerite de Bavière : les deux mariages sont célébrés à Cambrai le 12 avril 1385.

Dans le même temps, Philippe refuse de rendre au roi, contrairement à l'engagement pris lors de son mariage, Lille, Douai et Orchies. Il sert les intérêts de la France : pour quelles raisons le roi et son Conseil lui contesteraient-ils la possession de la Flandre française ? Philippe le Hardi va son chemin et devient le prince le plus puissant des Pays-Bas.

Pour parvenir à ses fins, il a employé la force quand il a jugé qu'elle était nécessaire mais, plus couramment, il a utilisé les voies du mariage et de la succession. Il a construit l'État bourguignon comme un notaire : installant ses enfants et, dans la même démarche, étendant ses domaines.

A Paris, ses affaires sont plus difficiles. En novembre 1388, le jeune roi a remercié ses oncles et décidé qu'il gouvernerait désormais sans eux. Louis d'Anjou est mort en Italie ; Philippe calme son frère aîné, Jean de Berry :

« Frère, il nous faut souffrir ! Le roi est jeune. Le temps viendra où ceux qui le conseillent se repentiront de leurs décisions — et le roi aussi. »

Le temps viendra : c'est la devise du duc de Berry. Philippe la reprend à son compte. Mais le temps ne viendra pas ! Car, derrière le roi, paraît son jeune frère, Louis d'Orléans, l'un des personnages les plus fascinants du Moyen Age.

Louis est léger, brillant ; il aime les femmes, le jeu et l'argent. Il épouse Valentine Visconti et rêve d'Italie. Il forme autour de lui un cercle d'écrivains et de philosophes. Selon Froissart, il vit dans une atmosphère de maléfices et recherche la compagnie des sorciers ! Il entend plusieurs messes par jour et fait souvent retraite chez les Célestins. C'est un homme de contradictions, caractéristique d'une période de transition. Était-il un homme d'État ? Françoise Autrand le pense. Dans le beau livre qu'elle a consacré à Charles VI, elle lui attribue toutes les qualités : Louis était « un homme d'État réfléchi, méthodique, efficace[1] ».

Il aime le pouvoir et, pour l'exercer, il doit écarter son oncle Philippe de Bourgogne. Orléans contre Bourgogne : la rivalité entre les deux hommes, peu à peu, se développe et dégénère en querelle politique. Elle prend d'autant plus d'importance que Charles VI, en août 1392, devient fou :

« Ne permets pas que je sois fou, s'écrie le roi Lear dans Shakespeare, conserve-moi dans l'équilibre. Oh non, pas fou, de grâce[2] ! »

Cette grâce est refusée à la France. Le roi est fou, mais par crises seulement, longues et rapprochées, qui lui laissent des instants de lucidité. Il gouverne alors et cela va durer trente ans. Au Moyen Age, un roi faible ou fou entraîne le malheur collectif : le pays sombre dans la guerre civile.

En 1392, Louis d'Orléans a vingt ans : il s'entoure des anciens conseillers de son père, définit avec eux un programme de gouvernement, qui tend à l'affirmation du pouvoir royal. Charles VI, dans un moment de raison, le désigne en janvier 1393 pour assurer la régence après sa mort. Comme Philippe le Bel et Charles V avant lui et Louis XI après lui, Louis d'Orléans veut construire l'État, accroître le pouvoir de ses représentants, limiter celui des grands féodaux.

Il met tout en œuvre pour évincer le duc de Bourgogne du gouvernement. Il conduit une épuration, peuple l'administration de ses clients, révoque et nomme à tous les niveaux de l'État : bientôt, les baillis

---

1. Françoise Autrand, p. 377.
2. William Shakespeare, *Le roi Lear,* acte I, scène v, Bibliothèque de la Pléiade, t. II, p. 894.

du Nord et les sénéchaux du Midi, qui constituent les piliers de l'administration, deviennent ses clients ou ses protégés.

Philippe le Hardi est impuissant à contenir ce flot de nominations qui lui sont contraires. Il s'absente souvent et ne dispose pas à Paris des conseillers capables de résister aux menées du duc d'Orléans. Chaque fois qu'il est au loin, à Gand, Lille ou Dijon, ses amis perdent leurs places.

Il ne peut laisser faire. Au cours de l'été, il a négocié, avec le soutien de « tante Jeanne », le mariage de son fils Antoine avec Jeanne de Saint-Pol : les fiançailles sont célébrées à Arras le 10 novembre 1401. En son absence, Louis d'Orléans a nommé une nouvelle fournée de ses partisans : Guillaume de Tignonville devient prévôt de Paris, l'équivalent du préfet de police de nos jours ; Jean de Montaigu, grand maître de l'hôtel du roi ; Charles d'Albret et Gontier Col, généraux des aides. Lorsqu'il apprend ces nominations, Philippe perd patience : trop, c'est trop !

Le 7 décembre, il entre dans Paris, accompagné de six cents hommes en armes, entouré de ses vassaux et de ses alliés. Le roi est alors « empêché » par une crise de folie : la reine, les ducs de Berry et de Bourbon s'interposent, réconcilient Orléans et Bourgogne. Pour combien de temps ? Philippe le Hardi repart au printemps pour les Pays-Bas : il doit assister au mariage d'Antoine de Bourgogne et de Jeanne de Saint-Pol. A Paris, Louis se fait désigner comme « souverain-gouverneur des aides » : le voici maître de lever les impôts. Il décide une nouvelle taxe pour financer la guerre contre les Anglais.

Aussitôt, Philippe le Hardi dénonce sa politique fiscale. Tout opposant s'élève contre l'augmentation des charges fiscales et promet, s'il arrive au pouvoir, de les diminuer : ainsi va la politique en France, inchangée depuis cinq siècles ! Quand on dirige le gouvernement, on trouve généralement du goût aux impôts décidés par ses prédécesseurs : on les maintient et, souvent même, on les augmente.

Tout cela, il faut l'expliquer : Orléans et Bourgogne se livrent une guerre des communiqués — des manifestes comme l'on dit alors. Ils en appellent à l'opinion publique, diffusent leurs informations, conduisent une guerre psychologique. La démagogie antifiscale de Philippe le Hardi produit ses fruits et « assoit la popularité des princes de la maison de Bourgogne [1]. »

Les deux factions se succèdent au pouvoir. Le gouvernement du pays sombre dans l'incohérence. En avril 1403, Philippe le Hardi, qui n'a guère quitté Paris au cours des mois précédents, fait adopter par le Conseil une ordonnance qui revient sur la décision de confier la régence à Louis d'Orléans : à la mort du roi, son fils aîné, quel que soit son âge, lui succédera et le pouvoir sera exercé par un conseil dans lequel siégeront la reine et les princes de sang. Parallèlement, il organise le mariage de ses petits-enfants avec les enfants du roi : son petit-fils Philippe, le futur Philippe le Bon, qui a sept ans, est promis à une fille du roi, Michelle, qui a huit ans. Le dauphin Louis, six ans, épousera sa petite-fille Marguerite : elle a dix ans [2].

Si Philippe le Hardi marque des points, il perd le combat essentiel, celui de la conquête du pouvoir : il ne peut arracher à Louis d'Orléans la prééminence politique qu'assurent à ce dernier son rang, son savoir-faire et sa présence continuelle à Paris.

Philippe commence doucement à vieillir. Il installe sa descendance et accroît ses collections. Il aménage ses châteaux et construit la chartreuse de Champmol. Il organise sa mort et sa succession. A Bruxelles,

1. Bertrand Schnerb, *Les Armagnacs et les Bourguignons,* p. 53.

2. Quatre fils de Charles VI et d'Isabeau de Bavière ont porté le titre de dauphin : le premier, Charles, meurt en 1401 ; le deuxième, Louis, en 1415 ; le troisième, Jean, en 1417. Aux deux premiers fut fiancée Marguerite de Bourgogne ; le troisième épousera Jacqueline de Hainaut, nièce de Jean sans Peur. Le quatrième, Charles, le « gentil dauphin » de Jeanne d'Arc, deviendra Charles VII.

« tante Jeanne », elle aussi, vieillit : elle demande à Antoine, qui doit recueillir son héritage, de venir assurer auprès d'elle l'administration de ses États. Philippe le Hardi accompagne son fils : tous deux arrivent à Bruxelles le 16 avril 1404. Le soir même, le duc de Bourgogne offre un banquet auquel il convie toute la noblesse des Pays-Bas. Le vieux duc peut mourir, il a accompli sa tâche sur cette terre !

Il attrape la grippe, une grippe infectieuse qui sévit dans la région. Il sent sa mort prochaine et veut mourir chez lui. Il quitte Bruxelles en litière le samedi 26 avril, les paysans ayant dans la nuit aplani les chemins. Il meurt à Hal le lendemain, dimanche 27 avril 1404, entouré de ses trois fils.

Ces derniers ne vont pouvoir régler les dépenses courantes : ils mettront en gage l'argenterie et, pour échapper aux créanciers, sa veuve déposera sa bourse, son trousseau de clefs et sa ceinture sur le cercueil de son mari. Par ce geste symbolique, elle renoncera au partage de la communauté. Enfin, un couvent voisin fournira la robe de chartreux, dans laquelle Philippe a souhaité être enseveli.

Puis la dépouille du premier duc Valois de Bourgogne sera conduite à Dijon et inhumée dans la crypte de la chartreuse de Champmol. Mort dans le dénuement, Philippe le Hardi reposera jusqu'à la Révolution française dans le tombeau somptueux qu'il commanda à Claus Sluter et qui demeure aujourd'hui encore l'un des chefs-d'œuvre de l'art bourguignon.

II

Jean sans Peur

Jean sans Peur est né à Dijon le 28 mai 1371 : il a trente-trois ans quand il accède au pouvoir. Son père, de son vivant, ne lui a laissé aucune liberté. Dans les manifestations, les discours qu'il prononçait lui étaient dictés ; il devait les apprendre par cœur : son rôle était celui d'un « figurant [1] ».

Jeune, il a surtout vécu en Flandre. Il parle le flamand, que Philippe le Hardi n'a jamais su. Son précepteur est un Flamand, Baudoin de la Nieppe, prévôt de Saint-Donat de Bruges. Il tient de sa mère plus que de son père : pour Henri Pirenne, qui l'écrit avec fierté, il « porte le sang de Hainaut [2] ».

A vingt-cinq ans, il participe à la croisade de Nicopolis organisée contre les Turcs qui menacent le royaume de Hongrie. La marche d'approche est une longue fête : l'armée des croisés quitte Dijon le 30 avril 1396 et, par Ratisbonne et Vienne, gagne la Hongrie. Elle arrive sur les bords du Danube, alors que la campagne a commencé et que les Hongrois ont remporté un premier succès : faut-il attendre l'attaque de Bajazet ou donner l'assaut ?

---

1. B.-A. Pocquet du Haut-Jussé, *Jean sans Peur*, p. 181.
2. Henri Pirenne, t. II, p. 209.

Les croisés rêvent d'en découdre : devant Nicopolis, le 25 septembre 1396, ils engagent la bataille, qui se termine par un désastre. Jean est fait prisonnier. Devant lui défilent dans leurs « petits draps », c'est-à-dire en chemise, ses compagnons, que le sultan fait décapiter s'ils ne peuvent payer rançon. Pour les Turcs, Jean est « le fils du roi de Flandre » : la rançon que Bajazet exige pour sa libération est considérable, deux cent mille florins.

Pour la payer, Philippe le Hardi doit emprunter. Il charge quatre hommes de la négociation, dont le banquier Dino Rapondi. Un accord est conclu en juin 1397 : libéré, Jean passe par Rhodes, s'embarque pour Venise, où il fait étape pour acheter des vêtements. La bibliothèque de Dijon conserve, dans le fonds Baudot, le compte produit par Oudart Douay, qui mentionne : « Trois houppelandes de velours noir fourrées de martre, une houppelande de satin noir fourrée de gris, des chausses, chaperons, manteaux de drap noir de Florence[1]. » Une véritable garde-robe ! Jean n'a pas trente ans et, comme tous les Valois, il aime paraître. Il ne peut revenir en France sans habits nouveaux ; il les achète sur le compte de la rançon ! La croisade de Nicopolis a été un désastre. Mais, à Dijon, Paris et Gand, Jean est accueilli comme s'il avait remporté une victoire, tant demeure grand dans toute l'Europe le prestige de la croisade.

Jean s'est bien battu, mais il ne disposait d'aucun pouvoir : il assurait le commandement nominal de l'expédition. Rien de plus ! De son aventure, d'ailleurs, il ne parle guère. Il a l'habitude, qu'il va conserver, de ne pas parler. Aucun mot de lui n'est rapporté par les chroniqueurs de l'époque, si ce n'est l'aveu du meurtre de son cousin d'Orléans à ses oncles : « C'est moi, le diable m'a tenté ! » Ce silencieux est un passionné. Son

1. B.-A. Pocquet du Haut-Jussé, *Le retour de Nicopolis*, p. 296-302.

destin est tragique : il assassine son cousin et meurt lui-même assassiné.

C'est un petit homme noir, aux yeux bleus, au long nez, au menton dur. Il est laid, mais d'une laideur virile qui retient l'attention : il déplaît et séduit à la fois. Aller de l'avant est sa maxime ; « *Ic hond* » sa devise : je tiens. Il a une volonté de fer : quand il a décidé, il ne change pas et utilise tous les moyens pour parvenir à ses fins. D'où tient-il son surnom de « sans Peur » ? De Nicopolis ? Plus vraisemblablement, de la bataille d'Othée, au cours de laquelle il écrasa la révolte de Liège.

Arrivant au pouvoir, il est obsédé par l'image de son père : à tout prix, « il veut sauver l'œuvre paternelle » et s'y applique avec une énergie farouche[1]. Sa situation est plus difficile que n'était celle de son père : Philippe le Hardi était le frère de Charles V, l'oncle de Charles VI ; lui n'est que le cousin !

Contre Louis d'Orléans, il engage une lutte à mort, dont l'enjeu est le contrôle des finances royales. Jean ne veut pas la couronne et, jamais, n'attentera à la personne du roi. Mais, comme son père, il a besoin du trésor royal et, pour y puiser, il doit disposer du gouvernement.

Philippe le Hardi avait poursuivi deux objectifs, l'un après l'autre : prendre le pouvoir à Paris et fonder l'État bourguignon. Jean sans Peur se consacre au premier et laisse le second de côté : il met en sommeil l'œuvre de son père et veille seulement « à ce qu'elle ne meure point[2] ».

En août 1405, ne prévenant ni le roi ni le Conseil, il marche sur Paris, entre dans la ville avec plusieurs centaines d'hommes en armes. La reine Isabeau, le dauphin et le duc d'Orléans ont fui : il se lance à leur poursuite, les rattrape, ramène le dauphin à Paris.

1. B.-A. Pocquet du Haut-Jussé, *Jean sans Peur*, p. 184.
2. *Ibid.*

Il justifie son recours à la force par son désir de réformer le gouvernement : les ministres sont corrompus, le peuple est écrasé d'impôts ! Il demande, pour mettre fin aux abus, la convocation des États généraux.

Ce discours populiste propose à la fois de diminuer les impôts, de rétablir l'ordre public, d'épurer l'administration. Avec les ressources qu'il tire des finances royales, et qu'il veut par ailleurs limiter, Jean sans Peur inonde Paris et les villes du royaume de manifestes, dans lesquels il appelle au renouveau.

Que lui répond Louis d'Orléans ? Utilisant les mêmes méthodes, il l'accuse d'avoir enlevé le dauphin qui rejoignait sa mère, d'avoir pratiqué un coup d'État. C'est à lui que le roi a confié la régence, le duc de Bourgogne n'a aucun droit à revendiquer le pouvoir ! Louis refuse tout contrôle du gouvernement par les États généraux.

Deux programmes, deux politiques s'opposent. Louis veut conduire contre l'Angleterre une guerre à outrance, renforcer le pouvoir royal, développer la centralisation : pour atteindre ces objectifs, il doit augmenter les impôts. Jean, au contraire, veut pratiquer une politique de paix avec l'Angleterre, accroître la décentralisation et le pouvoir des féodaux, limiter le recours à l'impôt.

Les deux cousins se dressent dans un face-à-face tragique : « Une haine personnelle violente, et qui s'enfle à chaque incident, donne à cette opposition son allure impressionnante de drame[1]. » Au printemps 1407, alors que Jean est en Flandre et que le roi délire, Louis réforme le Conseil royal, réduit le nombre de ses membres, nomme vingt conseillers orléanais — on ne dit pas encore armagnacs — et deux conseillers bourguignons seulement.

L'hiver venu, Jean va tuer Louis : le meurtre est

1. Joseph Calmette, *Les grands ducs de Bourgogne*, p. 109.

commis le mercredi 23 novembre au soir, rue Vieille-du-Temple.

Louis quitte l'hôtel Barbette où réside la reine, qui vient de perdre son douzième enfant quelques jours plus tôt. Il monte sur sa mule, gagne l'hôtel Saint-Pol, où le roi le demande : précédé de porteurs de torches, accompagné de deux écuyers à cheval : ses domestiques suivent à pied. Il ne se hâte pas, joue avec un gant, chante. La nuit est tombée. Rue Vieille-du-Temple, des hommes armés surgissent et se jettent sur lui :

« A mort ! A mort !

— Qu'est-ce ceci ? Je suis le duc d'Orléans.

— C'est lui que nous cherchons ! »

D'un coup de hache, un assaillant lui tranche le poignet ; ses domestiques s'enfuient. Aux fenêtres, des témoins crient : « Au meurtre ! Au meurtre ! » Les assaillants répondent : « A mort ! A mort ! » Et de frapper sur leur victime « comme sur une couette[1] ».

Les coups portés sont si violents que la cervelle est retrouvée à plusieurs mètres du corps. Le duc d'Orléans vient d'être « meurtri » : on ne dit pas assassiné au XVe siècle. A trente-cinq ans, il était le plus grand seigneur du royaume, d'autant plus puissant que le roi est fou et que le dauphin a onze ans. Et voilà qu'il n'est plus rien, dit le chroniqueur, que « cendre et pourriture ! » Son corps est transporté en l'église voisine des Blancs-Manteaux par les soins du prévôt de Paris, qui conduit l'enquête.

Une femme a tout vu : elle retirait à sa fenêtre du linge qu'elle avait mis à sécher. Elle habite rue Vieille-du-Temple ; le lendemain, elle témoigne et sa déposition est enregistrée au Châtelet. Les assaillants ont laissé dans leur fuite des chausse-trapes qui jalonnent

---

1. L'assassinat à Paris du duc d'Orléans le 23 novembre 1407 a été étudié par Bernard Guenée dans *Un meurtre, une société, l'assassinat du duc d'Orléans* : remarquable analyse des structures et des mentalités politiques de la société du XVe siècle.

le chemin qu'ils ont suivi : ils se sont réfugiés à l'hôtel d'Artois, la résidence des ducs de Bourgogne. Le prévôt demande à fouiller l'hôtel : Jean sans Peur refuse. Il assiste aux obsèques de Louis, tout habillé de noir. A ses oncles, il avoue sa participation au meurtre. Le samedi, il s'en va : au duc de Bourbon, qui arrive chez le roi quand il part, il dit qu'il va « pisser » ! Il prend le chemin de Bapaume, de ses États.

Il se réfugie en Flandre. A Lille, il réunit ses frères, les représentants des villes de Flandre, qui lui apportent leur soutien. Déjà, il prépare sa contre-offensive. A Amiens, il rencontre Jean de Berry et Louis d'Anjou, qu'il prévient :

« C'est dans l'intérêt de la couronne que j'ai fait exécuter Louis d'Orléans. Je n'ai pas de pardon à demander. »

Le 1er mars 1408, entouré de cinq cents hommes en armes que commande le maréchal de Bourgogne, il entre dans Paris où il est acclamé. Le 8 mars, en l'hôtel Saint-Pol, le dauphin Louis préside, en raison de l'empêchement du roi, une assemblée des seigneurs du royaume, des universitaires et des échevins de Paris : pendant quatre heures, maître Jean Petit, docteur en théologie, développe, au nom de Jean sans Peur et en sa présence, les raisons qui ont rendu nécessaire le meurtre de Louis d'Orléans. Louis convoitait la couronne et Jean Petit cite saint Paul : « La convoitise est la racine de tous les maux. » Il pratiquait la sorcellerie pour envoûter son frère : c'est lui qui l'a rendu fou ! Il était cupide : il a gardé pour lui le produit des impôts qu'il levait ! Jean Petit conclut : Louis d'Orléans était un tyran et, en le supprimant, le duc de Bourgogne a rendu service au pays.

Aucune voix ne proteste, ne s'oppose à l'adoption de la thèse du tyrannicide. Le lendemain, Jean sans Peur obtient de Charles VI — à nouveau lucide — des lettres royales reconnaissant qu'il a agi pour la préservation de la personne du roi et le bien du royaume.

Il prend la direction du gouvernement. Comme Louis d'Orléans avant lui, et selon les mêmes méthodes, il épure l'administration, révoque les hauts fonctionnaires que Louis a nommés.

Il réserve un sort particulier au prévôt de Paris, Guillaume de Tignonville, qui a conduit l'enquête sur le meurtre. Avec le concours de l'université, il le ridiculise avant de le destituer.

Le prévôt a fait arrêter deux étudiants coupables de viol et d'assassinat. La Sorbonne dépend de l'évêque de Paris, ses membres relèvent de la justice ecclésiastique : c'est à celle-ci qu'il appartient de juger les coupables. Au prévôt qui le propose, il est répondu : « Vos suspects ne sont pas des clercs ; vous pouvez les livrer à la justice du roi ! » Emprisonnés au Châtelet, les étudiants avouent leurs crimes et sont mis à mort. Aussitôt, une cabale se déchaîne, l'université se soulève : ses privilèges n'ont pas été respectés ! Les cours sont interrompus, l'évêque s'émeut, le Conseil du roi se saisit de l'affaire et donne raison à l'université.

Guillaume de Tignonville est condamné à aller, en compagnie du bourreau, dépendre les corps des suppliciés, les baiser sur la bouche, les conduire jusqu'à Notre-Dame, les remettre à l'évêque de Paris. Sur le trajet, la foule se presse pour assister à son humiliation et sa destitution. Tignonville demeure impassible ; il déclare même avec humour :

« Je craignais, Messeigneurs, que vous n'exigiez aussi que je me marie ! Je suis célibataire mais, si vous l'aviez demandé, j'aurais pris femme ! Vous avez bien voulu m'exempter de cette rigueur et je vous en remercie[1]. »

Il est remplacé par Pierre des Essarts, un fidèle de Jean sans Peur. Désormais, celui-ci tient l'administration, la police et la justice d'une main de fer. Contre

1. Bertrand Schnerb, *Les Armagnacs et les Bourguignons*, p. 84-85.

la répression qui s'abat sur le pays, l'opposition des féodaux s'organise. La reine Isabeau quitte Paris, emmenant avec elle le dauphin. En juillet, Jean sans Peur, lui aussi, doit quitter Paris : son beau-frère, le prince-évêque de Liège, l'appelle au secours.

La principauté s'est révoltée. Jean de Bavière s'est enfermé dans Maastricht, la seule ville de ses États qui lui soit demeurée fidèle. C'est un évêque singulier, qui n'a jamais été ordonné prêtre ! Mais Jean sans Peur veut sauvegarder l'alliance que son père a nouée avec la maison de Bavière : il part pour Liège défendre son beau-frère.

Dès qu'il est au loin, les Orléanais reprennent espoir. Ils organisent en septembre 1408 une assemblée identique à celle que Jean sans Peur a tenue en mars : Thomas du Bourg, abbé de Cerisy, réfute, point par point, les accusations de Jean Petit. Au nom de la duchesse d'Orléans et de ses enfants, il demande justice, s'identifie à la victime, fait parler le mort, s'adresse au roi :

« Oh, Monseigneur mon frère ! Regardez comme j'ai été mis à mort ! J'ai été tué par envie. Regardez mes plaies, mes bras coupés, ma cervelle répandue sur le sol ! »

Sa plaidoirie est largement diffusée, comme le fut celle de Jean Petit : la guerre des manifestes reprend. Les Orléanais espèrent que la révolte de Liège, qu'ils soutiennent, aura raison du duc de Bourgogne. Mais Jean sans Peur écrase les milices liégeoises à Othée le dimanche 23 septembre 1408 et sa victoire lui permet de reprendre l'avantage. Après un court séjour en Flandre, il revient en force à Paris, plus déterminé que jamais à réduire ses adversaires.

Apprenant qu'il approche de la capitale, les Orléanais s'emparent du roi fou, lui font traverser de nuit la Seine sur un chaland, le conduisent à Melun, puis à Tours. Le 28 novembre, Jean sans Peur prend Paris : dans les rues, sur son passage, la foule crie « Noël » ! La duchesse d'Orléans, née Valentine Visconti, meurt quelques jours après : son fils Charles devient chef de famille ; il a quatorze ans. Il doit venger son père : il prend pour devise le seul mot de « justice ».

L'heure de la justice n'est pas venue ! Le duc de Bourgogne tient le gouvernement et les princes ne veulent pas, pas encore, se battre contre lui : une médiation leur paraît plus sûre. Guillaume de Bavière la propose ; il est le frère de l'évêque de Liège, le beau-frère de Jean sans Peur, le cousin de la reine. Il réussit à dégager les voies d'un accord et la paix est scellée à Chartres le 9 mars 1409, un an — jour pour jour — après les lettres royales qui ont donné raison au duc de Bourgogne.

Jean sans Peur entre dans la cathédrale où le trône du roi a été dressé. Il s'agenouille ; Charles d'Orléans et son jeune frère Philippe le rejoignent. Charles VI leur demande de pardonner : que peuvent-ils faire d'autre ? Les larmes aux yeux, ils répètent les phrases qu'on murmure à leurs oreilles, ils pardonnent. On apporte un évangile : ils jurent de respecter la paix. Mais que peut penser un garçon de quatorze ans en présence de l'assassin de son père ?

La paix sera de courte durée. Jean sans Peur s'installe à Paris et affirme son ambition : selon les *Itinéraires* dressés par Ernest Petit, il passe deux cent vingt-trois jours dans la capitale en 1409[1]. L'hôtel d'Artois devient le siège du gouvernement.

Ses adversaires sont divisés, faibles, réduits au silence ; lui, montre sa force. Le 7 octobre, il fait arrêter le grand maître de l'hôtel du roi : Jean de Montaigu, qui tient les finances, est détesté. Soumis à la torture, il avoue ses crimes. Lui aussi, comme Louis d'Orléans, est responsable de la maladie du roi ! Lui aussi a commis des malversations ! Lui aussi a détourné à son profit les impôts ! Dans son journal, le

1. Ernest Petit, *Itinéraires*, p. 368-373 : 223 jours en 1409, 104 en 1410, 25 en 1411, 187 en 1412 et 221 en 1413.

Bourgeois de Paris décrit son exécution. Il a tout noté : la couleur de la livrée, blanche et rouge, la croix de bois que Montaigu tient serrée dans ses mains, les éperons qu'il a conservés aux pieds.

Qui était le *Bourgeois de Paris* pour tenir un tel journal ? On ignore son nom ; sans doute était-il un clerc de l'université, peut-être un chanoine de Notre-Dame ou le curé d'une paroisse voisine. Il a du bien, s'intéresse à la vigne et aux arbres fruitiers : quand il gèle en avril, il s'inquiète. De 1405 à 1449, année après année et souvent jour après jour, il relate les faits de la vie quotidienne. Parfois avec partialité : c'est un partisan de la maison de Bourgogne, comme le sont de nombreux intellectuels de l'époque [1] ! Il soutient Jean sans Peur, approuve la création d'une commission chargée de dénoncer les fonctionnaires indélicats, du moins ceux que l'opinion condamne.

A Paris, personne ne bronche, mais la résistance s'organise dans le pays : « Tous ceux qui, à un titre ou à un autre, renâclent devant la politique du gouvernement bourguignon embrassent, par réaction, la cause du jeune duc d'Orléans [2]. » Ils s'arment, se rassemblent et constituent en avril 1410 la ligue de Gien.

Charles d'Orléans épouse Bonne d'Armagnac, fille de Bernard d'Armagnac et petite-fille du duc de Berry. L'opposition a désormais « une âme et des troupes » : l'âme, c'est Bernard d'Armagnac, que le *Bourgeois de Paris* décrit comme « un homme très cruel, un tyran sans pitié ». Les troupes, ce sont les Gascons qui marchent sur Paris, pendent les hommes par les pouces et les pieds, violentent les femmes, pillent et incendient. Tous ne sont pas Armagnacs, mais tous sont appelés ainsi ! Aux Bourguignons s'opposent désormais les Armagnacs : la guerre civile a trouvé son nom.

---

1. J'ai découvert, chez un bouquiniste de Fribourg, après avoir parcouru le champ de bataille de Morat, un exemplaire du *Journal d'un bourgeois de Paris* dans la première édition de 1729.
2. Bertrand Schnerb, *Les Armagnacs et les Bourguignons*, p. 104.

Les deux partis ont leur réseau de féodaux : on dirait aujourd'hui d'élus locaux. Ils sont profondément enracinés dans une France qui n'a pas encore forgé son unité. L'un et l'autre tendent à développer leur implantation et cherchent à prendre Paris. Qui tient Paris, tient le gouvernement, les finances, le roi !

En 1410, c'est Jean sans Peur qui tient Paris. Pour conduire la guerre, contre les Anglais et les Armagnacs, il utilise les mêmes méthodes que Louis d'Orléans avant lui : il augmente les impôts. Il a promis de ne pas le faire, mais il était alors dans l'opposition : il y a le temps des promesses et le temps du pouvoir ! Quand un gouvernement évoque la baisse des impôts, généralement c'est qu'il entrevoit sa fin.

Une paix est signée à Bicêtre en novembre 1410. Une paix ? Tout au plus une trêve, qui succède à celle de Chartres en 1409 et précède celle d'Auxerre en 1412. De fait, son objet est de permettre à chaque camp de souffler et de rassembler des troupes nouvelles. Jean sans Peur part en Flandre former une armée. En violation des accords de Bicêtre, Charles d'Orléans lui envoie en juillet 1411 une lettre de défi : il lui déclare la guerre selon les usages de l'époque. Charles VI lui donne tort ; la propagande bourguignonne aussitôt se déploie. Ses libelles publient le défi d'Orléans, la réponse de Jean sans Peur, la prise de position du roi.

La lutte armée s'engage aux frontières du duché de Bourgogne : en l'absence de son mari, la duchesse Marguerite organise la résistance. Elle tient tête et repousse l'ennemi.

Jean rassemble une armée considérable pour l'époque, de plus de dix mille hommes. La composent de nombreux contingents flamands, auxquels le duc, par avance, abandonne le butin qu'ils pourront amasser. Les Flamands vont tout prendre, jusqu'aux bagages des autres contingents de l'armée. Ils sèment la terreur dans les villes qu'ils traversent. Mais, leur temps de service achevé, ils décident de rentrer chez eux : alors que Jean sans Peur s'apprête à livrer bataille, ils l'abandonnent ! Il a beau les haranguer, « à mains jointes, très humblement », rien n'y fait. Une nuit de septembre, les Flamands lèvent le camp et regagnent leur pays. Si le duc de Bourgogne insiste, ils lui enverront, coupé en rondelles, son fils, le comte de Charolais, qu'il a confié à la garde de Gand !

L'histoire des ducs de Bourgogne, tout au long du XVe siècle, est rythmée par cet affrontement majeur entre le pouvoir central et les communes des Pays-Bas : à Paris, Jean sans Peur rétablit l'échevinage et la prévôté des marchands ; il défend les libertés urbaines. A Paris, mais non à Gand ou Liège ! Dans ses États, il s'oppose aux volontés d'autonomie et limite les franchises communales.

Les Flamands l'abandonnent ; il les remplace ! Lui, jamais n'abandonne ! Il réorganise son armée et marche sur Paris. Le 23 octobre, les Parisiens l'accueillent comme leur libérateur. La répression s'abat sur les Armagnacs, auxquels les Bourguignons interdisent même d'enterrer leurs morts !

Au début de 1412, les ducs de Berry, d'Orléans et de Bourbon font appel au roi d'Angleterre : la guerre civile en France s'est toujours nourrie d'apports étrangers. Le roi, qui a recouvré la raison, n'accepte pas que des princes de sa famille, son oncle, son neveu, son cousin, négocient avec l'ennemi : il lève à Saint-Denis l'oriflamme royale et part en guerre contre le duc de Berry. Jean sans Peur l'accompagne : tous deux mettent le siège devant Bourges en juin 1412. Cinquante ans après, l'événement ne sera pas oublié : en novembre 1461, le petit-fils de Jean sans Peur, Charles le Téméraire, sera mal reçu à Bourges malgré les ordres donnés par Louis XI !

Le siège dure, le ravitaillement de l'armée n'est pas assuré, une épidémie de dysenterie se déclenche, le roi sombre à nouveau dans la folie : il faut négocier. Jean de Berry et Jean de Bourgogne se rencontrent. Juvénal des Ursins rapporte leur dialogue :

« Beau neveu, j'ai mal fait et vous encore pire. Faisons en sorte que le royaume retrouve la paix.

— Bel oncle, il ne tiendra pas à moi qu'il connaisse à nouveau la guerre[1]. »

A Auxerre, ils scellent leur réconciliation en présence du dauphin : le 22 août 1412, dans la cathédrale, comme ils l'ont fait à Chartres, les princes ennemis s'agenouillent et se promettent la paix. Pour quelques mois. Chaque camp est dans l'impossibilité de poursuivre la guerre. Dans le pays, la famine sévit ; les champs ne sont plus cultivés ; les villes se referment sur elles-mêmes. Les Anglais mènent une guerre d'aventure, ravagent la Normandie et la Bretagne, la Picardie et le Boulonnais, le Limousin et le Poitou. Le trésor royal n'a pas les moyens de financer les troupes qui pourraient s'opposer à leurs incursions : il n'y a plus d'État, plus d'administration, plus d'autorité.

Le seul recours devient les États généraux. Leur réunion conduit, comme en 1789, à la révolution — l'une des plus sanglantes que Paris ait connue. Le roi préside la séance d'ouverture le 30 janvier 1413 : les États réclament la réforme de l'État et la baisse des impôts. Au nom du gouvernement, Jean sans Peur répond par une nouvelle épuration : quand on ne sait quoi faire, on change les responsables ! Le prévôt de Paris, Pierre des Essarts, le maître des monnaies, Michel de Laillier, sont destitués. Jean sans Peur crée une commission de la réforme, dans laquelle ses partisans détiennent la majorité. Là encore, il accomplit les gestes de tout gouvernement en difficulté.

Mais il se heurte à l'opposition du dauphin, qui préside désormais le Conseil. Louis a seize ans et ne supporte plus la tutelle de son beau-père ; il trouve des appuis auprès des chefs armagnacs. Contre lui, Jean

1. Françoise Autrand, p. 448.

sans Peur en appelle au peuple de Paris, aux corporations dont il est proche. Il déclenche une révolution populiste, qu'il ne saura arrêter.

Voici venu le temps de Simon Le Coutelier, dit Caboche, ouvrier des abattoirs, écorcheur de bêtes, chargé d'ouvrir la tête des bœufs et des moutons qui lui passent entre les mains : d'où son surnom. Les bouchers constituent une communauté riche, jalouse de ses privilèges : elle possède à Paris le monopole des étals. Qui tient les Halles, s'assure le contrôle de la capitale. Jean sans Peur fait appel aux Halles : il croit les tenir et se trompe. Contre le dauphin, il choisit l'émeute. Personne à Paris n'a jamais maîtrisé l'émeute : décrivant les journées révolutionnaires de 1413, Michelet évoque la « dictature des abattoirs ».

Le 28 avril, la foule marche sur la Bastille, qu'elle ne peut prendre ; elle reflue par la rue Saint-Antoine en direction de l'hôtel de Guyenne, où loge le dauphin. Elle exige que les « traîtres » lui soient remis. Le dauphin répond qu'il ne connaît pas de traîtres dans son entourage : les émeutiers pénètrent dans sa chambre et se saisissent des personnes qui s'y trouvent. Rien ne peut les arrêter, ni l'intervention de Jean sans Peur, ni les cris du dauphin, ni les larmes de la reine.

Les Cabochiens, — comme Juvénal des Ursins les appelle — prennent le contrôle de Paris. Le 22 mai, ils envahissent l'hôtel du roi, réclament l'arrestation de Louis de Bavière, le frère de la reine, de son confesseur, des femmes de son entourage. La reine, le dauphin, le duc de Bourgogne s'inclinent. Les émeutiers ne portent plus le chaperon vert de Bourgogne, mais le chaperon blanc des villes flamandes naguère en révolte contre Philippe le Hardi.

Cependant, les légistes ont continué à travailler : sous chaque révolution, ils feront de même leur métier ! La commission de la réforme remet son rapport ; le 26 mai, ses conclusions sont approuvées par le roi au cours d'un lit de justice : l'ordonnance, qui est alors promulguée, entend remédier aux défauts de l'État. Elle n'innove guère : les légistes ne sont pas des novateurs. Elle se borne à améliorer le fonctionnement de l'administration, ce qui n'est pas rien ! Ses articles les plus hardis préconisent l'élection comme mode de désignation des hauts fonctionnaires. La mesure ne sera jamais appliquée, mais qui y songe ?

L'ordonnance de mai 1413 représente une tentative pour arrêter la révolution, faire croire que l'émeute n'a plus d'objet. Manœuvre vaine ! Les bouchers, les ouvriers des abattoirs, les petites gens de Paris se moquent du recrutement des officiers royaux. Tortures, exécutions, massacres se succèdent. Le bourreau Capeluche est l'homme du jour : Jean sans Peur lui serre la main. Comment pourrait-il arrêter les révolutionnaires qu'il a tant flattés ? Mais comment pourrait-il les suivre, alors que les éléments qui l'appuient s'épouvantent de leur fureur sanguinaire ?

Les Cabochiens ont recours à l'emprunt forcé ; ils jettent en prison les bourgeois qui refusent de payer. Ils pillent la maison de l'un des plus grands théologiens de l'époque, Jean Gerson, qu'ils obligent à chercher refuge dans une tour de Notre-Dame. De telles violences n'arrangent pas les affaires de Jean sans Peur ! Il a gagné la première manche en 1408, il perd la seconde en 1413 : le 23 août, il quitte Paris. La veille, il a tenté d'enlever le roi en lui proposant d'aller chasser dans le bois de Vincennes. Il a vraiment, dans cette année de folie, tout essayé ! Parfois, il a dû s'incliner, paraître faible et même peureux, reculer. Sa fuite est un abandon : il prend conscience que « l'édifice politique qu'il a érigé depuis mars 1408 va s'effondrer [1] ». Perdant le contrôle du pouvoir, il fera figure de rebelle. Il va, il vient, il hésite. Le 24 août, il rebrousse chemin ; deux jours après, il part pour Bapaume. Les modérés, qui ont constitué sa majorité silencieuse, l'abandon-

1. Bertrand Schnerb, *Les Armagnacs et les Bourguignons*, p. 142.

nent. Comment pourrait-il s'accrocher au pouvoir ? Il se replie sur ses États.

Il n'est plus le chef du gouvernement ; il redevient le chef d'un parti. Il a joué les extrêmes, soutenu les Cabochiens et il a perdu. Heureusement pour lui, les Armagnacs vont agir de même et lui donner une nouvelle chance.

A Paris, ils mettent à mort tous ceux qui sont liés, de près ou de loin, aux événements du printemps : deux neveux de Caboche, un cousin de Jean de Troyes qui a demandé l'emprisonnement des traîtres. Les officiers royaux nommés par le duc de Bourgogne sont révoqués ; « les baillis et les sénéchaux sont changés et, avec eux, le personnel de l'administration locale [1] ».

Tant d'excès provoquent une réaction du dauphin : au printemps, il s'opposait à son beau-père ; à la fin de l'année, il l'appelle au secours. Jean sans Peur n'est pas insensible à sa démarche, car Paris lui tourne la tête : il a commis une faute en partant ; il lui faut reprendre le pouvoir qu'il a abandonné, non par la politique, mais par les armes.

Alors que Marguerite tient la Bourgogne, Jean tient la Flandre : en janvier 1414, il est à Bruges, à Gand, à Lille. Il emprunte à ses banquiers italiens et forme une nouvelle armée. Il écrit à ses bonnes villes de Picardie qu'il arrive : il marche à nouveau sur Paris pour délivrer son gendre « tenu prisonnier au Louvre ». Aucune place ne s'oppose à sa progression. Le voici à Saint-Denis le 7 février, mais il ne donne pas l'assaut. Il espère que des Parisiens lui ouvriront une porte ; il se chargera alors de faire le reste !

Le reste ne se produira pas. Dans la capitale assiégée, Bernard d'Armagnac a pris le commandement. Il s'est installé à l'hôtel d'Artois, la résidence des ducs de Bourgogne : il surveille les Halles, la rue Saint-Antoine, les quartiers populaires. Il interdit aux « gens du

1. Françoise Autrand, p. 502.

commun » de prendre les armes et d'approcher des remparts ; il leur enjoint de rester chez eux et de travailler. Personne ne bouge ; il neige et il fait froid. Aucune porte ne s'ouvre : le 16 février, Jean sans Peur prend la route du retour. Il a échoué dans sa reconquête.

Le gouvernement armagnac décide de passer à l'offensive : le 10 février 1414, il condamne le duc de Bourgogne au bannissement et, le 2 mars, lui déclare la guerre. Il prend simplement la précaution d'attendre que Jean sans Peur ait regagné ses États !

Le roi en personne dirige l'expédition : il fait la guerre à son cousin de Bourgogne, comme il l'a faite à son oncle de Berry. Il n'a pas voulu cette expédition, pas plus que l'autre. Il est ailleurs, tire à l'arbalète, joue à la paume avec ses pages.

Compiègne est assiégée ; le 10 mai, l'armée royale arrive devant Soissons : la ville est prise. Enguerrand de Bournonville, qui l'a défendue, est exécuté. Sur l'échafaud, il demande un verre de vin et boit, avant de mourir, à la santé du duc de Bourgogne[1] ! J'aime ces Bourguignons solides, fidèles jusqu'à l'os, qui ont servi les ducs, construit l'État bourguignon : ils tiennent et meurent, si tenir et mourir leur est commandé.

L'Artois est menacé et les Bourguignons de souche, du duché et de la Comté, arrivent en renfort derrière Jean de Neuchâtel et Antoine de Vergy. Le roi met le siège devant Arras et, déjà, les villes de Flandre lui portent leur soumission. Que peut faire Jean sans Peur ? Chercher l'appui anglais, comme les ducs de Berry et d'Orléans en 1412. Mais les circonstances ont changé : Henri V a succédé en mars 1413 à son père Henri IV ; un grand roi est arrivé au pouvoir, l'un des plus grands de l'histoire d'Angleterre : « brève, mais immense dans sa brièveté », telle est selon Shakespeare la vie d'Henri[2].

---

1. Bertrand Schnerb, *Les Armagnacs et les Bourguignons*, p. 150.
2. William Shakespeare, *Henry V*, Épilogue, Bibliothèque de la Pléiade, t. I, p. 830.

Jean sans Peur lui propose son alliance ; il l'accepte, mais demande que soit levée une ambiguïté : cet appui que le duc de Bourgogne lui promet vaut-il seulement contre les Armagnacs ? Vaut-il aussi contre le roi ? Jean sans Peur ne veut pas renier la foi qu'il a jurée à Charles VI ; il souhaite l'appui des Anglais dans sa lutte contre les Armagnacs, mais entend rester fidèle à la couronne : un prince des fleurs de lys ne prend pas les armes contre la France ! Rebelle et fidèle à la fois : cette position intenable, il la maintiendra jusqu'à la mort.

Au fond, toute sa vie, il n'a tendu qu'à « garder la royauté sous la main », quitte à partager le royaume avec Henri V. Ce résultat obtenu, riche des revenus puisés à son aise dans un royaume « humilié, diminué, mais pacifié », aurait-il reporté ses efforts vers la construction de l'État bourguignon[1] ?

Les Armagnacs ne veulent pas la paix, tant qu'ils n'auront pas défait les Bourguignons : cette paix qu'ils refusent, le dauphin Louis de Guyenne va la leur imposer. Il reprend la politique d'équilibre que son père a suivie entre ses crises ; il s'oppose aux Armagnacs, qui tiennent le gouvernement et l'exilent à Mehun-sur-Yèvre. Il reviendra à Paris pour y mourir en décembre 1415 ; son frère Jean de Touraine deviendra alors dauphin, mais pour quelques mois seulement : il mourra à son tour en avril 1417.

Quant à Charles VI, ses crises sont de plus en plus longues et de plus en plus répétées. A chaque rémission, il a pu assurer son métier de roi, mais, en 1415, hébété, indifférent, il perd le sens des réalités. Mécaniquement, il répète les gestes du pouvoir, répond à celui qui le salue, relève celui qui s'agenouille devant lui. Il vit caché dans l'un de ses châteaux, « absent » comme on dit alors. Il continue à chasser, reconnaît la trace du gibier et la trompe des sonneurs. Pour le peuple de

1. B.-A. Pocquet du Haut-Jussé, *Jean sans Peur*, p. 195.

Paris, il demeure « le bon roi Charles », mais ne règne plus. Il flotte à la dérive, et la France est malade de la folie de son roi.

Le royaume est menacé de mort. Par la guerre étrangère : c'est la défaite d'Azincourt en octobre 1415 et la conquête anglaise. Par la guerre civile : en décembre 1415, Bernard d'Armagnac devient le chef du gouvernement. En mai 1418, Jean sans Peur reprend le pouvoir ; en septembre 1419, il est assassiné sur le pont de Montereau. Tournoie la France, tournoie l'Angleterre !

Le 12 août 1415, Henri V débarque en Normandie, prend Harfleur, échoue devant Rouen. Va-t-il pousser plus loin sa conquête ? L'hiver approche, les provisions s'épuisent, la dysenterie se déclare. Il décide de regagner l'Angleterre par Calais. Les princes armagnacs veulent lui barrer la route du retour ; ils entrevoient la victoire comme un moyen de renforcer leur pouvoir. Ce doit être leur victoire, non celle du duc de Bourgogne : ils s'opposent à ce que Jean sans Peur prenne le commandement des contingents bourguignons. « S'il est de trop à l'armée du roi, ses troupes le sont aussi [1] » : Jean s'enferme à Dijon, interdit à son fils et aux seigneurs picards de rejoindre l'armée.

Henri V a partie gagnée avant même d'engager le combat. Le 24 octobre, il atteint le village de Maisoncelle et découvre devant lui l'armée française. Il pleut et la terre est détrempée : les chevaux s'enfoncent dans la boue. Les deux armées campent l'une face à l'autre. Les Français disposent leurs troupes, entre deux bois, sur un terrain si étroit que la cavalerie ne pourra s'y déployer. Ils laissent leurs archers à l'arrière et placent en première ligne leurs hommes à cheval, « si serrés les uns contre les autres qu'ils ne peuvent lever les bras ».

Dans la matinée du 25 octobre, la pluie cesse et Henri V ordonne l'assaut. Il choisit une tout autre stra-

1. Jean Favier, p. 400.

tégie que les Français : les archers marchent en avant des troupes anglaises, se protégeant derrière des pieux qu'ils fichent en terre. Ils tirent de front, de côté, légers, mobiles. Les cavaliers français ne peuvent charger, glissant et s'enfonçant dans la boue, la célèbre boue d'Azincourt : ce n'est pas une défaite, c'est un massacre[1].

Le soir venu, Henri V parcourt le champ de bataille, alors que l'on ramasse les blessés et que l'on dénude les morts. Il interroge Montjoie, le héraut français :

« Comment s'appelle ce château qui est près d'ici ?

— On l'appelle Azincourt !

— Eh bien ! Nous appellerons ce combat la bataille d'Azincourt[2] ! »

Shakespeare a immortalisé la scène. Il me semble d'ailleurs qu'il a choisi les grandes batailles du XVe siècle pour le lieu, le brouillard ou la boue qui confèrent à chacune d'entre elles son caractère tragique.

Les Français font l'appel des morts : sept princes de sang, le connétable et l'amiral de France, la plupart des officiers de la couronne. Après les morts viennent les prisonniers : le duc d'Orléans et le duc de Bourbon, le maréchal Boucicaut, les comtes d'Eu, de Vendôme, d'Harcourt. Certains mourront en captivité et ne reverront jamais la France ; Charles d'Orléans restera prisonnier vingt-cinq ans. Tournoie la France, tournoie l'Angleterre !

A Paris, malgré la défaite ou à cause d'elle, Bernard d'Armagnac, qui n'a pas combattu à Azincourt, reçoit l'épée de connétable et prend la direction du gouvernement : malgré une opinion de plus en plus hostile, envers et contre tous, il parvient à rester au pouvoir pendant deux ans et demi. Les arrestations et les exécutions se succèdent, en public pour impressionner, en

1. *Azincourt*, p. 181-186.
2. William Shakespeare, *Henry V*, acte IV, scène VII, p. 814.

cachette pour répandre la terreur. Les Armagnacs surveillent les cortèges de noces, interdisent aux Parisiens de mettre, sur l'appui de leurs fenêtres, le pot de fleurs ou la bouteille de vinaigre qui pourrait servir de projectile. Pour éviter la fuite des suspects, ils empêchent les baignades dans la Seine ! Il leur faut aussi trouver de l'argent : ils saisissent la vaisselle du roi, qu'ils envoient fondre, et le trésor de la reine ; ils décident un emprunt forcé, taxent chaque profession, par exemple les maîtres des comptes de cent vingt mille francs. A l'un d'entre eux qui proteste, Bernard d'Armagnac répond :

« Par le sang de Dieu, vous le ferez, que vous le vouliez ou non, sans qui, sans qua, sans co ! »

Les hauts fonctionnaires s'inclinent : il est rare dans l'histoire qu'ils ne se soient pas inclinés. Le gouvernement doit faire face à la double pression des Anglais et des Bourguignons. Entre Henri V et Jean sans Peur, les tractations n'ont jamais cessé : elles prennent un tour nouveau à Calais en octobre 1416, quand le duc de Bourgogne vient rencontrer le roi d'Angleterre. Que se sont-ils dit ? Qu'ont-ils décidé ? Les témoignages divergent : Joseph Calmette voit dans l'accord qui s'esquisse un « pacte infernal[1] ». Périsse la France plutôt que de la voir aux mains des Armagnacs : c'est le sentiment qu'il prête à Jean sans Peur ! Est-ce vraiment le sien ? Les Armagnacs crient à la collusion : même sans accord, ils l'auraient crié !

Concertées ou non, les opérations décisives, anglaises et bourguignonnes, s'engagent au même moment. Le 1er août 1417, l'armée anglaise débarque à Touques et entreprend la conquête de la Normandie. Jean sans Peur encercle Paris : le 1er septembre, il est à Beauvais ; le 16 septembre, à Versailles et, le 1er octobre, à Montlhéry.

Le lendemain, il gagne Tours : la reine Isabeau l'ap-

1. Joseph Calmette, *Les grands ducs de Bourgogne*, p. 175.

pelle à l'aide. Il va la rallier à sa cause. Isabeau a quarante-cinq ans : elle ne fait plus l'amour et devient obèse. Ses enfants sont morts ou au loin. Elle a été calomniée, spoliée, exilée. Elle, qui aimait tant Louis d'Orléans et ne pouvait supporter la présence physique de Jean de Bourgogne, s'allie avec lui. Elle n'a plus que haine pour ce parti armagnac qui fut si longtemps le sien !

Elle offre à Jean sans Peur ce dont il a le plus besoin : la légitimité royale. Jean ne tient ni le roi ni le dauphin Charles[1]. L'alliance qu'elle lui propose revêt une importance considérable. Jean et Isabeau gagnent Chartres, plus proche de Paris, où ils organisent un nouveau gouvernement qui prétend détenir la légitimité. Isabeau s'intitule : « Par la grâce de Dieu, reine de France, ayant, pour l'occupation de Monseigneur le roi, le gouvernement et l'administration du royaume. » L'occupation ? Il faut comprendre qu'Isabeau règne, parce que le roi est « absent ». Le dauphin, lui, se considère comme substitué d'office à son père : il se dit « lieutenant général du roi ». Déjà, se dessinent deux obédiences et, au nom du roi, s'opposent deux légitimités. Toute guerre civile est en France une guerre de légitimité. Quel est le gouvernement légitime, le gouvernement dissident ? Seule, la victoire tranche.

En décembre 1417, par Courtenay, Auxerre et Chablis, Jean et Isabeau gagnent Troyes : leur gouvernement les suit. Il restera à Troyes jusqu'en juillet 1418 ; il sera dirigé par Jean sans Peur, même quand ce dernier résidera dans sa Bourgogne voisine : la reine l'a nommé gouverneur général du royaume.

Paris, plus que jamais, est l'enjeu de la lutte, « Paris, la personne du roi, les institutions centrales de la monarchie, ses finances[2] ». Paris vit en état de siège et attend le retour de Jean sans Peur.

---

1. Charles, le futur Charles VII, est devenu dauphin à la mort de Jean de Touraine en 1417.
2. Françoise Autrand, p. 543.

Les Bourguignons, mais non le duc, arrivent le 29 mai 1418, au petit matin, et prennent la ville par surprise. Dans la nuit du samedi 28 au dimanche 29, Jean de L'Isle-Adam s'est avancé avec quelques cavaliers jusqu'à la porte Saint-Germain. Perrinet Le Clerc l'attend : c'est un jeune garçon, que son père envoie faire le guet. Un matin, alors qu'il rentrait chez lui, il a été injurié et battu par des Armagnacs. Il se venge et livre Paris aux Bourguignons. C'est un vrai roman ! Son père est quincaillier ; on le dit homme de bonne réputation, on l'a nommé responsable de son quartier et, à ce titre, on lui a confié la garde de la clef de la porte Saint-Germain. Chaque soir, il la place sous son oreiller. C'est là que Perrinet la prend ; il ouvre la porte et L'Isle-Adam entre dans Paris.

Tirés de leurs lits par des cris dans les rues : « La paix ! La paix ! Bourgogne ! », les Parisiens vont chercher au fond de leurs coffres leur croix de Saint-André, l'emblème bourguignon, « sans oser encore sortir de leurs maisons [1] ». Bernard d'Armagnac se cache dans une petite cave de pierre en dessous d'un cellier ; on le trouvera deux jours plus tard : il sera traîné au Châtelet, exécuté, puis écorché : des bandes de sa peau seront promenées dans les rues de Paris pour rappeler ses armes : la bande rouge d'Armagnac ! Le prévôt de Paris, Tanguy du Châtel, a plus de chance ou fait preuve de plus d'esprit d'à-propos : il court à l'hôtel Saint-Pol, réveille le dauphin, un garçon de quinze ans, l'enveloppe dans un drap et le porte dans ses bras, par la rue Saint-Antoine, jusqu'à la Bastille : là, il retrouve quelques fidèles, dont Jean Louvet et Robert Le Maçon. Il fait habiller le dauphin, lui donne un cheval et le conduit à Melun : Charles n'oubliera ni sa fuite dans la nuit, ni les hommes qui l'accompagnaient. Tanguy du Châtel, Jean Louvet et Robert Le Maçon

---

1. Françoise Autrand, p. 549.

seront présents à ses côtés sur le pont de Montereau. Ils tueront Jean sans Peur.

A Paris, l'émeute se déchaîne ; le chancelier Henri de Marle, les membres du gouvernement sont arrêtés. Les hôtels des gens des monnaies sont pillés, les banques italiennes mises à sac. Quant au roi, les officiers bourguignons le conduisent à Notre-Dame et l'installent au Louvre, à l'abri, « content de tout », absent.

Les Armagnacs essayent de reprendre Paris. Ils tiennent la Bastille, rassemblent des troupes, engagent un combat de rues. Ils ne peuvent atteindre ni le Louvre ni le Châtelet, ne peuvent libérer ni le roi ni le connétable. Ils abandonnent Paris ; le dauphin prend la route de Bourges et de la dissidence.

Le connétable d'Armagnac est mort ; le dauphin n'est plus à Paris et Jean sans Peur n'y est pas encore. Mais aucune force au monde ne pourrait contenir l'émeute qui éclate le dimanche 12 juin. Comme un orage, un instant de folie ! La rumeur se répand : « Les Armagnacs attaquent la porte Saint-Germain ! » Les Armagnacs sont loin mais, dans les prisons, les ennemis du peuple sont là : on les tire de leurs cachots, on les massacre. Douze heures de tuerie avant que le calme ne revienne.

Jean sans Peur n'est pas pressé de rejoindre Paris. Il se souvient des journées de 1413 : il a peur de l'émeute et, puisqu'il ne peut la contenir, il la laisse aller. Quand il apprend l'entrée de ses troupes à Paris, il se trouve à Montbéliard : par Villersexel et Gray, il gagne Dijon, puis rejoint la reine à Troyes. Par petites étapes, tous deux, enfin, se dirigent vers Paris. Ils font leur entrée dans la capitale le 14 juillet 1418 : les échevins, les corps constitués, les dirigeants des corporations viennent à leur rencontre sur le pont de Charenton. Jean sans Peur passe en revue la cavalerie de Bourgogne : quinze cents hommes, qui portent la lance munie du rabot. Puis il gagne Paris « au plus près du chariot de la reine ». Au Louvre, le roi embrasse Isabeau et dit à Jean : « Beau cousin, soyez le bienvenu. Merci du bien que vous avez fait à la reine ! »

Le roi fait surtout du bien au duc de Bourgogne : il lui rend la légitimité du pouvoir. La situation n'est pas plus facile pour Jean sans Peur qu'elle ne l'était pour Bernard d'Armagnac. Paris connaît l'état de siège ; la ville n'est plus ravitaillée, les ordures s'entassent au pied des remparts, les rats pullulent, la peste ou le choléra — la « boce » comme on l'appelle — gagne tous les quartiers. Tout cela est la faute des Armagnacs et, contre les Armagnacs, Paris à nouveau se soulève : c'est la grande émeute du 21 août 1418, « terrible, horrible et merveilleuse ! » Elle réveille les vieilles haines et les peurs instinctives ; elle prend aussi des allures de fête : malgré les cadavres dans les rues, les Parisiens festoient, forniquent et tuent. La vie et la mort mêlées comme le sang et les roses.

« Un jour, raconte Juvénal des Ursins, il y eut une femme grosse qui fut tuée, et l'on voyait son enfant bouger dans son ventre. Et certains disaient : regardez ce petit chien qui se remue ! »

C'est trop, il faut arrêter ! Le bourreau Capeluche représente la transgression de l'ordre social : pour liquider la révolution, Jean sans Peur doit le faire exécuter. Arrêté dans un cabaret des Halles, Capeluche est conduit à l'échafaud. Son assistant est moins habile qu'il ne l'était : il lui donne des conseils et se prête « à la manœuvre avec une sorte de courage professionnel[1] ».

A Bourges, le dauphin conduit la dissidence : malgré son jeune âge, il incarne « la monarchie et la nation[2] ». Jean sans Peur se trouve à la croisée des chemins : ou il choisit l'alliance ouverte, déclarée avec le roi d'Angleterre, ou il se réconcilie avec le dauphin. Il engage

1. Joseph Calmette, *Les grands ducs de Bourgogne*, p. 169.
2. Françoise Autrand, p. 570.

à Meulan en juin 1419 des négociations avec Henri V. Outre Calais, le Ponthieu et la Guyenne, qu'il détient déjà, le roi d'Angleterre réclame la Normandie, le Poitou, la Saintonge, le Limousin, le Périgord, le Rouergue et le Quercy — bref, une bonne partie du royaume. Faut-il accepter un tel démembrement ? Le Conseil en débat longuement : pour la paix, Nicolas Rolin, sans doute sur ordre du duc de Bourgogne ; contre, Jean Rapiout, président du Parlement. Jean Rapiout l'emporte : le roi, observe-t-il, n'a pas le droit d'aliéner son domaine. D'ailleurs, en raison de sa maladie, il n'en a pas la capacité.

L'alliance anglaise rejetée, reste la réconciliation avec le dauphin, tout aussi difficile. Une première rencontre, le 8 juillet, n'aboutit pas. Une deuxième, quelques jours après, jette les bases d'un accord. Il faut faire vite : les Anglais menacent Paris. Le dauphin propose à Jean sans Peur une troisième rencontre qui permettrait de définir une action commune. Jean hésite. Les ducs de Bourgogne ont toujours hésité : solides sur la longue période, plus faibles dans la gestion de l'instant. Finalement, Jean accepte.

L'entrevue est préparée par les deux camps. Une date est fixée : le dimanche 10 septembre à cinq heures de l'après-midi ; un lieu : le pont de Montereau. Le dauphin arrivera par une rive, accompagné de dix hommes ; le duc de Bourgogne par l'autre, avec une suite de même importance. Au milieu du pont, un parc de bois est construit, que ferme un guichet.

A l'heure dite, Jean sans Peur s'approche du dauphin, s'agenouille devant lui. Il est alors tué, comme il a tué Louis d'Orléans, à la hache, au mépris des engagements pris.

Que s'est-il passé ? Deux versions s'opposent. Un récit officiel est diffusé, selon lequel les Bourguignons auraient mis la main à l'épée et menacé le dauphin. Il ne résiste pas à l'examen des dépositions recueillies dans les mois qui ont suivi le meurtre. Richard Vaughan les a étudiées, confrontant les déclarations de Jean Séguinat, secrétaire de Jean sans Peur, des serviteurs d'Archambaud de Foix qui accompagnait le duc et a été tué à ses côtés, de trois chevaliers bourguignons présents sur le pont de Montereau, Guillaume de Vienne, Antoine de Vergy et Guy de Pontailler[1].

Tous ont vu Jean sans Peur nu-tête, un genou devant le dauphin ; Tanguy du Châtel s'est approché de lui et l'a frappé de sa hache, lui ouvrant le crâne, lui entaillant la main qu'il tenait levée pour se protéger. Le duc s'est effondré : Jean Séguinat se rappelle avoir remarqué un homme à genoux près de lui et l'achevant d'un coup de dague.

Les cadavres de Jean sans Peur et d'Archambaud de Foix ont été abandonnés, après avoir été dépouillés de leurs bijoux et de leurs vêtements. Les gens du dauphin ont lacéré la robe du duc de Bourgogne et emporté ses lambeaux comme des trophées ! Sans l'intervention du curé de Montereau, ils auraient jeté sa dépouille dans la rivière[2]. A la nuit, les corps ont été déposés dans un moulin et, le lendemain matin, inhumés dans l'église de Montereau sans autres vêtements, écrit Chastellain, que leur pourpoint et leurs houseaux[3].

Tanguy du Châtel, Jean Louvet, Guillaume de Narbonne ont tué l'assassin de Louis d'Orléans ; ils ont vengé sa mort, celle du connétable d'Armagnac et de leurs amis massacrés dans les prisons parisiennes. Un crime délibéré, perpétré sans grande réflexion : selon Michelet, il fit un mal immense au dauphin. Pour venger son père, le jeune duc de Bourgogne va s'allier au roi d'Angleterre et aller beaucoup plus loin que Jean sans Peur ne l'avait osé.

1. Richard Vaughan, *John the Fearless*, p. 263-286.
2. Bertrand Schnerb, *Les funérailles de Jean sans Peur*, p. 122-128.
3. Houseaux : bottes de cuir servant surtout pour monter à cheval.

III

Philippe le Bon

Philippe le Bon accède au pouvoir : il a vingt-trois ans et va régner quarante-huit ans. Il est né, non à Rouvres comme le prétend Chastellain, mais à Dijon, le 31 juillet 1396[1]. Il réside à Gand, dans le vieux château des comtes de Flandre, quand son père est assassiné et personne n'ose le prévenir. Jean de Thoisy, son confident, qui deviendra son chancelier, se dévoue : il entre dans sa chambre et lui rapporte les circonstances du meurtre. Philippe se jette sur un lit, « défiguré de visage, privé de parole, amorti d'esprit ». Il hoquette, il étouffe ; on doit de force lui desserrer les dents. Quand il peut à nouveau parler, il murmure :

« Michelle, votre frère a tué mon père ! »

Sa femme Michelle ne peut lui répondre : elle est tombée comme morte et jamais, jusqu'à sa mort en juillet 1422, ne recouvrera la santé. Malgré son jeune âge, Philippe doit « prendre le taureau par les cornes ». Devant ses conseillers, il exprime son désarroi :

« Contraint et forcé, il faut que je détruise de mes mains le royaume, que je porte le coup mortel à ma

1. Ernest Picard, p. 341-354. Jean sans Peur apprit à Nicopolis la naissance de son fils, « le jour où il fut pris par les Turcs ».

maison mère, dont je devrais être le champion du salut[1]. »

L'assassinat de son père le jette dans les bras du roi d'Angleterre. Le dauphin a assisté au meurtre, ne l'a pas empêché ; sans doute l'a-t-il même ordonné. Comment la réconciliation que souhaitait Jean sans Peur serait-elle encore possible ?

Cependant, la décision de s'allier à l'Angleterre n'est pas prise sous le coup de la colère. Elle est mûrement pesée. Régnier Pot est envoyé à Bourges ; le premier président du Parlement de Paris, Philippe de Morvilliers, est convoqué à Lille ; les députés des villes de Flandre, les capitaines des places-frontières sont réunis à Arras. De toutes leurs consultations, les conseillers de Philippe tirent la conclusion que le nouveau duc de Bourgogne a intérêt à favoriser les desseins de Henri V contre le dauphin. Mieux vaut d'ailleurs pour la Bourgogne soutenir une entreprise qu'elle ne peut empêcher ! Jean de Thoisy et Nicolas Rolin estiment que Philippe doit devenir le partenaire privilégié du roi d'Angleterre : le devoir et l'intérêt lui commandent de jouer cette carte.

Henri V n'a pas de meilleure voie pour parvenir à ses fins. Il saisit donc l'opportunité qui se présente. Il propose le mariage de son frère, le duc de Bedford, avec Anne, l'une des sœurs de Philippe, et, pour Michelle, l'épouse du duc, une rente annuelle de vingt mille livres. Le Conseil ducal accepte ses offres et un traité anglo-bourguignon est conclu à Rouen le 25 décembre 1419.

Philippe forme une armée, sa première armée, et part à sa tête rejoindre Charles VI à Troyes. Il met le siège devant Crépy que défendent deux grands capitaines, Poton de Xaintrailles et La Hire, qui seront les compagnons de Jeanne d'Arc. Philippe ordonne l'as-

1. Georges Chastellain, *Chronique*, livre I, chap. VI, dans *Splendeurs de la cour de Bourgogne*, p. 767.

saut et Xaintrailles se rend. Devant Philippe, il explique sa position : il est un soldat, non « un homme du conseil de la cour » ; il considère le dauphin comme son souverain légitime, combat à ses côtés, mais regrette la division du royaume.

En ce début de XVe siècle, la situation de la France est celle d'un pays occupé. Le gouvernement est à Troyes, il pourrait être à Vichy. Comme celui de Vichy, il combat ceux qui s'opposent à l'envahisseur étranger. En dehors du dauphin et des fidèles qui l'entourent, les responsables politiques se groupent autour du conquérant, « prêts à faciliter sa tâche, prêts à lui livrer la France ». La lassitude générale, la misère qui s'accroît, la chute des monnaies qui s'accélère, l'insécurité et le désarroi qui parviennent à leur comble, conduisent le peuple français à « l'un de ces abandons moraux, où les solutions les plus paradoxales, les plus exorbitantes, les plus contraires aux traditions et à la raison, apparaissent naturelles et acceptables[1] ».

C'est l'heure de toutes les trahisons. Le traité de Troyes du 21 mai 1420 réunit en un seul royaume la France et l'Angleterre : Henri V est proclamé « héritier de France » ; il prend le titre de régent en raison de « l'absence du roi ». Le dauphin est écarté de la succession ; Henri épousera Catherine de France et la couronne reviendra à leur fils[2].

Un nouveau gouvernement se met en place que, naturellement, Henri V aspire à installer à Paris. Dans la campagne qu'il engage pour rejoindre sa nouvelle capitale, il entraîne Philippe le Bon. Ce dernier, qu'il le veuille ou non, est son principal lieutenant, l'allié sans lequel il ne pourrait réaliser son rêve ! Tous deux prennent Sens et Montereau.

Ils font exhumer les corps de Jean sans Peur et d'Ar-

---

1. Joseph Calmette, *Les grands ducs de Bourgogne,* p. 182-183.
2. Catherine de France, née à Paris en octobre 1401, meurt en Angleterre en 1438.

chambaud de Foix ; le 25 juin 1420, ils assistent à un service solennel célébré dans l'église Notre-Dame de Montereau. Les cercueils sont embarqués sur un chaland, qui va remonter de nuit le cours de l'Yonne, halé de la berge par des chevaux. Laurent Pignon accompagne le convoi : il a été le confesseur de Jean sans Peur et occupera la même fonction auprès de Philippe le Bon ; il deviendra évêque d'Auxerre et le demeurera quarante ans. A Arras, il prononcera le sermon de clôture de la conférence de la paix : ce dominicain conduira une longue carrière dans l'ombre des ducs de Bourgogne !

En juin 1420, il organise les cérémonies funèbres en l'honneur de Jean sans Peur dans les villes où le convoi fait étape : un jour à Sens, le lendemain à Joigny, le jour suivant à Auxerre. Il prend son temps, car l'escorte militaire qui doit venir de Dijon n'est pas arrivée. A Cravant, le voyage se poursuit de jour et par voie de terre. Enfin, le 12 juillet, les suppliciés de Montereau reçoivent dans la chartreuse de Champmol leur sépulture définitive[1].

Charles VI et Henri V font leur entrée dans Paris le 1er décembre 1420. Philippe le Bon, qui les accompagne, exige d'eux la condamnation des assassins de son père. Pour répondre à sa demande, les deux rois tiennent un lit de justice par un froid de glace, le 23 décembre. Nicolas Rolin conduit l'accusation : il intervient longuement, comme Jean Petit le fit en mars 1408 pour défendre Jean sans Peur. Le duc de Bourgogne avait alors tué et, maintenant, c'est lui qui a été assassiné ! Tous les dignitaires des cours de France, d'Angleterre et de Bourgogne sont présents, même Jean de Luxembourg qui livrera Jeanne d'Arc aux

1. Bertrand Schnerb, *Les funérailles de Jean sans Peur*, p. 122-134. Les dépenses effectuées pour l'organisation du cortège et des obsèques ont été payées par le receveur général de Bourgogne, Jean Fraignot. Le compte rendu de Laurent Pignon, en date du 20 juillet 1420, est annexé, pour sa part, aux liasses de la chambre des comptes de Lille.

Anglais et Pierre Cauchon qui la jugera. Les accusés ne sont pas présents, mais ce n'est pas un véritable procès : c'est une opération politique et personne ne s'y trompe ! Les sanctions judiciaires que le chancelier de France annonce ne seront jamais mises à exécution.

Paris manque de pain, de bois, de vin : on y meurt de faim et de froid. Jamais, depuis le début du siècle, la situation économique n'a été aussi mauvaise : dans les rues, les Parisiens se disputent les détritus que certains habitants, selon le *Bourgeois de Paris*, doivent arracher aux porcs !

Mais, à Bourges, le dauphin fait front et voici qu'à son appel, une France libre s'oppose à la France occupée ! L'alliance anglo-bourguignonne fait surgir un patriotisme français, transforme l'ancien parti armagnac, devenu parti dauphinois, en un parti national.

La fortune des armes va tantôt aux partisans du dauphin, tantôt aux Anglais et à leurs alliés. L'incertitude se prolonge jusqu'en 1429, jusqu'à l'irruption de Jeanne d'Arc dans la politique française, la libération d'Orléans, le sacre du dauphin à Reims.

Ce qui frappe dans l'aventure de Jeanne d'Arc, c'est sa brièveté : un an de combat, un an de prison. C'est la rupture aussi qu'elle introduit dans le déroulement de l'histoire. « Passant outre la France telle qu'elle était, elle en appela à la France qui devait être » : François Mitterrand décrivit ainsi sa trajectoire en 1989, lorsqu'il présida à Orléans les fêtes johanniques. Cet honneur m'échut en 1991 et, pour préparer mon intervention, j'ai dû m'immerger dans l'histoire du XVe siècle. Jeanne n'était pas tournée vers le passé, elle se heurta aux forces du passé, elle ouvrit à la France les perspectives nouvelles de l'État nation.

Quelles furent ses armes ? Certes, le soutien de son Dieu, mais aussi sa simplicité, sa sincérité, son humour. Elle paraît invulnérable. Ses juges l'interrogent :

« Saint Michel, quand il vous est apparu, était-il nu ?

— Croyez-vous que Dieu soit trop pauvre pour vêtir ses anges ? »

Philippe le Bon la rencontre à Compiègne après sa capture. Malgré la présence d'un témoin, Enguerrand de Monstrelet, on ne connaît pas les propos échangés. Dans une lettre au duc de Savoie, Philippe résume sa pensée : « La femme appelée Pucelle a été prise. De cette nouvelle, rendez grâce à Dieu, notre créateur ! » Il ne saurait oublier que Jeanne a soutenu le meurtrier de son père ; elle l'a même fait couronner roi de France ! Il ne peut lui pardonner et, pas plus, il ne peut la comprendre. Le politique qui gère son capital, c'est Philippe ; celui qui change le cours de l'histoire, c'est Jeanne. Elle a duré deux ans : « duré », c'est le terme qu'elle emploie. Deux ans lui ont suffi !

Tout à ses affaires de Flandre, de Brabant ou de Hainaut, Philippe le Bon s'éloigne de plus en plus de la politique française. Mois après mois, ses déplacements témoignent d'un intérêt croissant pour la conduite de l'État bourguignon : en 1421, après avoir passé le début de l'année à Paris, il gagne les Pays-Bas, qu'il ne quitte plus. En 1422, il part pour le duché de Bourgogne, que sa mère tient en son absence.

A Dijon, le 19 février, comme son grand-père et son père, il confirme les droits du duché et reçoit les serments de fidélité des Bourguignons[1]. Il veut faire prêter serment au nom du roi Henri : c'est la logique de l'accord qu'il a conclu. Il exige une adhésion au traité de Troyes, mais les échevins dijonnais y répugnent. Ils ont décidé de tenir pour roi, sans le nommer, celui que choisirait le duc de Bourgogne ; ils ne veulent pas aller au-delà ! Les commissaires anglais présents à Dijon protestent : il faut savoir, observent-ils, quelle autorité l'on reconnaît !

---

1. Herman Vander Linden, *Itinéraires de Philippe le Bon*, p. 13-22.

Alors que Philippe se trouve à Dijon, sa femme Michelle meurt à Gand le 8 juillet 1422. Et les morts succèdent aux morts : le 31 août, celle d'Henri V à Vincennes et, le 21 octobre, celle de Charles VI à Paris. Elles changent la donne de l'histoire.

Henri V désirait que la régence fût assurée, pour la France, par Philippe le Bon : c'était sans doute le meilleur moyen de maintenir son œuvre. Mais son frère, le duc de Bedford, en décide autrement : lors des obsèques de Charles VI, il conduit le deuil du roi et prend le pouvoir. Philippe le Bon, qui a quitté Paris, se trouve à Arras : il ne revient pas et ne se fait pas même représenter.

En 1423, il réside en Flandre, en Artois, en Bourgogne. En 1424, il passe treize jours seulement à Paris : il partage son temps entre les Pays-Bas et le duché de Bourgogne. Insensiblement, l'axe de l'État bourguignon se déplace vers le Nord. « La politique poursuivie en France n'est plus, comme elle l'était encore sous le second duc, le souci dominant, la hantise toujours présente [1]. » Ce sont les Pays-Bas qui occupent désormais Philippe ; ses résidences préférées deviennent Lille, Hesdin et Bruxelles.

Son neveu, Jean de Brabant, le fils d'Antoine de Bourgogne, mort à Azincourt, a épousé Jacqueline de Bavière. C'est un mariage diplomatique : Jean et Jacqueline ne forment pas un couple. Contrairement aux hommes de la maison de Bourgogne, Jean est chétif, malingre, mélancolique : il n'aime ni la vie ni le plaisir. Au contraire de lui, Jacqueline est gaie et vigoureuse, « nullement assortie, commente Chastellain, à un homme aussi faible [2] ». Elle le quitte, passe en Angleterre, s'éprend du duc de Gloucester et l'épouse.

Gloucester débarque à Calais, veut conquérir le Hainaut par les armes, mais il est battu et doit regagner

1. Joseph Calmette, *Les grands ducs de Bourgogne,* p. 197.
2. Georges Chastellain, *Œuvres*, t. I, p. 210.

l'Angleterre. Voici Jacqueline — restée en Flandre — sans mari et sans troupes ! Assiégée dans Mons, elle tombe entre les mains de Philippe, qui l'assigne à résidence dans le château de Gand. Cette femme superbe de désir et de caractère s'évade, gagne la Hollande, qu'elle tente de soulever. Elle contraint Philippe à conduire une guerre, que l'histoire a retenue sous le nom des deux partis qui se disputent le pouvoir, les Cabillauds et les Hameçons. Philippe choisit les Cabillauds et l'emporte. Jacqueline se soumet une nouvelle fois : par le traité de Delft en juillet 1428, elle abandonne la possession de ses domaines de Hollande, de Zélande, de Frise et de Hainaut. Mais, dans sa retraite, elle s'éprend du gouverneur chargé de la garder, Franz van Borselen : elle l'épouse et le conduit à la révolte. Mal lui en prend ! Les amants sont capturés. Jacqueline doit choisir entre l'exécution de son mari et l'abandon de sa couronne. Elle aime l'amour et le pouvoir, encore plus l'amour que le pouvoir. Elle choisit Borselen.

Après Jeanne et Jacqueline, paraît Élisabeth : les « tantes à héritage » marquent l'histoire des ducs de Bourgogne. Élisabeth de Goerlitz est la fille de l'empereur Wenceslas l'Ivrogne, qui a été déposé en 1400 ; elle a épousé successivement Antoine de Brabant et Jean de Bavière, qui fut évêque de Liège. Elle est veuve, sans enfant, héritière du Brabant par son premier mari et du Luxembourg par son père : « tante Élisabeth » mérite toutes les attentions !

C'est une femme de caractère : elle se brouille avec Philippe le Bon, se réconcilie, lui cède en mars 1427 ses droits sur le Brabant. Pour le Luxembourg, la situation est plus complexe : Philippe doit compter avec les enfants de l'empereur Albert, Anne et Ladislas. Élisabeth désigne Philippe comme son légataire universel, mais Guillaume de Saxe, qui a épousé Anne, fait valoir les droits de sa femme : une guerre devient nécessaire pour dénouer cet imbroglio !

Philippe le Bon la conduit en personne. Alors qu'il se trouve à Arlon, il apprend que la ville de Luxembourg est tombée aux mains de ses hommes. Il est en prière et dit seulement : « Si Dieu m'a donné la victoire, il me la gardera ! » On le presse de rejoindre son armée ; il ne bouge pas. Tout lui réussit : Guillaume de Saxe, contre indemnité, renonce au Luxembourg.

L'État bourguignon devient une grande puissance : il renferme désormais les villes les plus peuplées, les territoires les plus riches de l'Europe. En vingt ans, Philippe le Bon a parachevé l'œuvre de son père et de son grand-père. Décrivant son entreprise, Henri Pirenne est admiratif : il voit en lui le fondateur des Pays-Bas. Johan Huizinga est plus réservé : il estime que Philippe le Bon ne mérite pas « le titre d'homme d'État[1] ».

Il n'a pas l'énergie de son grand-père, l'obstination de son père ; il n'a pas grand goût pour les affaires publiques : il parcourt la vie, détaché et indifférent. Une nonchalance heureuse ! Il croit en la grâce et prend ce que Dieu lui donne : il a d'ailleurs raison, car Dieu lui donne beaucoup. Dans la conduite de l'État, il a l'intelligence de laisser faire Nicolas Rolin, son chancelier. Il lui accorde sa confiance, comme il l'accorde à d'autres, sans toujours rechercher si elle est bien placée. Quand il l'a donnée, il ne la retire pas : « Sa tolérance et son indulgence envers les gens de sa suite sont sans bornes. » Jean Coustain le vole ; il ne veut pas le savoir ! Les frères de Croy le dépouillent : quelle importance cela peut-il avoir !

Dans la vie, il se tient « droit comme un jonc ». Il manifeste une dignité, une grâce qui conquiert tout. Un port de tête royal ; Chastellain ajoute : on dirait « une image dans un temple ! » De taille moyenne, il est « fort d'échine et de bras », mais « plus en os qu'en

---

1. Henri Pirenne, t. I, p. 227 ; Johan Huizinga, *La physionomie morale de Philippe le Bon*, p. 118-119.

chair[1] ». Il a la bouche bien dessinée, les lèvres grosses et colorées : affaire de sang ! Il aime les femmes, sans s'y attarder : on lui attribue une trentaine de maîtresses, une vingtaine de bâtards. Il s'est marié trois fois. Après la mort de Michelle, il épouse le 30 novembre 1424 sa tante, Bonne d'Artois, qui meurt en couches l'année suivante. Sa troisième femme comptera davantage, dans sa vie publique plus que dans sa vie privée : c'est Isabelle de Portugal, qu'il épouse à Bruges le 7 janvier 1430.

A l'occasion de son mariage, il crée l'ordre de la Toison d'or. Sa maîtresse de l'époque est une femme de Bruges aux cheveux dorés, Maria van Crombrugghe. Elle fait une scène : pour l'apaiser, Philippe lui promet que sa toison fera l'envie de tous ! Histoire merveilleuse, mais qui n'est sans doute qu'une légende : selon les historiens les plus récents, l'anecdote ne repose sur aucun fondement[2]. Elle témoigne seulement d'un rare appétit de vie.

Philippe admirait Jason pour sa bravoure au combat et son amour des femmes : il choisit comme emblème de l'ordre une toison d'or rappelant celle que Jason rapporta de Colchide. Le premier chancelier de la Toison d'or fit observer qu'un héros païen ne pouvait patronner un ordre voué à la défense de la vraie foi ! Il proposa de substituer à Jason l'un des juges d'Israël, Gédéon, qui possédait, lui aussi, une peau de mouton miraculeuse : elle s'imbibait d'eau quand la terre tout autour demeurait sèche. Dieu, ajoutait l'évêque, avait promis la victoire à Gédéon ; il l'offrirait à Philippe s'il voulait bien conduire une croisade.

Philippe le Bon accepta Gédéon : il a toujours suivi les avis de ses conseillers et de ses évêques. On a pu le lui reprocher, mais un chef d'État doit-il tout

1. Georges Chastellain, *Déclaration des hauts faits du duc Philippe*, p. 749-757.
2. Charles de Terlinden, « Coup d'œil sur l'histoire de la Toison d'or ».

décider lui-même ? Philippe intervenait peu, mais assurait, par son arbitrage, le fonctionnement de l'État bourguignon. Il demandait seulement à vérifier sur le terrain les solutions qui lui étaient proposées : de ville en ville, il alla toute sa vie à la rencontre de ses sujets.

A table, il était frugal : il mangeait peu et lentement, mâchait avec application. Jamais, on ne l'a vu ivre. Ses colères étaient terribles : quand il s'emportait, les poils de ses sourcils se dressaient comme des cornes. Il aimait le tir à l'arc, le jeu de paume, l'équitation. Il dormait peu, se couchait tard et, le soir, écoutait la lecture de livres d'histoire et de traités de morale. Il avait l'habitude des jeûnes et des longues prières. Il était toujours habillé de noir. Il laissait la grâce de Dieu l'envahir et le commander. « Il avait beau donner, perdre, jeter : il lui en venait toujours davantage[1]. » Il saisissait les opportunités que la vie lui offrait : c'était un augustinien.

Ainsi construisit-il l'État bourguignon : œuvre immense qu'il mena sans avoir l'air d'y toucher ! Il eut la sagesse, ou le détachement, de ne pas aller trop loin. En 1447, l'empereur lui proposa la couronne : Philippe pouvait devenir roi de Frise ou de Brabant. Non, roi de Bourgogne ! Et s'il était roi, son royaume devait comprendre l'ancienne Lotharingie, « des Vosges à l'embouchure de l'Escaut, bien au-delà du Rhin[2] ».

Rêve impossible ! Quel empereur pourrait accepter un tel démembrement de l'Empire, quel roi de France une telle amputation du royaume ? Philippe le Bon renonça et se contenta, selon la belle expression de Chastellain, de « tenir les piliers de sa maison en l'état ».

Charles le Téméraire n'aura ni la retenue, ni la maî-

---

1. Jules Michelet, p. 763-764.
2. Paul Bonenfant, *Philippe le Bon*, p. 73-74.

trise de son père : il voudra trop de choses à la fois, sans l'intelligence de ses limites, souveraine chez Philippe le Bon. Dans une même démarche, il accomplira et anéantira le rêve bourguignon.

L'APPRENTISSAGE DU POUVOIR

IV

Anima inquieto

Charles est le troisième fils de Philippe et d'Isabelle de Portugal ; ses frères aînés, Antoine et Josse, nés en 1430 et 1432, n'ont vécu que quelques mois. Il vient au monde le 11 novembre 1433 à Dijon dans le château qui est le berceau de la dynastie.

Son grand-père et son père étaient déjà nés à Dijon. Baptisés dans la Sainte-Chapelle, enterrés dans la crypte de la chartreuse de Champmol : en un siècle, ils ont créé une tradition. Cependant, ce n'est pas le respect de celle-ci qui fait naître Charles à Dijon en 1433, ce sont les hasards de la guerre.

Ses parents ont dû quitter en juin les Pays-Bas pour rejoindre la Bourgogne menacée par les troupes royales, qui occupent la vallée de l'Yonne et ont pris Noyers et Avallon. Pour défendre le duché, Philippe le Bon a levé une véritable armée ; il emmène avec lui « une redoutable artillerie et ses principaux chevaliers [1] ». La duchesse suit en litière ; elle s'arrête à Châtillon-sur-Seine, puis gagne Dijon. Pendant que son mari fait campagne, elle réunit les États de Bourgogne pour leur demander de voter les subsides nécessaires au financement des opérations. Les ducs Valois sont

1. Prosper de Barante, t. V, p. 384.

des monarques constitutionnels, qui doivent constamment solliciter des députés de leurs États les crédits dont ils ont besoin.

Avant son départ, Philippe le Bon a envoyé au roi d'Angleterre des ambassadeurs, qui ont décrit « la désolation générale du royaume de France ». Henri VI a répondu en proposant la réunion à Calais d'une conférence de la paix. Pour la Bourgogne, Nicolas Rolin va conduire une négociation qui s'achèvera en septembre 1435 par la paix d'Arras. Dans sa prison de Londres, Charles d'Orléans désespère de jamais recouvrer la liberté :

« Dois-je toujours ainsi languir ? »

A l'automne 1433, ce sont les derniers soubresauts de la guerre. Avallon est tombée aux mains des Français : Philippe le Bon met le siège devant la ville, qu'il reprend le 21 octobre. Puis il laisse ses lieutenants conduire les opérations et rejoint la duchesse à Dijon.

Charles naît le 11 novembre : c'est un solide garçon, qui est baptisé le jour même dans la Sainte-Chapelle. Il est prénommé Charles, comme son parrain Charles de Nevers, et Martin, en l'honneur de saint Martin, dont la fête est célébrée ce jour-là [1]. Il reçoit le titre de comte de Charolais, que son père a lui-même porté.

Longtemps, les historiens ont hésité sur la date de sa naissance : le 10 ou le 11 novembre ? Comment dater le commencement du jour : après minuit ou au lever du soleil ? Dans son étude sur la cour de Bourgogne, Holger Kruse s'est fondé sur les pièces de la chambre des comptes : les archives de Lille conservent une lettre de Mathieu Regnault, receveur général des finances, datée du 12 novembre 1433, selon laquelle le prince est « né hier soir, jour de saint Martin, envi-

---

1. Charles de Nevers (1414-1464) est le fils de Philippe de Nevers et de Bonne d'Artois, le petit-fils de Philippe le Hardi.

ron deux heures après minuit ». C'est cette heure qu'indique aussi, dans une autre lettre, Nicolas Rolin [1].

Les ducs de Bourgogne tiennent à Dijon, « ville première de leurs seigneuries » : plus ils s'éloignent, plus ils s'attachent à leurs racines bourguignonnes. Charles Quint, l'arrière-petit-fils du Téméraire, demandera à reposer dans la crypte de Champmol. Les ducs pourront s'installer dans les Pays-Bas, rêver d'un royaume du Rhin, ceindre la couronne de Charlemagne : ils n'oublieront jamais Dijon.

Au XVe siècle, Dijon est une petite ville de dix mille habitants, six fois moins peuplée que Gand, demeurée « très rurale d'aspect, avec ses lieux-dits, ses terrains vides, ses vergers, ses jardins et même ses vignes [2] ». Deux cours d'eau la traversent, le Renne et le Suzon, qui s'étalent en nappes fangeuses lors des pluies d'hiver. Les rues ondulent, fléchissent, se disloquent ; la lumière y pénètre difficilement. Les marchés se tiennent dans les cimetières : une épidémie, comme celle de la peste noire, et l'on meurt ensemble — comme l'on a vécu.

L'hôtel des ducs se trouvait à l'emplacement de l'actuel hôtel de ville : dès 1172, la construction de la Sainte-Chapelle atteste la présence du château à l'endroit où il est aujourd'hui. C'est une forteresse que dominent trois tours, un bâtiment austère dont seuls peuvent témoigner les dessins de Martellange et de Hardouin-Mansart. La « chambre de gésine », où les duchesses s'installaient pour accoucher, se trouvait au deuxième étage d'un bâtiment qui n'existe plus ; elle ouvrait dans la tour de Brancion.

Après leur naissance, les enfants étaient installés

1. Holger Kruse, *Hof, Amt und Gagen.* Comme date de naissance, Prosper de Barante, John Foster Kirk, John Bartier, Klaus Schelle, Werner Paravicini, Wim Blockmans indiquent le 10 novembre ; Jean-Philippe Lecat, Anne Le Cam, Monique Sommé le 11 novembre (« à la première heure après minuit »).

2. Jean Richard, *Histoire topographique de Dijon*, p. 341.

dans la *Maison des étuves* — les bains de l'époque — qui occupait devant le palais une partie de l'actuelle place de la Libération ; la maison donnait sur un jardin orné de treilles en berceau. Elle accueillit Charles et sa nourrice, Simone Sauvegrain. La porte de la chambre fermait mal et, pour éviter les courants d'air, la duchesse demanda que l'on changeât le verrou de la porte[1] !

La construction d'un nouveau palais sera entreprise en 1440 : Philippe le Bon a l'intention de s'établir à Dijon. Lors de son mariage avec Isabelle de Portugal et de la création de l'ordre de la Toison d'or, il a fixé le siège de l'ordre dans la Sainte-Chapelle. Il y réunit en novembre 1433 un chapitre, le seul dans l'histoire qui se tiendra à Dijon. Charles, porté dans les bras de sa mère, reçoit le collier d'or. Il est le sixième d'une promotion de huit chevaliers : tous les membres de l'ordre, quelle que soit leur naissance, sont égaux devant le duc de Bourgogne. Dans la Sainte-Chapelle, la cérémonie dure jusqu'au soir : les chants qui s'élèvent dans la nuit représentent l'une des parts les plus belles de l'art du XVe siècle. Musique aérienne, raffinée, d'une étonnante liberté rythmique, semblable à celle des anges musiciens de Van Eyck.

Dès sa première année, Charles est doté d'une maison : une « gouverneresse », Marguerite de Villers La Faye, reçoit « la charge du gouvernement et de la nourriture de monseigneur le comte de Charolais ». C'est une Bourguignonne, recrutée à Dijon, qui restera en fonctions dix ans. Sous ses ordres sont placés une « berceresse », Isabeau de Morailles, un maître d'hôtel, un valet de chambre et un clerc d'office : tous ces détails sont rapportés par les comptes de la cour de Bourgogne, qui dressent le tableau le plus complet de la jeunesse de Charles[2].

1. Ernest Picard, *Mémoires de la Commission des Antiquités du département de la Côte-d'Or, 1913-1921*, compte rendu des travaux, p. DLIX.
2. Monique Sommé, « La jeunesse de Charles le Téméraire », p. 739.

Le prince accompagne ses parents, quand ces derniers regagnent les Pays-Bas au printemps 1435. Philippe le Bon s'arrête à Auxerre le vendredi 8 avril et arrive à Paris le jeudi 14 avril. Il voyage en grand appareil : ses bagages comprennent cent chariots. Charles et sa mère le suivent dans une litière, alors que ses bâtards chevauchent à ses côtés. Dans l'hôtel d'Artois, le duc a fait tendre aux murs ses tapisseries de Flandre. Après avoir assisté à la messe de Pâques à Notre-Dame, il reçoit les notables, les échevins, les bourgeois, les professeurs de l'université : à tous, il tient le même discours sur les malheurs du temps. Il promet la paix — et fera la paix.

D'avril 1435 à mai 1436, Charles est conduit de ville en ville : à Lille, une tasse d'argent lui est offerte et, à Grammont, du vin ! Le voici à Arras, en août et septembre, pour la conférence de la paix. Le chancelier Nicolas Rolin a obtenu que la Bourgogne participe à la négociation sur un pied d'égalité avec la France et l'Angleterre. Mais, des deux rois de France, lequel est le vrai : Henri VI, couronné à Paris, ou Charles VII, que Jeanne d'Arc a fait sacrer à Reims ? Les Anglais comprennent que l'arbitrage des cardinaux — donc du pape — leur sera défavorable : ils s'en vont. La conférence se poursuit entre Français et Bourguignons : un accord est conclu. Philippe le Bon obtient réparation pour le meurtre de Montereau. Charles VII lui cède Auxerre, Bar-sur-Seine, Luxeuil, Boulogne-sur-Mer et les villes de la Somme. Enfin, il le délivre, sa vie durant, de tout lien de vasselage : la Bourgogne est indépendante[1].

Toute l'enfance de Charles est marquée par le renversement des alliances qu'implique la paix d'Arras, l'accord avec la France, le conflit qu'il provoque avec

1. Klaus Schelle commente : « On peut vraiment parler maintenant du Grand duc d'Occident. Philippe est parvenu à l'apogée de sa puissance » (p. 77).

l'Angleterre. Pendant que son père conduit le siège de Calais, sa mère réside à Gand, puis à Bruges. Le siège est un échec. Les milices flamandes, qui forment le gros de l'armée, se dispersent dès les premiers revers. La flotte bourguignonne ne peut bloquer le port. La bastille de bois, que les Gantois ont fabriquée pour s'approcher des remparts, est enlevée par les Anglais le 28 juillet 1436. La Flandre, à nouveau, s'enflamme : les milices crient à la trahison ! Les villes se révoltent. La duchesse Isabelle est arrêtée, alors qu'elle quitte Bruges, cachée avec son fils dans un chariot.

De septembre 1436 à mai 1439, les comptes de la cour mentionnent la présence de Charles à Douai, Bruxelles, Gand, Hesdin, Arras et Namur. A plusieurs reprises, Charles tombe malade et un médecin est appelé à son chevet. Il rejoint Saint-Omer le 17 mai 1439 pour accueillir — il n'a pas six ans — la fiancée que la paix d'Arras lui destine. Le 11 juin, il épouse Catherine de France, qui a trois ans de plus que lui. Les deux enfants s'installent à Bruxelles, qu'ils ne quitteront guère jusqu'à la mort de Catherine en juillet 1446[1].

Avec Charles et Catherine sont élevées leurs cousines Marie de Clèves et Isabelle d'Étampes. En février 1444, après la guerre du Luxembourg, quand Philippe le Bon regagne Bruxelles, Charles va à sa rencontre, entouré de jeunes seigneurs, montés sur de petits chevaux : Jean de La Trémoille, Philippe de Croy, Charles de Ternant, Guy de Brimeu, Philippe de Crèvecœur et Philippe de Wavrin[2]. Ce sont ses compagnons de jeu, qui seront plus tard ses conseillers et formeront, avec ses demi-frères, son cercle rapproché.

En avril 1441, Antoine Haneron devient son « maître d'école » : juriste, diplomate, financier, ce prêtre est « l'une des grandes figures de l'État bourgui-

1. Herman Vander Linden, *Itinéraires de Philippe le Bon.*
2. Olivier de La Marche, t. II, p. 51.

gnon[1] ». Quand le duc le choisit pour assurer l'éducation de son fils, il a déjà été régent de la faculté des arts de Louvain, recteur de l'université. Il sera maître des requêtes, ambassadeur auprès du pape et de l'empereur, prévôt de Saint-Donat de Bruges. Sur la fin de sa vie, le diplomate cédera le pas au financier : Haneron sera trésorier du domaine ducal et membre de la Cour des comptes de Malines[2].

Il donne à Charles une solide instruction, lui apprend les langues anciennes, lui ouvre le monde de l'Antiquité. Plus encore, il le calme, le modère, développe chez lui la passion du travail, le sens de la justice, la crainte de Dieu. Il lui inculque « un christianisme sombre, fataliste, qui voit dans le sang versé le juste châtiment du péché[3] ». Il lui impose une discipline de vie.

Dans l'enfance de Charles, deux personnes compteront plus que d'autres, sa mère et Antoine Haneron. Grâce à elles, Charles acquiert une formation solide, plus littéraire que technique ou historique, mettant au premier rang les valeurs esthétiques.

Il aime la musique, il chante, même si sa voix n'est pas juste, et compose des motets[4] :

Madame, trop vous mesprenez
Quand vers moi ne vous gouvernez.
Autrement qui l'oserait dire ?
Car oncque saint tant de martyre
N'endura que vous me donnez.

Comme gouverneur, Jean d'Auxy remplace madame de Villers La Faye. C'est un « chevalier très honnête et

1. John Bartier, *Charles le Téméraire*, p. 12.
2. Henri Stein, « Un diplomate bourguignon au XVe siècle, Antoine Haneron ».
3. John Bartier, *Charles le Téméraire*, p. 277.
4. Thomas Basin : « Il se plaisait à chanter avec ses chantres, et même chantait lui-même en privé » (t. II, p. 355).

très sage » : du portrait que La Marche lui consacre, se dégage l'impression d'un bel homme, éloquent, expert aux jeux du corps. Il met l'accent sur l'éducation sportive : plusieurs heures par jour, Charles s'initie à la joute, à la paume, au tir à l'arc. D'Auxy lui forge un corps de fer, d'une résistance sans limites, indifférent au froid et à la pluie : à vingt ans, Charles devient l'un des meilleurs sportifs de son temps.

Il aime la voile, le vent, les embruns. Jeune, il conduit son bateau au large des côtes de Flandre et de Hollande, qu'il découvre pour la première fois en novembre 1445, accompagnant sa mère à La Haye[1]. Quelques années plus tard, en 1451, alors qu'il n'a pas dix-huit ans, naviguant vers la Zélande, il affronte un temps « dur et merveilleux ». Mais il est à son aise, car il avait, écrit Olivier de La Marche, grand « désir de mer » et, à tout, préférait le vent du large et ses bateaux[2].

De qui tient-il cet amour ? Sans doute de son oncle maternel, Henri le Navigateur, parti jeune à la conquête de Ceuta. De sa grand-mère aussi, la reine de Portugal, qui a encouragé l'expédition de son fils, alors qu'elle allait mourir :

« Quel est ce vent ?

— C'est l'aquilon, répondit Henri.

— Je crois que c'est un bon vent pour votre voyage. »

Henri prit Ceuta. A la fin de sa vie, il se retira à la pointe extrême de l'Europe, à Sagres, créant un port, bâtissant une ville, fondant une école. Il recevait parfois sur le visage le vent du sud, qui lui apportait le sable du désert ; il poussait vers l'Afrique des barques à demi pontées, aux voiles carrées. Un jour, un marin lui rapporta du cap Bojador un bouquet de romarin :

1. Herman Vander Linden, *Itinéraires de Philippe le Bon*, p. 237.
2. Olivier de La Marche, t. II, p. 217.

« Je devais rapporter un signe de cette terre : j'ai cueilli des fleurs, que voici.

— Donne ! »

Henri prit les fleurs et pleura.

Comme lui, Charles jette un regard triste sur les hommes et les choses. Ses couleurs préférées sont celles du deuil : noir et violet. Il est ailleurs, à son angoisse, à ses rêves. Rogier Van der Weyden a peint son portrait, qui est conservé au musée de Berlin : c'est celui d'un jeune homme, les cheveux noirs, bouclés, « les yeux vairs et riants », selon Chastellain. Détaché, indifférent : un bel adolescent qui n'a rien d'un guerrier, un fils de bonne famille. Le vêtement est de velours noir, le cou blanc et bien posé, la bouche épaisse, sensuelle comme celle de son père ; la main est longue. Le regard porte au loin. Ce sportif est tout à ses visions intérieures : « *anima inquieto* », dira plus tard Laurent de Médicis.

Le sang, un sang violent, coule dans ses veines. De tous les auteurs qui l'ont approché, c'est Rilke qui l'a le mieux compris : dans *Les cahiers de Malte Laurids Brigge*, il écrit qu'il devait « prendre des précautions incroyables pour vivre d'accord avec son sang ». Charles est prisonnier de son sang ; parfois il en a peur, lorsqu'il le sent « en lui tourner, rampant et sombre[1] ». Pour le combattre, il mange peu, boit des tisanes ou de l'eau rougie.

Quels sont ses modèles ? Jacques de Lalaing, « Jacquet », qui est son aîné de douze ans : l'exemple du parfait chevalier. La vie de Jacquet est liée au règne de Philippe le Bon : son père a été bailli de Hainaut et gouverneur de Hollande. Il est entré à quinze ans au service d'Adolphe de Clèves, le neveu du duc, qu'il ne quitte pas. Il a l'âge d'Adolphe, sa stature, s'habille comme lui ; il est son double et veut épouser sa sœur ! Tour à tour, diplomate, conseiller, chambellan. C'est

1. Rainer Maria Rilke, p. 168-169.

un enfant gâté, mais qui garde le sens de la distance et se moque de ses propres exploits. En 1450, il établit dans l'île de Saint-Laurent, sur la Saône, les lices et les pavillons de la Fontaine-aux-Pleurs. Une femme, prisonnière d'un maléfice, se tient près de la fontaine : qui voudra la délivrer devra combattre Jacques de Lalaing ! C'est la fête de la violence, de l'érotisme et du désespoir, l'une des dernières qu'il organise. Il meurt devant Gand en 1453 ; un boulet lui emporte la tête.

Le 27 février 1452, pour son premier tournoi, Charles l'affronte à Bruxelles : il a dix-sept ans. Il combat devant ses parents. Son père souhaite que les règles soient observées, sa mère demande que son fils soit ménagé : « l'un désire l'épreuve et l'autre la sûreté », écrit La Marche[1]. Entouré de ses amis, Charles rompt dix-huit lances et emporte le prix.

Il cherche aussi ses modèles dans l'Antiquité et, déjà, annonce la Renaissance : il admire Cyrus, Alexandre, Hannibal et César. Il lit leurs exploits en latin ou en français. Les érudits qui travaillent à la cour de son père associent modèles médiévaux et antiques ; dans leurs textes, le mot « héros » revient sans cesse. Vasque de Lucène, humaniste portugais formé à Cologne et à Paris, décrit Alexandre comme il décrirait Charles : « En sa première jeunesse, sa continence commença à resplendir et, bien qu'il fût impétueux, il se tenait chaste et immuable envers les plaisirs, les réprimant par une grande modération. »

Alexandre aimait le vin, mais, « une fois emporté, il ne connaissait ni mesure ni délai à sa vengeance ». A la fin de sa vie, « il fut vaincu par le vin et le courroux ».

De la même façon, Lucène trace un parallèle entre Cyrus et le Téméraire : l'un et l'autre hommes d'État et hommes de guerre, l'un et l'autre héros ambigus jusque dans les plaisirs amoureux. Charles aime ce passage de

1. Olivier de La Marche, t. II, p. 215.

la *Cyropédie*, dans lequel Cyrus embrasse sur la bouche l'un de ses parents :

« Je voulais toujours m'approcher de toi, mais, par les dieux, j'avais honte.

— Il ne fallait pas avoir honte[1] ! »

La jeunesse de Charles est marquée par un mélange de violence et de chasteté. Des pulsions très fortes et la peur de l'acte sexuel : ses amours sont cérébrales. Il aima comme Montherlant l'odeur des vestiaires, les étuves après la joute, le regard sur lui d'un adolescent. Jamais, avant son mariage avec Isabelle de Bourbon, il ne toucha une femme.

L'historien anglais Richard Vaughan pense qu'il était homosexuel ou, du moins, qu'il préférait les hommes aux femmes. Son thème astral révèle cette face cachée de sa nature, ses relations avec ses épouses aussi. Isabelle a été le grand, le seul amour de sa vie : elle le caressait et l'apaisait. Avec elle, il devint un homme. Il vécut peu avec Marguerite d'York, sa troisième épouse, quelques jours, quelques semaines au plus. Le jour de ses noces, il l'abandonna après la cérémonie et alla dormir seul. Richard Vaughan a suivi leurs déplacements : « Quand Charles se trouvait à Louvain, elle était à Bruxelles ou Hesdin. Quand elle était à Saint-Josse, lui était souvent à Middelburg, Anvers ou Bruxelles. Et quand il se trouvait à Lille, elle était à Hesdin ou Bruxelles[2]. »

Dans son *Histoire de Louis XI*, Thomas Basin indique que Charles était « si chaste qu'il se refusait à connaître ou même à désirer d'autres femmes que la sienne[3] ». Il ajoute que certains, « par malignité ou par haine, par légèreté plutôt que par amour de la vérité », expliquent cette attitude par son attirance pour les hommes. Dans une lettre qu'il adresse à Charles en

1. Xénophon, *Cyropédie, Un plaisir amoureux,* livre I, 4 ; t. I, p. 30-31.
2. Richard Vaughan, *Charles the Bold*, p. 159.
3. Thomas Basin, t. II, p. 355.

1467, Charles de Melun fait précéder sa signature des mots « votre serviteur et gros mignon[1] ». Il est vrai que les « mignons » du Moyen Age pouvaient être de rudes gaillards !

En novembre 1470, alors que Charles réside au château de Hesdin, son frère Baudoin et l'un de ses chambellans, Jean de Chassa, l'abandonnent : tous deux se réfugient à la cour de Louis XI. Charles dénonce leur trahison, publie un manifeste qu'il fait diffuser dans tout l'État bourguignon : ils auraient voulu le tuer ! La réalité est sans doute différente[2]. Chassa expliqua sa fuite « à cause des choses très viles et malhonnêtes » que le duc lui imposait ; Baudoin, de même, évoqua « des abominations qui sont plus à taire qu'à dire[3] ». Pour Chastellain, Charles « aimait fort » Baudoin, qui était « toujours avec lui là où il était seul[4] ».

Pour ma part, suivant Charles jour après jour, j'ai découvert un homme vulnérable, angoissé, en lutte constante contre ses démons. Quand il rompait avec la discipline qu'il s'imposait, il partait dans ses rêves et ses penchants l'emportaient. Il a pratiqué le sport et la chasse avec violence, comme s'il voulait contraindre son corps et, selon l'intuition de Rilke, comme s'il en avait peur. Charles était le contraire d'un téméraire : un être tourmenté, qui se réfugiait dans le détail parce que le détail l'apaisait. Un esthète, un homme livré à lui-même, moderne en un mot.

---

1. Anne Le Cam, p. 138.
2. Richard Vaughan, *Charles the Bold*, p. 238-239.
3. Jean-Marie Cauchies, « Baudouin de Bourgogne », p. 257-281.
4. Georges Chastellain, *Œuvres*, t. V, p. 291.

V

Isabelle de Bourbon

Charles a vingt ans et son éducation est achevée. Il a représenté son père, reçu l'hommage des villes ; il a appris et répété les gestes d'un pouvoir qu'il rêve désormais d'exercer.

1454 va marquer pour lui une étape nouvelle dans son apprentissage : au printemps, partant en Allemagne, son père lui confie la direction du gouvernement et, à l'automne, le marie.

Sur fond de croisade : le 29 mai 1453, Constantinople a été prise par les Turcs. En Occident, l'émotion est énorme, l'événement devient « le sujet de tous les discours [1] ». Le pape se tourne vers les deux principaux responsables de la chrétienté, l'empereur et le roi de France : sans succès. Il s'adresse alors au duc de Bourgogne, le seul qui ait manifesté de l'intérêt pour la défense de Constantinople. Jean sans Peur a conduit la croisade de Nicopolis : Philippe le Bon veut venger son père.

Avant la guerre contre les Gantois, il a envoyé en 1451 Jean de Croy et Jacques de Lalaing en ambassade auprès des rois de France et d'Aragon pour les convaincre de porter secours à l'empereur d'Orient.

1. Prosper de Barante, t. VII, p. 147.

Lors du dernier chapitre de la Toison d'or, à Mons en 1451, le chancelier de l'ordre a prêché l'organisation d'une nouvelle croisade. En vain : l'Occident a laissé tomber Constantinople sans intervenir. Le seul qui s'inquiète est le roi de Hongrie, qui veut enrayer l'avance sur le Danube de Mehmet II. Le reste de l'Europe somnole.

Philippe le Bon a cinquante-huit ans : il vient de remporter sur Gand la victoire de Gavere. A cheval, ayant à ses côtés Charles, son fils légitime, et Antoine, l'un de ses fils naturels, il reçoit la soumission de la ville. Mille Gantois, vêtus de robes noires, la tête et les pieds nus, viennent s'agenouiller devant lui et implorer sa pitié : il leur fait grâce, mais confisque leurs bannières, symbole de leurs pouvoirs[1].

Après avoir acquis le Brabant, conclu avec la France la paix d'Arras, réduit Bruges, il peut se consacrer à l'unification des Pays-Bas. Les comtés de Flandre, de Hollande, de Zélande, de Hainaut et de Namur, les duchés de Brabant et de Limbourg reconnaissent son pouvoir. La voie est ouverte à une politique de centralisation, fondée sur une administration à la fois unitaire et respectueuse des particularismes locaux.

Philippe revient à Lille, capitale de la Flandre française, une ville calme et sûre, où il aime résider[2]. Il reprend ses idées de croisade. A la fin de l'année 1453, un messager arrive à Lille, porteur d'une lettre du pape : « C'est à vous qu'il appartient de conduire la réaction qui doit être celle de l'Occident ! » L'ambassadeur décrit la prise de Constantinople, la profanation de Sainte-Sophie, la destruction des reliques, les viols et les meurtres. Le sultan qui a mis fin à l'empire d'Orient, ajoute-t-il, est le fils de celui qui a fait prisonnier Jean sans Peur : ce n'est pas vrai, mais qu'importe ! Le duc comprend l'intérêt du rôle politique qu'une

1. Marie-Thérèse Caron, *Le banquet du vœu du faisan*.
2. Denis Clauzel, *Lille 1454*.

croisade lui permettrait de jouer. S'il s'engage, et il va s'engager, il doit donner un éclat particulier à « l'entreprise chrétienne dont il veut être le chef[1] ».

Ses conseillers les plus proches, Nicolas Rolin, Antoine de Croy, Jean de Lannoy, lui proposent d'organiser à Lille un rassemblement au cours duquel les seigneurs bourguignons feront serment de le suivre. La manifestation doit être l'occasion d'affirmer la puissance en Europe du nouvel État. Ses préparatifs sont confiés à Jean de Lannoy et Olivier de La Marche ; ils vont durer plus de trois mois. Le 17 février 1454, se tient le « banquet du faisan[2] ».

Le matin, la fête commence par une joute organisée par Adolphe de Clèves, en l'honneur du chevalier au cygne. Le cygne est l'ancêtre mythologique des Clèves : le premier duc serait un chevalier romain, venu par le Rhin dans une barque que tirait un cygne. Il épousa une belle princesse et créa la famille de Clèves. A chaque génération, l'histoire est ainsi racontée et le cygne glorifié, oiseau sacré surgi des brumes du Rhin apportant avec lui un jeune et beau chevalier ! Le prix de la joute de Lille est un cygne d'or rehaussé d'un rubis. Le vainqueur est le comte de Charolais : Isabelle de Bourbon, qui l'épousera avant la fin de l'année, lui remet le cygne. Elle s'incline, il la relève et l'embrasse.

Après le tournoi, les invités gagnent l'hôtel Saint-Pierre, où les tables sont dressées : le château de la Salle n'existe plus, mais on peut retrouver l'emplacement sur les cartes de Lille au Moyen Age[3]. Invités et spectateurs sont venus de toute l'Europe. Jamais banquet n'a rassemblé autant de convives, jamais publicité

1. Prosper de Barante, t. VII, p. 148.
2. Lors du colloque organisé à Lille en juin 1995, Marie-Thérèse Caron a présenté une communication qui résume l'état des connaissances actuelles. Dans *Splendeurs de la cour de Bourgogne*, Bruno Laurioux et Colette Beaune ont publié, également en 1995, des extraits des chroniques de Mathieu d'Escouchy et d'Olivier de La Marche, traduites en français moderne.
3. *Histoire de Lille*, t. I, cité par Marie-Thérèse Caron (*Le banquet*).

plus large n'a été donnée. Tous les détails de la fête sont relatés par deux chroniqueurs, Mathieu d'Escouchy et Olivier de La Marche. La salle du banquet est immense, entourée de cinq rangées de galeries en amphithéâtre. Aux murs sont tendues des tapisseries qui représentent les travaux d'Hercule ; au centre, sur la table, se dressent une église avec ses vitraux, ses cloches, son orgue et ses chantres et un navire avec ses mâts, ses voiles et son équipage prêt à la manœuvre. Philippe le Bon préside, en habit de velours noir, constellé de pierreries. A ses côtés, siègent Isabelle de Bourbon, sa future belle-fille, et Isabelle d'Étampes, sa nièce, dont il va célébrer le mariage. Devant lui, le buffet resplendit de vases d'or, d'argent et de cristal. Il est surmonté de deux colonnes : l'une porte une statue de femme et, à l'autre, un lion vivant est attaché par une chaîne. Sur une banderole, on peut lire : « Ne touchez pas à ma dame ! » C'est la fête la plus extravagante, la plus dispendieuse de tout le siècle : elle représente « un colossal effort de propagande [1] ».

L'arrivée des plats est précédée de l'exécution d'un morceau de musique : des œuvres de Gilles Binchois et Guillaume Dufay sont interprétées. Dans son compte rendu, La Marche cite une chanson de Binchois, sans doute écrite pour la circonstance, qui fera le tour de l'Europe :

Je ne vis oncques la pareille
De vous, ma gracieuse dame.
Votre beauté est, par mon âme,
Sur toutes autres non pareille.

Des pantomimes sont jouées, qui relatent les aventures de Jason et de la Toison d'or : Gédéon est oublié ! La fête est un mélange de paganisme, d'hom-

1. Colette Beaune, « Les vœux du faisan », p. 1133.

mage à la beauté, d'exotisme aussi, sur fond d'appel à la croisade.

Un géant s'avance, conduisant un éléphant sur lequel se dresse un palanquin. Une femme y est assise, portant un voile blanc sur un grand manteau noir : c'est la Sainte Église. Le rôle est interprété par La Marche lui-même, qui a écrit le scénario et réglé la mise en scène. L'éléphant s'arrête devant le duc et la Sainte Église entame une complainte :

Pleurez mes maux, car je suis Sainte Église,
Votre mère
Mise à ruine et à douleur amère...
Plus je me plains et moins j'ai de secours.
Oh toi, noble duc de Bourgogne,
Fils de l'Église et frère de ses enfants,
Écoute-moi et pense à ma besogne :
Je te requiers fermement,
Mon aimé fils, de recouvrer mes terres.

« Toison d'or », le roi d'armes, entre alors : il porte un faisan vivant, orné d'un collier d'or et de pierreries. Le faisan est l'oiseau du Phase, l'oiseau sacré de Colchide, que les Argonautes ont rapporté en Grèce, faisant à leur patrie, écrit Buffon, « un présent plus riche que celui de la Toison d'or[1] ». Dès l'Antiquité, le faisan et la toison de Jason ont cause liée et, au Moyen Age, la coutume voulait que l'on jurât sur le faisan de partir vers l'est, comme Alexandre avant ses conquêtes.

Philippe le Bon regarde l'Église : « Comme s'il avait pitié d'elle, écrit La Marche, il tira de son sein un billet disant qu'il faisait vœu de secourir la chrétienté. » Sainte Église remercie, entreprend le tour des tables, reçoit les uns après les autres les vœux des seigneurs bourguignons. Tous jurent d'aller à la croisade. C'est

1. *Œuvres de Buffon*, annoté par Flourens, t. V, *Les oiseaux*, p. 409.

un empressement général, dans une ambiance de fin de banquet où l'on ne se contrôle guère. Deux cents vœux sont enregistrés : certains réservés, comme celui du chancelier Rolin, qui mesure les périls de l'aventure[1] ; d'autres plus courtisans, comme celui de Philippe Pot, qui promet, jusqu'au départ de la croisade, de ne pas s'asseoir à table les mardis et de ne pas porter d'arme au bras droit ! Le succès politique est immense ; il justifie les dépenses « excessives » auxquelles la fête, selon La Marche, a donné lieu. Philippe le Bon a trouvé le moment propice pour « montrer le désir qu'il a du bien public et du profit de la chrétienté ».

Il lui faut exploiter la situation : il décide de se rendre à Ratisbonne pour participer à la diète de l'Empire et convaincre les princes allemands de se joindre à son projet.

Avant de quitter Lille, il nomme son fils lieutenant général et le charge du gouvernement de l'État. Pour conseiller Charles, il désigne Nicolas Rolin, Antoine de Croy et Pierre de Goux. A la fin du mois de mars, il part pour l'Allemagne, emmenant avec lui plus de cent hommes en armes et son train de chariots. Dans les jours qui suivent, le chancelier rend publique une ordonnance que Philippe a signée avant son départ : de nombreux serviteurs de l'hôtel sont licenciés sans indemnité. La fête de Lille a coûté trop cher et les finances publiques sont à sec ! Le fou de la cour commente : « Le duc a rompu le manche du gigot... »

Philippe gagne l'Allemagne par petites étapes, traverse la Comté et la Suisse. Partout, il est magnifiquement reçu. Les enfants crient sur son passage « Vive Bourgogne ! » Les mêmes combattront son fils et provoqueront la chute de l'État bourguignon... Philippe

1. « En raison de mon âge et de ma faiblesse, je ne pourrai bonnement aller en personne au voyage que mon très redouté seigneur le duc de Bourgogne entend faire pour la défense de la foi chrétienne ; j'enverrai l'un de mes fils, accompagné de vingt-quatre gentilshommes que j'entretiendrai à mes frais aussi longtemps qu'il le faudra. »

est devenu le souverain moral de la chrétienté : son voyage est un succès politique, qui lui permet de nouer — ou de renouer — des liens avec ses alliés de l'Allemagne du Sud, les Wittelsbach, les Habsbourg, les Wurtemberg, les Bade-Hochberg[1].

A Ratisbonne, l'empereur n'est pas au rendez-vous : Frédéric III n'aime pas la guerre, la croisade, ce tintamarre autour du duc de Bourgogne. Il se terre, annonce qu'il verra Philippe ailleurs et plus tard : il propose une autre réunion, à Francfort en novembre. Philippe doit regagner ses États[2]. Des rumeurs commencent à circuler, qui le disent prisonnier et même mort ! Il rentre donc, à petites étapes, comme il est venu. A Landshut, il tombe malade. A Besançon, il assiste au mariage de la nièce du maréchal de Bourgogne, qui vient de mater une révolte.

En août 1454, quand Philippe arrive à Dijon, Charles est à Lille. Dans sa lieutenance générale, il n'a pas bien réussi : tout s'apprend — même et surtout l'exercice du pouvoir. Par inexpérience, il a souvent décidé « à sa volonté, sans grande délibération », pense Barante[3]. Aux conseillers de son père, il a paru irréfléchi et emporté. Pour le modérer et le fixer, Philippe décide de le marier.

Charles est le plus beau parti d'Europe : tous les regards se tournent vers lui. C'est un athlète, qui ne boit pas d'alcool et consacre plusieurs heures par jour à la pratique du sport. Mais il a peur des femmes, qu'il ne connaît guère.

Pour lui, le roi de France souhaite un mariage français et le roi d'Angleterre un mariage anglais. Son père préfère une alliance qui maintienne la position médiane qu'il s'est acquise par le traité d'Arras : il choisit pour belle-fille sa nièce, Isabelle de Bourbon. Il

1. Werner Paravicini, *Philippe le Bon en Allemagne, 1454*.
2. Philippe le Bon arrive à Ratisbonne le 10 mai ; il y séjourne jusqu'au 22 mai (Herman Vander Linden, *Itinéraires de Philippe le Bon*, p. 327).
3. Prosper de Barante, t. VII, p. 196.

intervient secrètement auprès du pape, pour qu'il accorde la dispense nécessaire à l'union de Charles et de sa cousine germaine.

De Dijon, il invite les ducs d'Orléans et de Bourbon à le rejoindre à Nevers en septembre, afin de traiter les aspects patrimoniaux du mariage[1]. Son beau-frère, Charles de Bourbon, est retenu au lit par une crise de goutte. Il ne peut se déplacer, mais donne son accord : il ne peut rêver plus beau parti pour sa fille Isabelle. Quand il apprend l'intention de Philippe le Bon, il tend les mains vers le ciel et pleure à grosses larmes ! C'est un émotif, mais qui a les pieds sur terre.

Philippe veut obtenir de lui la donation de la seigneurie de Chinon, qui contrôle le Morvan. Bourbon veut bien marier sa fille, mais refuse de céder Château-Chinon. A Nevers, il délègue sa femme, Agnès de Bourgogne, qui est la plus jeune sœur de Philippe. Agnès défend les intérêts de son mari. Elle pleure, supplie son frère de renoncer à sa demande. Mais Philippe veut Château-Chinon et l'aura. Il rompt les pourparlers et quitte Nevers.

Il a choisi une autre voie d'approche. Il convoque Philippe Pot, jeune chevalier, dont le père a servi son père dans les moments les plus difficiles. Pot a la réputation de bien parler et de savoir convaincre. Le duc lui demande de se rendre à Lille, de rencontrer Charles et de le contraindre au mariage. Charles ne veut pas épouser Isabelle. Veut-il d'ailleurs se marier ? Sans rien dire à personne, même à la duchesse qui se trouve à Lille, Philippe Pot a mission de convaincre Charles :

« Quand, Monseigneur, dois-je partir ?

— Demain matin ! Venez me trouver à Dijon quand le mariage aura été célébré et consommé ! »

Philippe le Bon lui remet une lettre pour son fils, lui

1. Selon Herman Vander Linden, Philippe le Bon séjourne à Nevers du samedi 21 au samedi 28 septembre 1454. Puis, par Autun et Chalon-sur-Saône, il rejoint Dijon en octobre, où il passe la fin de l'année (*Itinéraires de Philippe le Bon*, p. 332-333).

précise que l'accord de la duchesse n'est pas nécessaire. Pot a de l'aisance, du caractère. Il sait où il va et servira, avec la même efficacité, Charles, puis Louis XI, quand le roi de France annexera, à la mort du Téméraire, le duché de Bourgogne. Il gagne Lille, gardant secrète sa destination. Après une chevauchée de quatre jours, il arrive en présence de Charles : il trouve les mots justes, évoque la raison d'État, la difficulté pour le prince héritier de s'opposer à son père. Il vante aussi les qualités d'Isabelle. Philippe Pot est à peine plus âgé que Charles. Dans une longue conversation d'homme à homme, il emporte la décision. Isabelle de Bourbon a déjà donné son accord : Charles est jeune, beau et fort.

Ils se marient le 30 octobre 1454, couchent ensemble la nuit qui suit. Isabelle, le lendemain, adresse un message à ses parents : elle est heureuse ! Son père, sans autre négociation, donne à son gendre la seigneurie de Château-Chinon.

Charles VII a envoyé à Dijon un ambassadeur, le bailli de Berry, pour informer Philippe le Bon de sa position : il est favorable à un mariage qui préserve les intérêts français. Le bailli a mission de le dire mais, à Dijon, il est tenu à l'écart : à peine peut-il rencontrer le duc. Dans la chronique de Chastellain, il apparaît franchement ridicule. Tout s'est décidé sans même qu'il le sache ! Il rencontre Philippe Pot de retour de Lille :

« Quelles nouvelles apportez-vous ?

— Monseigneur de Charolais est marié !

— Marié ? Et à qui ?

— A sa cousine germaine, la nièce de Monseigneur le duc.

— Est-ce vrai ?

— Si vrai qu'ils ont couché ensemble, fait et parfait les noces à leur façon [1] ! »

---

1. Georges Chastellain, *Œuvres*, t. III, p. 26.

Pour Isabelle, comme pour Charles, c'est un commencement. Marie naît le 13 février 1457. Ce qui n'était pas un mariage d'amour le devient. Jamais, jusqu'à la mort d'Isabelle, Charles n'approchera une autre femme.

VI
Les deux cousins

En septembre 1456, survient un événement capital dans la vie de Charles : l'arrivée chez son père à Bruxelles de son cousin, le dauphin Louis.

Le dauphin est né à Bourges en juillet 1423 : il a dix ans de plus que l'héritier de Bourgogne. Quand il arrive dans les Pays-Bas, fuyant la France, il a trente-trois ans. Il s'est rebellé contre son père, comme Charles le fera quelques années plus tard.

Les circonstances vont ainsi rapprocher, de 1456 à 1461, pendant les cinq ans que dure le séjour du dauphin en Bourgogne, deux hommes exceptionnels, qui n'exercent pas le pouvoir, mais l'attendent avec impatience. Ils vont vivre côte à côte, chasser ensemble, partager les mêmes plaisirs. Puis ils s'opposeront : l'un, Charles, voudra une grande Bourgogne de la mer du Nord au Jura, un royaume de l'Europe médiane ; l'autre, Louis, gagnera le combat contre Charles et fondera la France moderne.

Louis s'est réfugié dans le Dauphiné en janvier 1447 : il y passe près de dix ans. Il se marie avec Charlotte de Savoie, crée une administration, se préoccupe d'économie, affirme son indépendance. Charles VII s'inquiète de son influence et lui ordonne de revenir à la cour. Louis refuse et son père envoie des troupes contre lui.

Avec quelques compagnons, Louis s'enfuit comme s'il partait pour la chasse ; à bride abattue, il gagne la Comté et ne s'arrête qu'après avoir franchi la frontière bourguignonne. Il fait halte dans l'abbaye de Saint-Claude, écrit au roi, au duc de Bourgogne, aux évêques de France. Sa fuite devient un événement international : il la justifie par son désir de participer à la croisade que doit organiser son oncle de Bourgogne. Philippe le Bon, retenu en Hollande, hésite : le soutien qu'il peut accorder au dauphin risque de le fâcher avec le roi de France et il ne veut pas compromettre la paix d'Arras. Finalement, il donne l'ordre au maréchal de Bourgogne de se rendre à Saint-Claude et de conduire le dauphin à Bruxelles.

Louis est accueilli par la duchesse Isabelle et sa belle-fille, la comtesse de Charolais. Son arrivée, le 10 septembre 1456, est décrite dans toutes les chroniques de l'époque. Il est huit heures du soir, quand il pénètre dans la cour du château : il trouve en face de lui des femmes alignées sur un rang qui, l'apercevant, s'agenouillent sur le pavé. A la lumière des torches, il descend de cheval, prend dans ses bras la duchesse et la comtesse, les relève avant d'embrasser leurs dames d'honneur, qui sont toujours à genoux.

Au moment d'entrer dans le château, il s'efface devant la duchesse de Bourgogne, qui se fige :

« Monseigneur, voulez-vous qu'on se moque de moi, puisque vous me contraignez à faire ce qu'il ne m'appartient pas.

— Madame, je suis l'homme le plus pauvre du royaume. Je ne sais où trouver refuge, si ce n'est auprès de mon oncle et de vous [1]. »

La duchesse ne cède pas : elle s'appuie « sur la règle et la raison ». En cortège, le dauphin devant, la

1. Prosper de Barante, t. VII, p. 252.

duchesse derrière, Louis est conduit dans l'appartement qui lui est réservé, la chambre même du duc. Le quittant, Isabelle de Portugal s'agenouille à nouveau : l'étiquette de la cour de Bourgogne, qui deviendra celle des Habsbourg, puis de la cour d'Espagne, est inflexible[1].

Le duc rejoint Bruxelles en octobre. Le dauphin lui explique les raisons de sa fuite, décrit ses difficultés ; il souhaite que le duc lui fournisse des hommes et de l'argent[2]. Philippe marque les limites de son soutien :

« Monseigneur, je vous aiderai contre tous les princes d'Europe, à l'exception du roi de France : je ne puis rien entreprendre contre lui. »

Aussitôt, il envoie un ambassadeur au roi, qui a gagné le Dauphiné, l'assure de sa loyauté, lui conseille de traiter son fils avec indulgence : il s'efforcera de ramener Louis dans le droit chemin.

La réponse du roi est sans ambiguïté :

« Mon fils a pris congé pour quatre mois. Je ne l'ai pas revu depuis dix ans. »

Il ne croit pas à sa volonté de croisade : il a été surpris d'apprendre cette « soudaine imagination ». D'ailleurs, pour la France, il ne peut être question de participer à une croisade, alors que les Anglais menacent d'envahir le royaume. Il précise :

« Une fois encore, le dauphin n'a pas songé à l'état et à la sûreté du royaume. »

Philippe a vu juste. L'arrivée de Louis dans les Pays-Bas crée une tension, qui ira croissant entre la France et la Bourgogne, malgré les précautions prises et les ambassades échangées :

« Louis, confie le roi, a une nature méfiante. Il attendra longtemps avant de regagner la France, sans doute ma mort. Quant à mon frère de Bourgogne, il n'a pas

1. Jean-Baptiste de Lacurne de Sainte-Pallaye, *Mémoires sur l'ancienne chevalerie*, t. II.
2. Prosper de Barante, t. VII, p. 255.

compris qu'il logeait un renard, qui dévorera ses poulets. »

Louis s'installe au sud de Bruxelles dans le château de Genappe, que son oncle met à sa disposition. Il chasse à courre, souvent avec Charles, tient une cour, reçoit à sa table les nobles bourguignons et les envoyés de toute l'Europe. Il exerce son esprit avec la même vigueur que son corps : il s'inscrit, comme étudiant, à l'université de Louvain. Il noue tout un réseau de relations, observe les intrigues de la cour de Bourgogne, se tient informé de la situation en France, engage une véritable négociation avec le duc de Milan : Genappe devient « le siège d'une puissance européenne [1] ».

Louis est laid, s'habille d'une grossière robe grise, porte un chapeau à large bord orné d'images pieuses. Il est simple, direct dans ses rapports avec les autres : son pouvoir tient à sa capacité de séduction. Dès qu'il rencontre un homme qui pourrait le servir par son influence ou son habileté, il cherche à se l'attacher, n'épargne à cette fin « ni or, ni caresses ». Il le prend à son service et le jette quand il a produit son fruit.

Dans les rapports humains, il ne manifeste aucune dignité. A quoi sert d'ailleurs la dignité, si ce n'est à séduire ? « Quand l'orgueil marche devant, le malheur suit de bien près » : c'est, selon Commynes, l'une de ses maximes favorites, qu'il applique dans sa vie.

S'il se trompe, il reconnaît son erreur et change d'opinion. Thomas Basin, qui l'a approché et ne l'aime pas, le juge « extravagant [2] ». Mais, seul compte pour Louis le courant du fleuve. Il ne s'attarde pas aux méandres. L'adversité, loin de l'abattre, le conforte : il semble puiser de nouvelles ressources dans le malheur. Toujours, il rebondit, comme si le rythme de la vie comportait naturellement, avant le temps de la réaction, le temps de l'échec et le temps du repli sur soi.

---

1. Paul Murray Kendall, *Louis XI*, p. 87.
2. Thomas Basin, t. III, p. 301.

« Il n'est jamais aussi dangereux, conclut Kendall, que lorsqu'il se trouve en danger[1]. »

Tous les historiens qui l'ont étudié, de Commynes à Kendall, ont été séduits par sa personnalité. Louis XI est un homme aux capacités exceptionnelles, l'un des plus grands de l'histoire de France : son intelligence, son art du maniement des hommes, sa vitalité font de lui un souverain sans égal. Ma conviction est que Charles de Bourgogne l'aurait emporté s'il n'avait trouvé Louis XI sur sa route. Devant Louis, Charles perd ses moyens, sa capacité d'analyse, ses possibilités de réaction. Louis l'irrite et le fascine à la fois : il le cloue au sol.

Ce qui distingue les deux hommes, ce n'est pas l'intelligence, exceptionnelle chez l'un et l'autre ; ce n'est pas la culture, sans doute plus profonde, plus littéraire chez Charles, mais plus politique chez Louis ; ce n'est pas la capacité de travail : tous deux veulent tout voir et tout décider. Louis est plus un créateur, Charles davantage un administrateur. Louis considère l'art de gouverner comme une fonction de l'esprit. « Il cache son sens de la comédie derrière les gestes du conformisme[2]. »

Ce qui les sépare, c'est l'humour : Charles, besogneux, appliqué, en est dépourvu. Louis, au contraire, manie une ironie froide, qui désarçonne Charles. Le définit un mélange d'humour et de superstition : il jouit si fort de son pouvoir physique sur les autres, il a sur le monde tangible une emprise si décisive que l'irrationnel l'effraye. Il redoute ce que son bras ne peut atteindre, son intelligence comprendre. Il se réfugie dans la superstition : les vêtements qu'il porte, le cheval qu'il monte quand il apprend une mauvaise nouvelle, plus jamais il ne s'en sert. Il est trop prosaïque pour éprouver une foi véritable et cherche seule-

1. Paul Murray Kendall, *Louis XI*, Prologue, p. XXVIII.
2. *Ibid.*

ment à se concilier la fortune. Il est moins angoissé, moins humain, d'une certaine façon moins moderne que ne l'est Charles de Bourgogne.

Les deux cousins ont été plus proches que les historiens, généralement, ne l'écrivent : ils ont vécu ensemble leur jeunesse et les premiers temps de leur mariage. Cinq ans d'échecs et de joies mêlés.

Charles a épousé Isabelle de Bourbon à la Toussaint 1454. Lorsque naît leur fille, Marie, il choisit Louis comme parrain. « Dieu, quel parrain », note une main inconnue dans la marge du texte de Chastellain ! Pour sa part, Louis, qui s'est marié en mars 1451 avec Charlotte de Savoie, a un fils, Joachim, en juillet 1459 : il ne choisit pas Charles pour parrain, mais son père, le duc Philippe.

Durant toute cette période, Charles observe Louis, impatient comme lui de prendre en main les rênes du gouvernement. Tous deux portent le même jugement sur un État bourguignon qui part à la dérive. Le duc vieillit, le chancelier Nicolas Rolin aussi.

Deux hommes prennent une part croissante à la gestion des affaires, Antoine et Jean de Croy. Ils prétendent descendre d'un roi de Hongrie : en réalité, ils appartiennent à une famille bourgeoise d'Amiens. Leur père a été impliqué dans l'assassinat du duc d'Orléans. Leur sœur a été la maîtresse de Jean sans Peur. Antoine, le frère aîné, a été le compagnon d'enfance de Philippe : il occupe auprès du duc le poste de premier chambellan. Il est, par ailleurs, gouverneur de Namur, de Luxembourg et du Limbourg. Jean, le cadet, est bailli du Hainaut. Ils sont intelligents, entreprenants ; ils ont plus le goût du pouvoir que le sens de l'État.

Charles les déteste, parce qu'ils usurpent un pouvoir qui devrait lui revenir et qu'ils constituent à la cour de Bourgogne un parti français. Louis les encourage, les achète avec des honneurs et des émoluments : il aura besoin d'eux quand il sera roi. Il comprend qu'il devra s'opposer à Charles, que leurs objectifs sont incompatibles et leur hostilité inévitable. Il a intérêt à l'affaiblissement de l'État bourguignon.

Le conflit entre Philippe le Bon et son fils prend un tour violent le 17 janvier 1457, le jour de la fête de saint Antoine. Après la messe, Philippe convoque Charles dans l'oratoire attenant à la chapelle du château ; Isabelle de Portugal assiste à l'entretien. Chastellain a décrit la scène, du Clercq aussi : la rencontre familiale tourne au drame. Charles a nommé chambellan auprès de lui Antoine Rolin, seigneur d'Aymeries, le fils du chancelier. Son père exige qu'il revienne sur cette décision, qu'il substitue à Antoine Rolin Philippe de Croy, seigneur de Sempy, le fils de Jean de Croy. Charles ne peut accepter qu'un Croy s'introduise dans son intimité : le parti français aurait ses entrées dans sa propre maison.

« Charles, pour la place de chambellan, je souhaite que vous nommiez le sieur de Sempy.

— Monseigneur, vous m'avez donné votre accord pour désigner le sieur d'Aymeries. J'ai appliqué votre ordonnance.

— Que diable ! Ne vous souciez pas de cette instruction. Je peux changer ce que j'ai décidé : je veux que Sempy soit nommé !

— Monseigneur, je ne le ferai pas : je me tiendrai à ce que vous m'avez ordonné.

— Comment, me désobéirez-vous ? Ne ferez-vous pas ce que je veux ?

— Monseigneur, je vous obéirai volontiers, mais cela, je ne le ferai pas !

— Garnement, désobéiras-tu à ma volonté ? Hors de ma vue [1] ! »

Son visage s'enflamme, la colère le prend, il est effroyable à voir. Il chasse son fils, lui ordonne de quitter ses États, le poursuit l'épée à la main. La duchesse

1. Georges Chastellain, *Chronique*, livre IV, chap. XLVII, dans *Splendeurs de la cour de Bourgogne*, p. 831-849.

prend la défense de Charles, tente en vain de calmer son mari. La porte de l'oratoire est fermée ; elle se tourne vers Caron, le chapelain :

« Ouvrez-nous. Il nous faut partir ou nous sommes morts ! »

Elle pousse son fils devant elle, le protège. Tous deux gagnent la chambre du dauphin, qui ne s'attend pas à leur venue. La duchesse lui raconte la scène qu'elle vient de vivre et lui demande d'intervenir. Louis hésite, car un astrologue lui a prédit, quelques jours auparavant, qu'un changement se produirait « dans la maison du duc » et lui causerait « beaucoup d'ennuis ». Cependant, il se rend dans l'oratoire :

« Mon oncle, ma tante est venue me trouver dans ma chambre. Je vous prie de pardonner à mon beau-frère de Charolais : sa faute est due à sa jeunesse. Sa mère est en pleurs, elle a peur de perdre son fils !

— Assez, Monseigneur ! Je montrerai à Charles que je suis son père : j'en ferai un petit valet ! Ne vous mêlez pas de cette histoire ! Je ferai la paix avec mon fils et avec la mère aussi. »

Le dauphin saisit le duc au bas des côtes, tombe à genoux, le duc avec lui ; il pleure, s'essuie les yeux et les joues avec un mouchoir. Philippe n'en a cure :

« Monseigneur, vous pouvez défendre Charles, le garder auprès de vous, le nourrir, si telle est votre volonté. La mienne ne changera pas, et je ne vous verrai plus ! »

Louis se retire, toujours en larmes. Il n'ose se montrer, traverse la chapelle en courant, retrouve Isabelle et Charles qui, le voyant ainsi, comprennent que la faute est « irréparable » et qu'ils doivent quitter la cour. Resté seul, Philippe le Bon appelle son valet de chambre, Jean Coustain, lui commande d'aller trouver Antoine et Jean de Croy : il leur fixe rendez-vous à Hal la nuit même. Puis il demande son cheval et quitte Bruxelles, seul, sans aucune escorte.

Il a gelé, le brouillard vient, la nuit tombe. Philippe

n'a emporté ni manteau, ni bottes. Il entre dans une forêt qu'il ne reconnaît pas, ne trouve pas de sentier, se perd. Dans la *Chronique* de Chastellain, l'aventure devient un morceau d'anthologie :

« Il bouta ici dans un creux, là dans un trou de fosse. Il fendait les glaces par-ci et les rompait par-là, il entrait dans une fange dont il ne pouvait se retirer. Il trouva des ronces qui lui interdisaient le passage, tournoyait une fois à gauche, l'autre à droite, montait et dévalait, tournait et retournait. Il mettait souvent pied à terre et tâtait le sol des mains pour sentir s'il y avait trace de cheval ou de charroi, il cherchait une direction là où il n'y avait qu'égarement, il cherchait un chemin, errant là où il n'y avait jamais eu de sentier tracé. »

Il entend l'aboiement d'un chien, aperçoit une hutte de charbonnier. L'homme lui ouvre, lui offre du pain et de l'eau. Philippe sort de sa gibecière un florin du Rhin : jamais le charbonnier n'a été aussi riche ! Il conduit le duc à la ville voisine, où habite l'un de ses veneurs, nommé Loykin : il est « quatre heures après minuit ». Loykin est tout surpris, sa femme prépare un lit et le duc se couche tout habillé. Antoine et Jean de Croy l'ont cherché en vain !

Quant au dauphin, il a couru, lui aussi, la campagne : il s'est précipité à l'église Notre-Dame-de-Grâce. A genoux devant une image miraculeuse de la Vierge, il a dit sa misère et son incertitude :

« Je suis un malheureux fils de roi. Je me suis fâché avec mon oncle, qui était mon seul recours ! Où irai-je, que deviendrai-je désormais ? »

Dans la nuit, chacun erre de son côté : le duc, le dauphin, Charles, les frères de Croy ! Chacun pense que la fortune l'a abandonné. Au petit matin, Philippe Pot le retrouve :

« Bonjour, Monseigneur ! Que signifie cela ? Jouez-vous le roi Arthur ou le chevalier Lancelot ? »

Charles se retire à Termonde. Le dauphin s'efforce

de réconcilier le père et le fils : Philippe ne lui pardonne pas son intervention, Charles non plus. Le mois suivant, Isabelle de Bourbon donne naissance à Marie de Bourgogne. Après le baptême, Isabelle de Portugal quitte la cour et s'installe au château de la Motte. Charles, lui aussi, s'éloigne. La cour de Bourgogne « entre en partialité », écrit La Marche : les uns regardent vers le père, d'autres désormais attendent le fils.

C'est dans cette incertitude que paraît Richard Neville, comte de Warwick. Il dirige en Angleterre le parti des York ; il a contribué en mai 1455 à la victoire de ces derniers sur les Lancastre. A l'automne 1456, il est nommé commandant de la place de Calais, la dernière ville française demeurée au pouvoir des Anglais. Il a vingt-neuf ans.

A son arrivée, Calais est dans une situation précaire : les remparts s'écroulent, les soldats ne sont pas payés. En quelques années, Warwick retourne la situation : il transforme un avant-poste assiégé en une véritable tête de pont. Il mène la lutte sur terre et sur mer, bat la flotte espagnole, oblige les troupes françaises au repli, conduit des incursions en territoire bourguignon.

A Londres, il s'oppose à la reine Marguerite d'Anjou, nièce de Charles VII, qui a épousé Henri VI d'Angleterre. C'est une jeune femme cultivée, courageuse et autoritaire. Son mari devient fou ; il finira sa vie dans un cachot de la Tour de Londres, après avoir erré de village en village, soignant les pauvres et souriant sous les injures. Marguerite embrasse la cause des Lancastre, qui ont favorisé son mariage et désirent la paix avec la France. Elle trouve sur sa route Warwick : le champion des York la traite de « méchante femelle » et conduit contre elle une lutte à mort. Plus tard, il la reconnaîtra comme sa souveraine et mariera sa fille à son fils ! Il est au cœur de la guerre des Deux-Roses, la « rose blanche » d'York et la « rose rouge » de Lancastre, qui se disputent le trône d'Angleterre.

Il est reçu officiellement à Bruxelles au printemps

1459 : le duc de Bourgogne a pris parti pour les York, comme le dauphin. Le roi de France soutient la cause des Lancastre, comme le comte de Charolais. Charles descend, par sa mère, de Jean de Gand, duc de Lancastre : il s'est lié d'amitié avec Henry Beaufort, duc de Somerset, qui s'est efforcé en vain de reprendre Calais contre Warwick. Charles et Henry se ressemblent, violents et mélancoliques, sensibles et détachés.

A la fin de 1460, le dauphin passe son cinquième Noël dans les Pays-Bas. L'ambassadeur du duc de Milan, qui le voit fréquemment, note dans une dépêche : « C'est un homme sans place. » Charles, lui aussi, est sans place. L'un et l'autre surveillent les affaires d'Angleterre. En février 1461, les York sont battus mais, en mars, c'est Édouard d'York qui est proclamé roi d'Angleterre et, le dimanche des Rameaux, Warwick écrase à Towton l'armée des Lancastre. Tournoie la France, tournoie l'Angleterre !

L'Europe est enfiévrée par les germes de la Renaissance : dans un flamboiement de princes, des hommes s'opposent, se querellent, se rapprochent, marient leurs filles ou leurs sœurs. Jamais, dans la conduite des affaires publiques, la folie, la peur, la haine n'ont joué un tel rôle. *« Fair is foul, foul is fair*[1] » : le beau est laid, le laid est beau ; le vrai est faux, le faux est vrai. C'est Shakespeare qui décrit le mieux cette histoire passionnelle, de violence et de chair, qui n'est pas déterminée par des mouvements de masses, des idéologies, des impératifs économiques.

En 1461, les relations se tendent entre le roi de France et le duc de Bourgogne, entre le dauphin et son oncle. L'ambassadeur de Milan, toujours lui, note :

« Pour le dauphin, seule la nécessité où il se trouve le retient de montrer ses sentiments. Quant au duc, il dissimule les siens parce que la présence du dauphin

---

1. William Shakespeare, *Macbeth*, acte I, scène I, Bibliothèque de la Pléiade, p. 956.

peut lui être utile si la Bourgogne doit entrer en guerre contre la France[1]. »

Enfin, la querelle rebondit entre le duc de Bourgogne et son fils, toujours au sujet des Croy. A Bruxelles, à genoux devant son père, Charles accuse publiquement Jean de Croy de sympathies pour la France. Le duc lui ordonne de se taire, puis se tourne vers Jean de Croy :

« Faites en sorte que mon fils soit content de vous ! »

Charles quitte Bruxelles, envoie un messager au roi, lui confie son intention de chasser les Croy du gouvernement, lui demande s'il pourrait trouver refuge en France, au cas où l'affaire tournerait mal. L'héritier du trône de France a quitté son pays pour la Bourgogne et l'héritier de Bourgogne songe à quitter le sien pour la France[2] !

Mais le roi Charles VII est très malade : il jette ses médecins en prison, craint le poison, refuse toute nourriture. Il meurt à Mehun-sur-Yèvre, près de Bourges, le 22 juillet 1461. Louis a-t-il eu recours à des magiciens pour hâter la mort de son père ? On le prétend ! Il a sans doute consulté des astrologues.

Quand la nouvelle lui parvient, il fait célébrer une messe de requiem, puis, vêtu d'une veste rouge — la couleur des rois de France — il s'en va chasser. Le lendemain, il prend la route d'Avesnes à la frontière française, où Philippe le Bon et son fils l'attendent pour le conduire à Reims. Il refuse de recevoir les serviteurs de son père ; s'ils forcent sa porte, il les menace de la prison. Il commence son règne par une épuration, renouvelle les chefs de l'administration, nomme Jean d'Armagnac, maréchal de France, Guillaume de Mon-

1. Paul Murray Kendall, *Louis XI*, p. 100.
2. Pendant les premiers mois de 1461, Charles séjourne le plus souvent au Quesnoy ; en mai, il rejoint Saint-Omer et assiste aux côtés de son père aux fêtes de la Toison d'or (Herman Vander Linden, *Itinéraires de Philippe le Bon,* p. 424-430).

tauban, amiral, et Antoine de Croy, grand maître de l'hôtel du roi.

Il a connu Jeanne d'Arc tout jeune, alors qu'il se trouvait encore à Loches. Lui, que l'on dit si pieux, n'évoquera jamais Jeanne, ni dans ses ordonnances, ni dans ses conversations avec les ambassadeurs étrangers : le souvenir de la Pucelle est trop lié au règne de son père[1].

1. « Écoutez ce silence sur Jeanne ! » écrit Jean-Philippe Lecat dans sa préface au livre d'Anne Le Cam : « Une page de Christine de Pisan, une ligne de Villon, puis rien ! » (*Charles le Téméraire*).

VII

Le voyage de Touraine

D'Avesnes, par Saint-Quentin, Louis XI gagne Reims. Il part si vite qu'il ne prend pas congé de la comtesse de Charolais qui, depuis la retraite de sa belle-mère, est son hôtesse. Il laisse sa femme à Genappe. Il a peur de l'accueil qui peut lui être réservé dans son royaume, des complots qui pourraient être ourdis contre lui. En chemin, il déclare à Prosper de Camogli, l'ambassadeur du duc de Milan, qui l'a accompagné tout au long de son exil, qu'il souhaite trouver toujours auprès de lui son « oncle de Bourgogne » : « Le duc a veillé sur le dauphin, il est normal que le roi veille sur le duc[1] ! »

La marche vers Reims ressemble à une procession triomphale, mais le conquérant, c'est Philippe et Louis est un captif que le duc paraît traîner derrière lui ! Les harnais des chevaux sont brodés aux armes de Bourgogne, couverts de pierres précieuses. Les documents publiés par Gachard comportent la description d'un témoin oculaire[2] : plus de cent chariots transportent les meubles du duc, ses tapisseries, sa vaisselle et jusqu'à ses ustensiles de cuisine. La France pauvre regarde

1. Paul Murray Kendall, *Louis XI*, p. 108.
2. Louis-Prosper Gachard, t. II, p. 162 s.

passer l'équipage du prince le plus riche de la chrétienté. Pauvre et stupéfaite ! Comme le roi l'est lui-même de découvrir le dénuement de ses sujets : « Ruines et constructions jetées bas, champs arides et incultes, hommes et femmes maigres de visage, cachant à peine leur nudité. » On dirait, conclut Thomas Basin, « des gens sortant de prison plutôt qu'un peuple libre »[1].

Philippe le Bon a précédé Louis XI. Il est entré à Reims le jeudi, il en sort le vendredi pour accueillir le roi. Le sacre a lieu le lendemain, samedi 15 août, en la fête de l'Assomption. La cathédrale est pleine, si pleine que le roi y pénètre difficilement ! Chastellain décrit la cérémonie haute en couleur, christianisme et paganisme mêlés, le Moyen Age présenté comme une bande d'images[2]. Le roi s'agenouille, « fait oraison très dévote par semblant ». On le déshabille jusqu'au nombril et on le conduit à l'autel : l'archevêque de Reims, avec l'huile de la sainte ampoule, l'oint sur le front, les yeux, la bouche, la poitrine, les bras et les reins. On l'habille d'une chemise de soie blanche et d'une robe de velours brodée de fleurs de lys : le duc de Bourgogne s'approche, prend la couronne, l'élève à deux mains afin que tous puissent la voir et, doucement, la pose sur la tête du roi, disant à haute voix : « Vive le roi ! Montjoie Saint-Denis ! » L'assistance reprend le vieux cri de guerre et ajoute : « Noël ! Noël ! » Battent les clairons, sonnent les trompettes, s'ébranlent les cloches : « Toutes oreilles en sont sourdes. » La France a un nouveau roi !

Après la messe, Louis XI gagne le palais voisin où, dans l'après-midi, il préside le banquet traditionnel du couronnement : la couronne est lourde, il la pose devant lui sur la table ; le repas traîne, il parle avec Philippe Pot, qui se tient debout derrière lui, puis

1. Thomas Basin, t. I, p. 19.
2. Georges Chastellain, *Œuvres*, t. IV, p. 57-62.

quitte la salle. Le soir même, il part pour Paris : ce n'est pas l'apparence, mais la réalité du pouvoir qui l'intéresse.

Le dimanche 30 août, il entre dans sa capitale, monté sur un cheval blanc en signe de souveraineté ; les échevins portent un dais au-dessus de sa tête. Il précède le duc de Bourgogne, en habit noir constellé de diamants comme la selle de son cheval. Le peuple se presse sur le parcours, pour admirer le cortège et les spectacles qui sont donnés dans plusieurs rues : devant le cimetière des Saints-Innocents, saint Eustache chassant le cerf ; sur le pont au Change, le baptême de Clovis ; rue du Ponceau, des jeunes filles nues dans l'eau jusqu'à la ceinture. Rue Saint-Antoine, un boucher s'écrie :

« Noble duc de Bourgogne, nous devons vous aimer beaucoup, car vous avez gardé notre roi ! »

Jamais, Paris n'a connu telle affluence : les chroniques relatent que les visiteurs ne savent où se loger. De toutes les provinces sont arrivés des gens pour demander des faveurs et des emplois : chacun veut « avoir sa part de l'argent qui se lève sur le royaume[1] ». Après des années de guerre et de pénurie, le luxe de la maison de Bourgogne impressionne : les Parisiens courent dans les rues pour voir passer Philippe le Bon. Un spectacle sans cesse renouvelé : un jour, le duc se rend à une joute, monté derrière sa nièce la duchesse d'Orléans ; un autre, portant devant lui, sur l'encolure de son cheval, une jeune fille de quinze ans ! Le soir, dans sa tente dressée dans le jardin de l'hôtel d'Artois, il reçoit les seigneurs de la cour et les bourgeois de Paris, tenant table ouverte. A toutes les joutes, Charles de Charolais participe avec son cousin Adolphe de Clèves, son frère Antoine et Louis de Gruuthuse : devant la

1. Prosper de Barante, t. VIII, p. 5.

Bastille, il en soutient une, demeurée mémorable, « contre tous venants ».

Le roi se tient à l'écart, poursuit son travail d'épuration, nomme Pierre de Morvilliers chancelier de France, écarte les conseillers de son père que, par la suite, il aura la sagesse de rappeler presque tous. La nuit, il « visite les dames » avec Guillaume de Bische, que Charles lui a présenté et qui le sert dans ses amours[1]. Il écoute de moins en moins les avis de son oncle de Bourgogne, ne lui abandonne aucun pouvoir, se mêle de ses affaires, réconcilie les Croy et le comte de Saint-Pol. Philippe le Bon voit ce changement, se contient, « tire sur la bride », selon l'expression de Chastellain. Avant de quitter Paris, Louis XI lui rend visite en l'hôtel d'Artois et déclare aux échevins présents :

« Je dois à mon oncle ma vie et ma couronne ! Nous allons nous séparer : lui va retourner dans ses États et moi en Touraine. Mais il est mon père et mon recours ! Lorsqu'il partira, vous le conduirez en procession aux portes de Paris. »

C'est eau bénite et rien de plus ! Mais Philippe le Bon doit s'en contenter. Amer, il regagne ses États. A Saint-Denis, pour la dernière fois, il s'incline sur les tombes de ses ancêtres, les rois de France : il est un Valois et ne saurait l'oublier. Charles est à ses côtés. Puis, le père et le fils se séparent : le 2 octobre, Philippe prend la route de Senlis, de Noyon, de Péronne ; Charles celle de Melun, de Troyes, de Dijon. Sa mère lui a conseillé d'accomplir le pèlerinage de Saint-Claude dans le Jura.

Il part à la découverte de ses racines bourguignonnes : à vingt-huit ans, il ne connaît pas sa ville natale. C'est aussi un voyage politique qu'il entreprend, avec la tournée de ses futures possessions. Combien de personnes l'accompagnent-elles ? Werner

1. Georges Chastellain, *Œuvres*, t. IV, p. 116.

Paravicini, qui a retracé les étapes de son déplacement, fait état d'une suite peu nombreuse, formée de ses amis les plus proches : Philippe de Crèvecœur, Philippe de Wavrin, Charles de Ternant, Guy de Brimeu, Jean de Rosimbos, Olivier de La Marche, Jean de Chassa. Avec les serviteurs, environ cent personnes[1].

Charles se rend d'abord à Bar-sur-Seine, enclave bourguignonne en Champagne, puis à Mussy, où l'évêque de Langres le reçoit à dîner. Il arrive à Dijon le 12 octobre, s'installe dans le nouveau palais, dont son père a entrepris la construction. Il entend la messe dans la Sainte-Chapelle, où il a été baptisé, et se recueille à la chartreuse de Champmol, sur les tombes de son grand-père et de son arrière-grand-père : son voyage est à la fois un retour aux sources, un pèlerinage et une prise de possession.

Il prend son temps. Le 22 octobre, il est accueilli à Notre-Dame du Mont-Roland, le 23 à Dole, capitale de la Comté. Par Poligny, il gagne l'abbaye de Saint-Claude, but de son pèlerinage. A Lons-le-Saunier, le 28 octobre, il est reçu par le vieux prince d'Orange, Louis de Chalon, qui lui présente ses deux fils : il remarque l'aîné, prénommé Louis comme son père, s'éprend de lui et l'engage à son service. Louis de Chalon le rejoindra en janvier 1463, deviendra son page et ne le quittera plus jusqu'à la bataille de Grandson, où il sera tué en 1476[2].

Charles poursuit son voyage par Chalon-sur-Saône, Beaune et Autun où, le 5 novembre, l'accueille l'évêque Jean Rolin, le fils du chancelier. A Moulins l'attendent son beau-frère, le duc de Bourbon, et sa tante, Agnès de Bourgogne, qui est également sa belle-mère : il passe une semaine auprès d'eux, fête son anniversaire en leur compagnie. Il reçoit une invitation de Louis XI à le rejoindre sur les bords de la Loire : son voyage prend

1. Werner Paravicini, « Charles le Téméraire à Tours », p. 47-69.
2. Frédéric Barbey, p. 221.

un tour plus politique ! Par Nevers et Bourges, Charles gagne Tours.

A Bourges, il est mal accueilli. Contrairement aux ordres donnés par le roi, personne ne le salue à son entrée dans la ville et, le lendemain, quand il se rend à la cathédrale, ne met seulement « la main au chapeau ! » Est-ce le souvenir du siège que son grand-père Jean sans Peur a conduit ? L'offense est si directe que Louis XI doit intervenir, convoque les échevins, leur demande les raisons pour lesquelles il n'a pas été obéi. Que peuvent-ils répondre, sinon s'excuser d'une mauvaise volonté héritée des temps anciens ! Charles, devant lequel Louis XI les envoie, leur fait grâce : « Je n'ai pas à punir des sujets du roi... »

Après avoir traversé Mehun-sur-Yèvre, où Charles VII est mort en juillet, il arrive à Tours. La mésaventure de Bourges ne saurait se reproduire : le roi a ordonné aux notables de se porter à sa rencontre « jusque dans les champs » avec les princes et les seigneurs de la cour : Charles retrouve ainsi son ami Henry de Somerset et le duc d'Alençon qui, pour lui rendre hommage, porte le collier de la Toison d'or. C'est en devisant avec ce dernier qu'il entre à Tours le dimanche 22 novembre.

Louis XI est venu l'attendre sur le seuil de la maison qu'il lui a réservée. Il le « reçoit joyeusement », mais lui présente un vieil ennemi de sa famille, Charles d'Anjou, qui s'incline sans mot dire. A ce signe, Charles reconnaît la méthode du roi, qui tend à la fois à l'honorer et à le déstabiliser. Louis XI est tout miel dans ses paroles, tout différent dans ses actes ! Dans les conversations en tête à tête dont il raffole, il s'efforce de séduire Charles, de le gagner à sa cause.

Il brûle de « transformer toute chose pour établir un ordre nouveau », selon l'expression de Kendall, qui me paraît juste. Il entreprend une politique d'anoblissement pour stimuler l'agriculture, autorise les nobles à pratiquer le commerce, diminue le nombre des offices et exige un travail plus efficace de ses fonctionnaires, enlève aux grands seigneurs le commandement de ses armées : politique très moderne dans ses objectifs comme dans ses modalités. Le roi remet en cause la féodalité, pousse à l'action les agents de la couronne, baillis et sénéchaux, receveurs des finances et collecteurs d'impôts, leur demande de faire prévaloir ses décisions. Il fonde l'État monarchique.

Le regardant faire, Charles pense que, lorsqu'il succédera à son père, il agira de même. Lui aussi créera un État centralisé, une Bourgogne moderne qui soit à la mesure de la France. Louis XI est son modèle et ne saurait être son maître ! Charles appliquera les mêmes méthodes, mais pour son compte. Comme Louis, il mènera sa vie au grand galop, acharné à conduire la même politique : la construction d'un État moderne.

A Tours, de nouveau, Louis et Charles chassent ensemble, retrouvent leurs habitudes de Genappe, courent le cerf ou le sanglier tout en devisant de concert. Une après-midi, Charles s'égare dans les bois. La nuit tombe et, avec quelques amis, il se réfugie dans une maison isolée. Le récit, comme celui de son père quittant Bruxelles après leur querelle, se trouve dans la *Chronique* de Chastellain : il est tout aussi étonnant [1] ! Le roi attend Charles pour le souper. Ne le voyant pas arriver, il s'inquiète, fait allumer des feux dans les clochers des églises, envoie des équipes battre les bois. Jean de Montauban découvre Charles attablé, qui n'a pas envie de regagner la cour. Philippe de Crèvecœur portera à Louis XI, peu avant minuit, une lettre par laquelle Charles s'excuse : il rejoindra le roi le lendemain seulement ! Une soirée de retraite, à réfléchir et méditer avec quelques amis. Un message aussi à desti-

1. Georges Chastellain, *Œuvres*, t. IV, p. 189.

nation de Louis XI : le futur duc de Bourgogne ne sera pas à ses ordres !

Avant de se séparer, Louis et Charles se rendent ensemble en pèlerinage à Sainte-Catherine-de-Fierbois. Pour s'attacher Charles, Louis le nomme gouverneur de Normandie, lui alloue une pension de trente-six mille francs, somme considérable, mais que Charles ne percevra pas.

Ce dernier demande au roi la libération de son ami Henry de Somerset, retenu prisonnier, et l'obtient : pour l'heure, tout ce qu'il veut, Louis le lui donne ! Chastellain écrit qu'il « l'aimait par semblant... » Mais, s'il le reçoit bien, Louis XI ne règle pas pour autant ses frais de voyage, ni même ses dépenses de bouche. Le 11 décembre, les deux cousins prennent congé. Charles a hâte de gagner Aire-sur-la-Lys, où l'attendent sa femme et sa mère : il a promis de les rejoindre pour Noël.

Il doit, auparavant, saluer à Blois Charles d'Orléans et recevoir à Rouen l'hommage de la Normandie. Par Chartres, Nogent-le-Roi et Louviers, il gagne la capitale du gouvernement que Louis XI lui a attribué. La réception qui lui est offerte à Rouen le 19 décembre est si solennelle que Chastellain s'interroge : pourrait-on faire mieux pour le roi ? On offre à Charles des pièces de drap et des barriques de vin : la dépense, à la charge de la ville, est mentionnée dans le registre des délibérations. Tout est précisé, même les appellations : des vins rouges de Bordeaux et blancs de Beaune, sans doute du meursault ou du corton !

Noël approche et Charles se hâte : le 22 décembre, il est Abbeville, le 23 à Hesdin ; la veille de Noël, il retrouve sa femme à Aire : voici près de six mois qu'il l'a quittée, dans les jours qui ont suivi la mort de Charles VII et l'avènement de Louis XI.

La rencontre de Tours a cette vertu d'avoir fixé les positions. Louis sait désormais que Charles, lorsqu'il deviendra duc de Bourgogne, sera intraitable. Il ne pourra l'acheter, il devra donc l'affaiblir ! Charles est encore à Tours que Louis accueille des envoyés de Liège en rébellion contre Philippe le Bon et nomme, au début de 1462, Philippe de Croy son conseiller[1].

1. Herman Vander Linden, *Itinéraires de Philippe le Bon* : dans son étude sur Charles le Téméraire à Tours, Werner Paravicini confirme les dates de Vander Linden.

VIII

Les Tours bleues

Louis XI règne, décide selon sa tête et l'impulsion qu'il donne à la direction du pays tranche avec la passivité de Philippe le Bon vieillissant. Il se déplace constamment, avec quelques intimes, suivi par un convoi de bêtes de somme et de chariots transportant son lit, sa baignoire, ses chiens, ses cages à oiseaux. Pour toute escorte, sa garde écossaise. Il voyage, chasse et travaille dans le même temps. Le soir, il s'arrête dans un village, réunit son équipe, dicte des lettres, reçoit les ambassadeurs, sans apparat, sans protocole[1].

Charles a regagné les Pays-Bas. Son père, au début de 1462, tombe malade. Le 29 janvier, dictant une lettre à l'intention du roi, il la termine par ces mots : « Veuillez me pardonner de ne pas signer de ma main, car je ne puis le faire[2]. » Les médecins les plus célèbres sont appelés en consultation, de Venise, de Milan et même d'Arménie : ils craignent une mort prochaine.

Isabelle de Portugal a quitté sa retraite de la Motte-au-Bois ; Charles, accouru du Quesnoy, veille son père jour et nuit. Des prières sont dites dans toutes les villes.

---

1. « Ses journées, Louis les consacrait presque exclusivement au travail, à la chasse et au voyage » (Paul Murray Kendall, *Louis XI*, p. 122).
2. Georges Chastellain, *Œuvres*, t. IV, p. 200.

A Abbeville, la nouvelle de la maladie du duc arrive au cours de la nuit ; aussitôt, les cloches sonnent et les habitants se rassemblent dans l'église pour prier [1]. Philippe le Bon garde la chambre quatre mois. Il semble sans ressort : « Je prends ce que je puis et, ce que je ne puis, je le laisse. » Charles, déjà, le pleure ; il lui répond :

« Mon fils, ne vous mettez pas en peine pour moi. Vous pourriez aussi tomber malade. Mieux vaut qu'un seul meure au lieu de deux, mieux vaut que ce soit moi que vous ! »

Charles, sans doute, en fait trop, quoique les rapports entre le père et le fils n'aient jamais été simples : il l'aime et le déteste tout à la fois ! Voir son père souffrant le lui rend proche : il oublie l'abandon dans lequel le duc a laissé sa mère, l'éloignement dans lequel il l'a lui-même tenu. Sa peine est sincère :

« Ô bienheureuses larmes, s'écrie Chastellain, par lesquelles tu as consolé ton père ! Ô dignes larmes, saintes clameurs filiales [2] ! »

La vie des ducs de Bourgogne est une représentation permanente, mêlant violence et émotivité. A Autun, dans le même temps, le chancelier Nicolas Rolin est atteint de paralysie : lui aussi est veillé par son fils. Il meurt le 10 février et l'on ne sait comment annoncer la nouvelle à Philippe le Bon : la mort de Rolin, c'est un présage et un avertissement. Le chancelier a accompagné le duc pendant plus de quarante ans. Philippe interroge l'évêque de Tournai :

« Est-il mort ?

— Il est vieux et cassé ; il ne peut plus vivre.

— Je demande s'il est mort de mort et trépassé !

— Il est paralysé d'un côté. On ne peut plus dire qu'il vit.

— Dites-moi s'il est vraiment mort ?

1. *Ibid.*, p. 202.
2. *Ibid.*, p. 210.

— Oui vraiment, Monseigneur, il est mort[1] ! »

Le duc, lui, ne meurt pas. Le gouvernement continue, cahin-caha, dans une opposition de plus en plus affirmée entre l'héritier de Bourgogne et les Croy. Charles forme auprès de lui un cabinet fantôme, consulte les membres du conseil ducal, intervient sur les grands dossiers, marque une présence politique.

Survient alors l'affaire Coustain. Chastellain la décrit en une nouvelle de trente pages, qui constitue une chronique dans la *Chronique*[2] ! Merveilleusement écrite, elle débute par une phrase interminable, comme une phrase de Proust, qui s'arrête, rebondit, se prolonge en méandres chatoyants. Jean Coustain est un homme de bonne condition, qui bâtit une grosse fortune, devient le « favori du duc », s'enivre d'une situation « dont il n'est pas digne » ; l'orgueil et l'appétit du pouvoir vont le conduire à « une fin si confuse », si médiocre, si déraisonnable, que « son nom n'est pas digne d'entrer en bouche ». Quel français savoureux ! Coustain a combattu aux côtés du duc à la bataille de Gavere, a été anobli ; sa sœur a été la maîtresse de Philippe le Bon ; l'oncle de sa femme, Isabeau Machefoing, qui a combattu à Nicopolis avec Jean sans Peur, est devenu maire de Dijon. Une famille de bonne et solide bourgeoisie, qui a épousé la cause des ducs de Bourgogne et s'est élevée par eux et avec eux ! Jean Coustain aime le plaisir, les viandes rouges et le vin : « glout en vin et viandes », dit Chastellain qui lui reproche son manque de culture et ses manières frustes. Il amuse le duc et le distrait. Sa femme courtise la comtesse de Charolais, ne la quitte guère, porte les mêmes robes. Le couple devient odieux à Charles, qui le prend en haine. Coustain comprend qu'il perdra tout pouvoir quand Charles succédera à son père : il décide de l'empoisonner.

1. *Ibid.*, p. 213-214.
2. *Ibid.*, p. 234-269.

Il part pour sa terre natale de Bourgogne, y rencontre un ami, Jean d'Inchy, « pauvre gentilhomme, mercenaire au chômage », qui a besoin d'argent[1]. Marié à une fille de Savoie, d'Inchy a des relations en Italie. Coustain lui demande de lui procurer du poison. Il l'appâte, « sème les pois devant les pigeons », selon l'expression de l'époque, lui promet une grosse récompense. D'Inchy part donc en Italie chercher du poison qu'il lui rapporte ; Coustain ne le règle pas, gagne Bruxelles, où d'Inchy le suit. Coustain, à la cour, le reconnaît à peine, l'éconduit : l'autre le dénonce à Pierre de Hagenbach, maître d'hôtel de Charles.

La conspiration est découverte : derrière Coustain, pense Charles, agissent dans l'ombre les frères de Croy. Dans une atmosphère pesante, après avoir rencontré le duc — qui le prévient : « Jean ! Jean ! Je t'ai trop engraissé ! » — Coustain est arrêté par Jean d'Auxy et Philippe de Crèvecœur, puis exécuté. Avant de mourir, il demande à s'entretenir avec Charles qui, l'écoutant, sans que l'on sache les propos échangés, change de couleur et se signe sans cesse ! Jean d'Inchy, lui aussi, est décapité.

Charles se rend en Hollande de plus en plus souvent. La Hollande le marque à jamais ; elle devient son pays de prédilection. Il a besoin de cette présence physique du vent sur le visage. Philippe le Bon lui donne la terre d'Arkel, dont il reçoit l'hommage en mars 1459, accompagné de Guy de Brimeu[2]. Pour établir sa résidence, il choisit Gorcum, l'actuelle Gorinchem, au confluent du Rhin et de la Meuse en amont de Dordrecht. Il y conduit Isabelle en mai 1460, décide avec elle d'aménager, sur la rive du fleuve, un château construit par Guillaume de Bavière. Il crée une propriété qui lui ressemble, à la mesure de ses rêves, un

1. John Bartier, *Charles le Téméraire,* p. 32.
2. Charles est également seigneur de Putten, Strijen, Gooiland, Half-Asperen et Heukelom.

peu folle, avec un donjon imposant et, à l'intérieur d'une enceinte fortifiée, une véritable ville. Les pierres sont de tonalité bleue ; elles donnent à Gorcum son nom : *Les Tours bleues*.

Du château de Charles, il ne reste rien : des pièces d'archives et un beau tableau daté de 1658 et conservé au musée de Gorinchem témoignent de sa splendeur. Je me suis rendu à Gorinchem, j'ai visité l'emplacement de l'ancien château, qui a été démoli lors de la construction des remparts et qu'occupe de nos jours un bâtiment de l'administration des digues. Lumière grise sur le Rhin, ciel immense de Hollande, chargé de grands nuages bas : le Rhin n'a pas changé, fleuve large comme un bras de mer, parcouru de risées, avec une circulation intense de péniches et de bateaux. Gorcum a donné à Charles le goût et même la fascination du Rhin. Pour Hölderlin, le Rhin était « le plus noble des fleuves ». Dans un vers admirable, il écrit : *« Drum ist ein Jauchzen sein Wort »*. Sa parole est jubilation ! C'est le sentiment que donne, aujourd'hui encore, le paysage de Gorcum. Une jubilation.

Quels bateaux Charles pouvait-il utiliser ? Dépouillant les comptes de l'État bourguignon et notamment ceux de la recette générale de toutes les finances, Jacques Paviot a retrouvé les factures de construction, de réparation et d'aménagement des bateaux que Charles possédait : les comptes mentionnent des dépenses effectuées pour un brigantin en 1457, une barque en 1467 et une fuste, une carvelle et une barque en 1469[1]. Cette année-là, Charles disposait pour son usage personnel de quatre navires : une fuste, menée par un maître, Antoine Ranst, et trente hommes ; une vieille carvelle, menée par Martin Simonszonne et huit hommes ; une barque, menée par Jacques Govarts et vingt-quatre hommes. En août, le duc de Clèves lui

1. Jacques Paviot, *Portugal et Bourgogne au* XVe *siècle*, documents n°s 378, 382, 401, 404.

offrit une nouvelle barque, que Charles appela *Le Cygne* et qu'un équipage aux ordres du « maître navieur » Jan Gilliszonne conduisit au port de l'Écluse[1].

Martim Afonso de Oliveira, marin portugais, qui apparaît dans les comptes sous le nom de Martin Fonse, était chargé de la construction et de l'entretien des quatre bateaux, qui devaient être prêts à appareiller en même temps. Il était l'un des hommes de confiance de la duchesse Isabelle, venu avec elle du Portugal. Charles le nomma châtelain de Gorcum et lui confia les travaux d'aménagement des *Tours bleues*[2].

Quand Charles vécut-il à Gorcum ? Birgit Groothuis a réalisé une étude minutieuse des séjours qu'il effectua en Hollande de 1457 à 1465. Reprenant les itinéraires de Vander Linden, les confrontant aux archives de La Haye, elle a conduit une enquête sur le terrain, suivi Charles année après année, de ville en ville[3]. En 1462, Charles effectue deux séjours en Hollande pour des raisons politiques : en mars et septembre, son père l'envoie demander des subsides aux États. Pierre de Goux, qui deviendra chancelier de Bourgogne en 1465, et Guillaume de Bische l'assistent dans sa mission. En 1463, il passe en Hollande quatre-vingt-treize jours et, en 1464, cent vingt-huit. Il installe Isabelle aux *Tours bleues* de septembre 1463 à août 1465. Elle quitte Gorcum malade, pour aller mourir, sur le chemin qui la ramène à Gand, dans l'abbaye Saint-Michel d'Anvers le 26 septembre 1465.

A Gorcum, Charles reçoit, entretient une cour, multiplie les contacts. Il accueille souvent, pour des séjours

---

1. Les comptes de la recette générale de toutes les finances de 1469 précisent le coût des aménagements et le montant des salaires des « navieurs ». Ils indiquent aussi les vêtements que Charles portait pour naviguer : en mai 1470, ont été réglés à Jehan Loys, « tailleur de robes », les frais d'achat de tissu et de confection d'une robe « pour porter au bateau » (Archives générales du Royaume, Bruxelles, CC 1924 et 1925).
2. Jacques Paviot, *Portugal et Bourgogne au XVe siècle*, p. 115-118.
3. Birgit Groothuis, *Charles de Charolais en Hollande, 1457-1465*.

plus ou moins longs, Guy de Brimeu, Jean d'Auxy, Guillaume de Coucy, Guillaume de Bische. Il constitue une administration particulière qu'il charge de la gestion de ses domaines hollandais, mais aussi d'affaires plus générales : il lui confie la préparation de l'assemblée des États qu'il réunit à Anvers en janvier 1464. En septembre et octobre de la même année, il appelle auprès de lui les représentants des villes de Hollande et devient leur interlocuteur privilégié. Aux *Tours bleues*, il se préoccupe de la succession de son père et recherche le soutien d'un pays qu'il aime et qui l'a adopté.

Son activité politique porte ombrage à Philippe le Bon, qui fait arrêter son intendant, Antoine Michiels, accusé d'incitation à la révolte. Charles le fait libérer et conduire en lieu sûr [1]. Ainsi se développent entre le père et le fils « ces divisions et ces rumeurs », propres à toute période de succession, qui marquent la fin du règne de Philippe le Bon.

Cependant, en août 1463, Charles accueille à Bruges, au nom de son père, Marguerite d'Anjou, reine d'Angleterre, qui a fui son pays après la défaite d'Exham le 8 mai 1463. Ici, la légende se mêle à l'histoire, nourrit l'histoire !

La reine battue, déchue, se jette dans la forêt. Philippe Erlanger, dans le récit qu'il lui consacre, rejoint Chastellain : c'est le même caractère épique. Une bande de brigands assaille Marguerite. Le partage des dépouilles provoque une bagarre : la reine en profite pour s'enfuir « à toutes jambes à travers les halliers, tenant son fils par la main ». Elle s'abat, exténuée, totalement égarée : la nuit vient, « dense, impénétrable, sans un reflet, sans un astre ». L'enfant s'est endormi. « L'épouvante sous sa forme la plus instinctive, l'épouvante animale, hypnotique, sœur de la folie, fait tourbillonner sa raison. » Se lève la lune, qui

1. Georges Chastellain, *Œuvres*, t. IV, p. 314-316.

dénonce l'approche d'un homme hirsute, armé de pied en cap, un brigand. Marguerite se dresse :

« Si tu cherches de l'or, je ne puis t'en donner, d'autres avant toi m'ont tout pris. Mais si tu possèdes un cœur accessible à la pitié, je te confie cet enfant. C'est le fils de ton roi, l'héritier de la couronne d'Angleterre. En le sauvant, tu sauveras ton âme et ta patrie[1] ! »

L'homme s'arrête interdit, en pleurs, prend le prince dans ses bras, conduit la mère et l'enfant dans une retraite, où Pierre de Brézé, l'amant de Marguerite, les rejoint[2]. Marguerite réussit à gagner Bruges. Charles la reçoit comme une reine et lui prête l'argent qu'elle demande. Philippe le Bon verse des larmes au récit de ses malheurs, mais refuse de l'aider. Des archers la conduisent dans le château de Koeur, près de Verdun, que le roi René, son père, lui a donné.

De retour à Gorcum le 17 septembre 1463, Charles apprend qu'il est privé de ressources, que sa pension a été supprimée. Il réunit sa maison, les nobles et ceux qui ne le sont pas, les prêtres, les serviteurs, jusqu'aux enfants de la cuisine. Il les harangue :

« Il a plu à mon père de reprendre ce qu'il m'a donné. Il donne et il reprend : il a pouvoir de le faire. Je m'incline devant sa décision, humblement, sans murmure. Je suis désormais sans richesse, sans terre, sans fondement, tout nu comme un arbre sans feuille ! Je ne puis plus subvenir à mes propres besoins. Comment pourrais-je couvrir les vôtres, alors que vous êtes plus de deux cents à mon service ? Si vous décidez de continuer à travailler pour moi, je vous donne l'assurance que je vous paierai, dès que mes biens me seront rendus. Vous serez remboursés jusqu'au dernier denier... »

---

1. Philippe Erlanger, *Marguerite d'Anjou*, p. 231.
2. Georges Chastellain, *Œuvres*, t. IV, p. 302-309.

A ces mots, tous pleurent et lui renouvellent leur confiance :

« Pas question d'argent entre nous ! Nous vivrons et mourrons à vos côtés. Prenez patience ! Que l'adversité soit pour vous source de joie : vos difficultés sont les nôtres. »

Tout ce récit se trouve dans la *Chronique* de Chastellain[1]. Charles tombe en larmes, ses collaborateurs lui offrent, tour à tour, leur aide, l'un mille écus, l'autre dix mille : « Prenez ceci, prenez cela ! » Charles est à nouveau riche : jamais un poulet ne manquera à la cuisine !

A l'origine de la querelle avec son père, il y a son activité politique en Hollande, mais, plus encore, les conditions dans lesquelles Philippe le Bon restitue à Louis XI les villes de Picardie. Par le traité d'Arras, en 1435, Charles VII est parvenu à détacher le duc de Bourgogne du roi d'Angleterre : en échange, il lui a offert la Picardie et les villes de la Somme. Concession énorme ! La Picardie protège Paris, comme elle assure la défense de l'Artois. Entre la France et la Bourgogne, elle est le glacis indispensable de part et d'autre. Qui tient la Somme, tient la décision !

Louis XI le sait, Philippe le Bon et Charles le savent aussi. Le traité d'Arras comporte une clause par laquelle le roi peut racheter les villes au prix de quatre cent mille écus d'or. Somme énorme ! Jamais personne ne pense qu'elle pourra être réunie. Louis XI accomplit ce tour de force de la rassembler. Dès son avènement, il demande au chancelier de France et à son trésorier, Étienne Chevalier, de trouver deux cent mille écus. Il les convoque : « Trouvez à Paris des gens disposés à prêter. C'est votre affaire ! »

C'est à peine s'ils ont le temps de mettre leurs bottes ! Les villes et les établissements religieux s'exécutent. Ils seront par la suite remboursés. A l'automne

---

1. *Ibid.*, p. 333-336.

1463, la seconde partie de la somme est réunie : Louis XI attend les fonds à Abbeville, puis gagne Hesdin, où se trouve le duc. Il veut négocier lui-même le rachat. Philippe le Bon vient à sa rencontre et, chevauchant de concert, tous deux gagnent le château. Sur leur passage, les paysans s'interrogent : « Où est le roi ? Lequel est-ce ? Celui-là ? » Celui-là est le roi de France, vêtu comme un valet, « le plus grand roi du monde[1] ! »Son cheval et son habillement ne valent pas vingt francs, mais il apporte avec lui deux cent mille écus. Le 8 octobre 1463, Philippe le Bon rend à la France les villes de la Somme[2].

Charles n'accepte pas une telle décision, qui menace l'existence même de l'État bourguignon. Il l'écrit au roi, à son père, souligne que l'opération s'effectue contre son gré, qu'elle affectera les relations entre la France et la Bourgogne. Avec raison, Louis XI craint que Charles ne recherche une alliance extérieure. Il ne le ménage pas, nomme François de Bretagne lieutenant général de Normandie : il a déjà attribué cette fonction à Charles ! Il n'en a cure, car il espère provoquer un conflit entre les deux hommes ; c'est le contraire qui se produit.

Charles esquisse une analyse de la situation, qu'il développera pas la suite, selon laquelle l'avenir de la Bourgogne réside dans une alliance avec l'Angleterre. Louis XI redoute un tel rapprochement, qu'il veut à tout prix empêcher. Puisque le fils lui est contraire, il doit s'attacher le père ! A Hesdin, il multiplie les discussions en tête à tête avec Philippe le Bon, propose de ramener Charles à la raison :

« Par la Pâque Dieu ! Charles serait-il en Hollande que je l'amènerais à raison et le soumettrais à votre obéissance ! »

Il en fait trop ! Philippe lui répond :

---

1. *Ibid.*, p. 360.
2. Paul Murray Kendall, *Louis XI*, n. 8, p. 498.

« Mon fils est mon fils ; je le traiterai comme tel. S'il juge préférable pour le moment de se tenir éloigné, je suis convaincu qu'il reviendra sur-le-champ, si j'ai besoin de lui[1]. »

Ils chevauchent côte à côte. Sous prétexte de donner au roi la préséance qui lui est due, le duc relâche les rênes de son cheval et arrête la conversation. L'opposition entre le roi et Charles est inévitable : Louis le savait, Philippe l'apprend. Louis peut tout faire, envoyer à Hesdin son épouse, la reine Charlotte, son beau-père, le duc de Savoie. Il n'obtient pas la rupture qu'il souhaite entre Charles et son père.

Survient alors l'affaire de Rubempré.

En septembre 1464 arrive dans le port de Gorcum une barge, qui jette l'ancre à l'écart. Un homme descend à terre, étudie les remparts du château, se promène tout alentour. On l'observe, il se cache et finit par se réfugier dans l'église. Charles l'envoie chercher : l'homme avoue qu'il est le bâtard de Rubempré, neveu de Jean de Croy, l'un des hommes de confiance de Louis XI. Il est jeté en prison. Olivier de La Marche part rendre compte à Philippe le Bon.

L'affaire a un retentissement énorme. Le bruit court que le roi de France a tenté de faire assassiner Charles et qu'il ne s'arrêtera pas en chemin : s'il a voulu supprimer le fils, il cherchera à s'emparer du père. Louis XI affirme qu'il n'a jamais entendu parler du bâtard de Rubempré ! Puis il accuse le duc de Bretagne d'avoir envoyé Rouville, son vice-chancelier, négocier avec Édouard IV. Rouville devait s'arrêter à Gorcum pour informer Charles du résultat de sa mission : Louis XI a donné ordre au bâtard de Rubempré de l'intercepter.

Est-ce vrai ? Kendall soutient que le roi voulait connaître la teneur exacte de la mission de Rouville :

1. Georges Chastellain, *Œuvres*, t. IV, p. 412-413.

c'est peu croyable[1] ! Charles a conscience qu'il peut retourner la situation à son profit, rend l'aventure publique, demande réparation.

Son séjour à Gorcum l'a rendu plus fort, plus apte à gouverner. D'un mal, il va faire un bien.

1. Paul Murray Kendall, *Louis XI*, n. 3, p. 502 : « Il semble que Louis ait dit la vérité. » Et Kendall ajoute : « L'erreur de Louis résida dans son choix — le choix d'un aventurier par trop téméraire, qui avait peut-être en tête de tenter quelque coup d'éclat de son cru. »

IX

La guerre du Bien public

Commynes est le plus grand chroniqueur du XVe siècle ; il jette un regard froid, décapant, parfois désabusé sur les événements auxquels il a participé. La langue est drue, directe, jamais maniérée. Elle colle à la pensée, s'attarde dans un méandre, puis court à sa conclusion en une formule ramassée : un grand fleuve, très français d'allure, auquel manque seul le sens tragique de la vie.

Au « saillir » de son enfance, le 2 novembre 1464 à Lille, Commynes entre au service de Charles. Pendant sept ans, il ne le quittera pas, « été comme hiver ». Il le servira jusqu'en août 1472. Il le trahira alors et rejoindra Louis XI, sans expliquer les raisons ni les circonstances de sa rupture.

A Lille, il est présent quand les ambassadeurs du roi demandent au duc Philippe la libération du bâtard de Rubempré : il décrit la scène, qui ouvre ses *Mémoires*. Le chancelier de Morvilliers, qui conduit la délégation, met en cause Charles, lui reproche son amitié pour le duc de Bretagne, évoque des problèmes d'argent qui seraient à l'origine de la haine qu'il porte au roi. Charles veut l'interrompre. Morvilliers poursuit :

« Monsieur de Charolais, je ne suis pas venu pour

vous parler. C'est à Monseigneur votre père que je m'adresse. »

Charles supplie son père de lui donner la parole. Philippe le Bon refuse :

« J'ai répondu pour toi comme il me semble qu'un père doit répondre pour son fils. Mais, puisque tu as une grande envie de t'expliquer, penses-y aujourd'hui et, demain, tu diras ce que tu voudras [1]. »

Le lendemain, à genoux sur un coussin de velours, Charles présente sa défense. Il nie avoir conspiré contre le roi avec le duc de Bretagne, son ami, son frère d'armes. Il justifie l'arrestation du bâtard de Rubempré, demande que ce dernier soit traduit devant la justice. Il ajoute à l'adresse de son père :

« Monseigneur, tant que je jouis de votre faveur, je n'ai pas besoin de rechercher les bienfaits d'un autre prince. »

Philippe le Bon lui donne raison. Aucune exigence présentée par le chancelier de Morvilliers ne sera satisfaite. Après que l'on a servi, selon la tradition, le vin et les épices, les envoyés français se retirent. A l'évêque de Narbonne, qui sort le dernier, Charles lance :

« Recommandez-moi humblement à la grâce du roi. Il m'a fait laver la tête par son chancelier : dites-lui qu'avant un an, il s'en repentira ! »

L'affaire de Rubempré est un échec pour Louis XI : elle va entraîner la réconciliation entre Philippe le Bon et son fils. Non sans à-coups et difficultés de dernier moment ! Un obstacle majeur s'oppose au rapprochement des deux hommes : la faveur que le vieux duc continue à manifester aux Croy. Charles les rend responsables du rachat par Louis XI des villes de la Somme. Plus encore, il les soupçonne de vouloir menacer ses droits d'héritier et de le priver, à la mort de son père, de tout ou partie de sa succession. Devant les États, qu'il a réunis à Anvers en janvier 1464, il a

1. Philippe de Commynes, p. 50-51.

évoqué la possibilité d'une régence qui serait confiée, dans certains pays, aux Croy sous l'autorité du roi de France et, dans d'autres, au roi d'Angleterre. Il ne peut accepter une telle éventualité qui le priverait du pouvoir et le mettrait dans la situation d'un « bâtard » ! Mais Philippe demeure sourd à ses reproches : il conserve aux Croy sa confiance et son affection[1].

Au début de 1465, il tombe à nouveau malade, si gravement, selon Jacques du Clercq, « qu'on espère plus sa mort que sa vie[2] ». Charles pense que le moment est venu d'affirmer son pouvoir ; il « se livre à des manœuvres habiles », fait intervenir auprès de son père les membres du Conseil favorables à sa cause[3]. Le 8 mars, Philippe le Bon cède : il accepte que son fils ait « sous lui le gouvernement de tous ses pays ». Victoire de courte durée ! Philippe de Croy fait le siège de son maître qui, le lendemain, rapporte sa décision. Charles riposte par un manifeste, qu'il adresse à toutes les villes des Pays-Bas. Il attaque les Croy en termes violents et les dénonce comme des ennemis de l'État bourguignon[4]. C'est une véritable déclaration de guerre, dont les risques sont pesés et le moment est mûrement choisi : dans ces années de prise du pouvoir, Charles fait preuve d'une réelle maîtrise politique. Son manifeste obtient l'effet escompté : Philippe de Croy juge prudent de quitter la cour.

Mais les Croy ne renoncent pas. Bien au contraire, ils se préparent à la lutte. Ils effectuent des préparatifs militaires qui sèment l'inquiétude à Bruxelles. Bruits et rumeurs se succèdent dans une atmosphère délétère de fin de règne. Charles décide de porter un nouveau coup et lance le 25 mars un second manifeste, dans

1. L'évolution de la situation politique de 1465 à 1467 est décrite dans un remarquable article des Annales de Bourgogne dû à Paul Bonenfant et Jean Stengers, *Le rôle de Charles le Téméraire dans le gouvernement de l'État bourguignon en 1465-1467*.
2. Jacques du Clercq, t. IV, p. 96.
3. Paul Bonenfant et Jean Stengers, p. 10.
4. Jacques du Clercq, t. IV, p. 99-108.

lequel il ne prend plus aucune précaution : il se comporte en maître, parle au nom de son père et au sien propre, interdit de « servir les Croy, nos ennemis[1] ». Comment expliquer un tel changement de ton ? L'heure n'est plus aux scrupules juridiques. Charles ordonne l'arrestation des partisans des Croy, fait saisir leurs possessions. Selon Tommaso Portinari, qui dirige la filiale des Médicis à Bruges, il « prend le bâton du gouvernement ».

Ses décisions sont appliquées à la lettre. A Mons, les autorités de la ville font saisir des livres que les Croy ont confiés à des enlumineurs. Les biens confisqués sont attribués à des fidèles ou, plus simplement, intégrés dans le domaine particulier du prince. Charles va gagner. Philippe le Bon s'incline et, le 13 avril, déclare en public à son fils :

« Charles, mon fils, je vous pardonne tous les méfaits que vous m'avez faits jusqu'aujourd'hui ; soyez bon fils et je serai bon père. »

Devant les États généraux, qui s'ouvrent à Bruxelles le 25 avril, Philippe le Bon expose les mutations qui se produisent en France et l'obligent à intervenir par les armes. Il a décidé de lever une armée, « la plus grande possible », et d'en confier le commandement à son fils avec le titre de « lieutenant général ». En même temps, pour démentir les bruits qui courent au sujet de sa succession, il proclame Charles son héritier et demande aux États de le reconnaître comme tel. Le 27 avril, au cours d'une séance solennelle, les États saluent dans le comte de Charolais le seul et l'unique successeur légitime de Philippe le Bon.

De telles décisions n'instituent pas une régence. Charles est nommé lieutenant général de son père « pour la guerre de France » : il reçoit les pouvoirs de conduire une expédition militaire — et rien d'autre. La guerre du Bien public devient son affaire, avec liberté

1. Jacques du Clercq, t. IV, p. 133-136.

complète d'appréciation et de manœuvre. Mais les pouvoirs du gouvernement ne lui sont pas remis.

Habilement, Charles ne s'immisce pas dans le fonctionnement de l'État. Ses adversaires ont été éliminés et ses partisans sont majoritaires au sein du Conseil : il lui suffit de les laisser gouverner. Pendant deux ans, avec son soutien, le chancelier et les membres du Conseil vont détenir la réalité du pouvoir. En octobre 1465, Pierre de Goux est nommé chancelier, alors qu'il est déjà le chambellan du comte de Charolais. De grands administrateurs assurent le fonctionnement régulier de l'État : Pierre de Goux, Philippe Pot, Simon de Lalaing, Pierre Bladelin, Guillaume de Poupet et Jean Postel. D'autres, souvent plus jeunes, sont membres du Conseil que Charles a créé auprès de lui : Guillaume Hugonet, Antoine Haneron, Guillaume de Bische, Jean Carondelet. Ils constituent le meilleur de la Bourgogne.

Avant de rejoindre l'armée, Charles gagne Gorcum, où il a laissé Isabelle : il quitte Bruxelles le samedi 4 mai pour trois jours de bonheur aux *Tours bleues*. Puis il quitte sa femme, qu'il ne reverra plus [1].

En France, la tension monte : Louis XI conduit une politique de réaction contre le règne de son père. « D'entrée, il ne pense qu'aux vengeances » : c'est Commynes qui l'écrit. Révocation de hauts fonctionnaires, mise en cause des avantages fiscaux des gens d'Église, suppression de nombreuses pensions : c'est beaucoup à la fois ! Les mécontents se cherchent et se rencontrent.

Dans un manifeste, qu'il rend public, le duc de Bourbon indique que les grands seigneurs du royaume ont formé une « ligue du Bien public ». Il demande au duc de Bourgogne de se joindre à la coalition et de lever une armée.

---

1. Birgit Groothuis et Herman Vander Linden sont, l'un et l'autre, d'accord sur la date de ce court séjour de Charles à Gorcum.

La guerre du Bien public marque le début d'une longue lutte entre le pouvoir central et la féodalité, que Mazarin et Richelieu achèveront au XVIIe siècle. Les princes appellent « bien public » la défense de leurs intérêts : dans l'histoire, qui a pu le faire l'a toujours fait ! Contre le mouvement de centralisation, ils cherchent à gagner l'opinion à leur cause. Le peuple des campagnes ne bouge pas. D'expérience, les paysans savent qu'une nouvelle guerre, c'est la promesse de terres dévastées, d'impôts augmentés. En revanche, le pouvoir du roi, c'est souvent la suppression des inégalités : l'État monarchique nivelle.

Le frère cadet du roi, le duc de Berry, rejoint à Nantes le duc de Bretagne. Le comte de Charolais prend le commandement de l'armée bourguignonne. Il traverse la Picardie, franchit la Somme en juin, l'Oise en juillet. Il arrive à Saint-Denis le 5 juillet, où les coalisés devaient se réunir. Il ne les trouve pas, mais des émissaires lui indiquent que le duc de Bretagne marche sur Paris, que Louis XI a quitté le Bourbonnais et qu'il vient « droit à lui » : le roi veut l'attaquer avant que les armées des princes n'aient pu opérer leur jonction. Après avoir passé la Seine au pont de Saint-Cloud, Charles descend à sa rencontre, pousse jusqu'à Montlhéry.

La bataille s'engage, par une chaleur torride, le mardi 16 juillet 1465 au matin. Qui l'a commencée ? Qui l'a gagnée ?

Les deux armées se font face. Le roi est d'avis « de ne pas combattre, de se mettre dans Paris, d'éviter la bataille ». Il en donne l'ordre au grand sénéchal Pierre de Brézé, qui n'obéit pas et met les troupes en présence, si près l'une de l'autre, « que sera bien habile celui qui pourra les séparer[1] ». Mal lui en prend ! Il est l'un des premiers tués. Commynes combat avec Charles et évoquera avec Louis XI, après son rallie-

1. Philippe de Commynes, p. 60.

ment, les événements de 1465, qui forment la matière du livre premier de ses *Mémoires*.

Une escarmouche entre archers français et bourguignons marque le début de la bataille : des deux côtés, les hommes se battent « sans ordre et sans commandement ». Dans les champs de blé et de fèves, la victoire hésite : d'abord française, elle devient le soir bourguignonne. Croyant la tenir, Charles charge avec quelques hommes, dont Commynes. Il s'engage trop avant. Des hommes à cheval l'attaquent : son écuyer est tué et lui-même est blessé. Le sang jaillit de sa gorge, un Français l'empoigne : « Monseigneur, rendez-vous ! » Mais le fils d'un médecin de Paris, homme « gros, lourd et fort », le dégage. Les Français se replient sur la colline de Montlhéry. Les champs sont semés de morts.

Charles tient le champ de bataille, estime que « la gloire est sienne », mais Louis XI peut gagner Paris et la coalition ne résistera pas à l'épreuve du temps. Charles a trente-deux ans ; il s'est opposé au roi, ce que son père n'a jamais osé. Est-il, comme Commynes l'écrit, « inutile pour la guerre », c'est-à-dire impropre à la faire ? Il ne sera pas un grand capitaine, mais il est courageux. Commynes, qui a combattu à ses côtés à Montlhéry, note : « Je ne connus pas d'homme plus hardi ; jamais, je ne le vis manifester de la peur[1]. »

Le roi est dans Paris, les coalisés sont à l'entour. Chacun pense à la paix ; les princes tiennent conseil le matin, puis dînent ensemble. Les troupes s'évitent. Une nuit, on s'arme dans le camp bourguignon : des éclaireurs, en rampant, se sont approchés de Paris et ont vu au loin « une grande quantité de lances ». Le roi attaque ! Le matin venu, alors que la brume se lève, on s'aperçoit que les lances étaient des chardons ! Des pourparlers s'engagent : François de Bretagne veut obtenir la Normandie, que le roi ne peut lui donner,

1. Philippe de Commynes, p. 71.

Charles de Charolais les villes de la Somme, qu'il obtiendra. Louis XI décide de le rencontrer et, par bateau, le rejoint dans son camp à Conflans :

« Mon frère, m'assurez-vous ?

— Monseigneur, oui ! »

Le roi met pied à terre et poursuit :

« Mon frère, je connais que vous êtes gentilhomme de la maison de France.

— Pourquoi, Monseigneur ?

— Quand j'envoyai mes ambassadeurs à Lille auprès de mon oncle, votre père, après que ce fou de Morvilliers vous eut parlé, vous dîtes à l'archevêque de Narbonne que je me repentirais des propos du chancelier avant la fin de cette année. Eh bien ! Vous avez tenu votre promesse plus tôt, sans attendre le bout de l'an ! »

De tels propos plaisent à Charles. Louis XI ajoute :

« C'est avec des hommes comme vous, qui tiennent ce qu'ils promettent, que je veux traiter. »

Devant Louis, Charles perd et perdra toujours contenance. Le roi obtient ce qu'il désire : la paix — ce sera celle de Conflans — et la dislocation de la coalition. Il accorde, en échange, à Charles ce qu'il demande : les villes de la Somme.

L'entrevue a lieu le 19 septembre. A Anvers, le 26 septembre, Isabelle de Charolais meurt. A trente-deux ans, Charles est veuf. Jamais rien pour lui ne sera comme avant ! Isabelle savait le prendre dans ses bras, le caresser : il faisait avec elle son métier d'homme. Après elle, il n'aura plus une vraie relation avec une femme.

Isabelle est morte ! Il ne règne pas encore, mais il régnera différemment. Sa femme était malade, tuberculeuse, avec des hauts et des bas. Elle le quitte après onze ans de mariage et de bonheur : d'un bonheur simple et vrai, lui apportant ce dont il a besoin et qu'il n'aura plus. Marie a huit ans : comme c'est court le bonheur ! Comme c'est nécessaire ! Bien plus que son avènement en juin 1467, la vraie rupture dans sa vie est cette mort d'Isabelle en septembre 1465. Reste la solitude, l'angoisse qui tenaille le ventre et dont il ne guérira pas. La vie de Charles bascule : Commynes ne le dit pas, ne le sait sans doute pas. Lui-même, dans ses *Mémoires*, n'a pas un mot sur sa propre femme.

X

La destruction de Dinant

Ce n'est pas le repos que trouve Charles à son retour dans les Pays-Bas, c'est un nouveau conflit : la guerre de Liège [1]. Son issue est essentielle à l'existence même de l'État bourguignon : les villes s'opposent à l'administration monarchique que les ducs tentent d'imposer dans les Pays-Bas. Les raisons qui poussent Gand à la révolte sont les mêmes que celles qui conduisent les villes liégeoises à prendre les armes. A quelques différences près, le développement de la démocratie urbaine suit une marche parallèle à Gand et à Liège : la lutte des villes traduit le conflit de deux systèmes de gouvernement, le duel de l'État moderne — monarchique — et des pouvoirs locaux — à tendances républicaines.

Dans la paix comme dans la guerre, le pays de Liège entretient des rapports étroits avec les autres territoires des Pays-Bas. Peuplé d'habitants de langue wallonne et de langue flamande, il dessine une bande de terre qui court le long de la Meuse, pénètre les terres bourguignonnes, contrôle les routes qui relient la Flandre à l'Empire. Comme la Lorraine plus au sud, son contrôle

1. Le 2 octobre 1465, sont célébrées à Anvers, en l'église Saint-Michel, les obsèques d'Isabelle de Bourbon, comtesse de Charolais. Charles arrive à Mézières, venant de Conflans, le 21 novembre.

est nécessaire à la réalisation de l'unité bourguignonne. « Tant que l'indépendance liégeoise subsisterait, l'unification des Pays-Bas serait chose incomplète » : John Bartier a raison de l'écrire[1]. Mais, pour les ducs, il n'est pas facile de soumettre Liège à la loi commune : le statut ecclésiastique de la principauté la protège contre toute tentative d'annexion. Faut-il créer un protectorat, comme la France le fera au XXe siècle au Maroc et en Tunisie, ou placer sur le trône un parent ? C'est cette dernière option que Philippe a choisie et que Charles poursuivra.

La principauté est placée sous l'autorité d'un prince-évêque, nommé par le chapitre de la cathédrale, dont le pape doit confirmer l'élection. Le pouvoir de l'évêque n'est pas absolu ; il s'apparente à celui d'un gouvernement constitutionnel. L'évêque ne peut changer les lois sans le consentement des États : un comité de vingt-deux membres contrôle ses décisions. Dans ce pays de mineurs et d'armuriers, les représentants des métiers détiennent la réalité du pouvoir politique : l'aristocratie a été progressivement effacée du système politique[2].

Philippe le Bon a placé sur le trône épiscopal Louis de Bourbon, le fils de sa sœur Agnès. Louis n'a aucune expérience des affaires publiques : au printemps 1465, il doit abandonner le pouvoir. Face à lui, un homme mène la révolte : Raes de Heers, chevalier brouillé avec la noblesse, condottiere né pour l'aventure, orateur passionné. L'art d'entraîner, de soulever une foule ; l'exemple du dirigeant révolutionnaire.

Raes de Heers fait élire gouverneur Marc de Bade, parent par alliance de l'empereur. Le moment est bien choisi : les forces bourguignonnes sont engagées dans la guerre du Bien public. Pendant qu'elles marchent sur Paris, les Liégeois signent le 17 juin 1465 un traité

1. John Bartier, *Charles le Téméraire,* p. 93.
2. John Foster Kirk, t. II, p. 12.

d'alliance avec Louis XI : le roi attaquera le Hainaut, l'armée liégeoise, avec des renforts français, le Brabant. Louis XI s'engage à obtenir du pape la consécration épiscopale de Marc de Bade.

Philippe envoie des troupes aux frontières de la principauté. Une rumeur se répand : l'armée de Charles aurait été défaite, lui-même tué. Les Liégeois envahissent le Limbourg. Le 20 octobre, à la bataille de Montenaken, Philippe le Bon les écrase. Raes de Heers doit quitter la ville. Les Liégeois attendaient Louis XI, c'est Charles de Bourgogne qui arrive ! D'ailleurs, loin de les soutenir, le roi les abandonne et les engage à négocier. Les Liégeois font appel à des proches de Philippe le Bon, le comte de Hornes, qui est le cousin du duc, et son beau-frère, le comte de Meurs : tous deux rapportent de Bruxelles des propositions, qui sont d'autant mieux acceptées que Charles arrive à la frontière. Le 22 décembre, la paix est scellée à Saint-Trond : la principauté doit régler une indemnité importante et ne conclure aucune alliance sans l'accord préalable du duc de Bourgogne.

Cette paix, « misérable et piteuse », est rejetée à Liège par l'assemblée du peuple. Deux clauses paraissent inadmissibles : la livraison de dix Liégeois et l'exclusion de Dinant du traité. Des « demandes de modération » sont présentées. Charles doit-il les accepter ou attaquer ? Ses troupes sont fatiguées ; il choisit de négocier, renonce à la livraison des dix « hommes à volonté », majore le montant de l'indemnité : trois cent quarante mille florins pour son père et cent quatre-vingt-dix mille pour lui. Sur ces bases, une nouvelle paix est signée le 24 janvier 1466 par Charles, au nom de son père, « comme son lieutenant général et par son exprès vouloir et commandement ».

Charles a exclu Dinant du bénéfice de la paix : il voue à ses habitants une haine implacable. Ce n'est pas une querelle politique, c'est une affaire d'honneur ! La guerre qu'il livre à Dinant relève de la rubrique des crimes passionnels : les Dinantais prétendent qu'il serait un bâtard, fils de leur ancien évêque, dont Isabelle de Portugal aurait été l'amante !

Dinant veut empêcher sa voisine, Bouvignes, de développer une industrie semblable à la sienne : elle approvisionne l'Europe entière en chaudrons et bouilloires. Bouvignes se trouve sur l'autre rive de la Meuse et les deux villes se livrent une guerre passionnée : quand Dinant construit la tour de Montorgueil, Bouvignes élève la tour de Crèvecœur ! C'est une querelle de famille, sauvage, dans laquelle tous les coups sont permis. Les Dinantais pendent en effigie Charles, fabriquent un mannequin représentant Philippe le Bon et crient aux gens de Bouvignes de l'autre côté de l'eau : « Voici le grand crapaud, votre duc ! »

L'intervention militaire devient inévitable. En la préparant, Philippe tombe malade : un soir de juillet, il s'effondre à table, victime d'une attaque. Qu'à cela ne tienne ! S'il ne peut monter à cheval, il ira en litière [1]. Charles conduit l'armée, qui prend place au pied des remparts de Dinant le 18 août. La ville est folle : aucun raisonnement n'a prise sur ses habitants. Le mardi 19 août, la bannière noire de Charles s'avance : elle porte, brodée en or, l'image de Georges terrassant le dragon. Les pièces d'artillerie sont mises en place, les sommations d'usage effectuées. Les Dinantais répondent par des injures : « vieux mannequin » pour Philippe, « Charlotel » pour son fils ! Ils invoquent l'aide du roi de France, le secours de Liège : « Vous décamperez, alors, honteusement ! »

Dinant va connaître, de jour comme de nuit, un bombardement ininterrompu. Le lundi 25 août 1466, l'assaut est donné. Olivier de La Marche décrit la fin de la ville : Dinant pillée, le feu mis dedans, Dinant

---

1. Jean-Alexis Néret, p. 130.

brûlée « par telle façon qu'il semblait qu'il y eût cent ans que la ville était en ruine[1] ».

On ne raconte pas Dinant : c'est « Oradour au XVe siècle[2] ». Des centaines d'hommes attachés par deux, les mains et les pieds liés, sont jetés à la rivière, les autres vendus comme du bétail. Le pillage organisé : Philippe le Bon nomme un commissaire pour la démolition des portes, des tours, des murs et des ponts. L'horloge de Dinant est envoyée à Beaune, la châsse de saint Perpète emportée à Bouvignes. Le déchaînement de la violence, avec le rappel de la destruction de Carthage : répétant le geste de Scipion, Charles fait jeter sur les ruines le fer et le sel, afin de rendre la terre stérile.

Ce qui marque le sac de Dinant, c'est l'acharnement dans la férocité. La levée de tout interdit : Charles accomplit son destin. Il ira jusqu'au bout de son chemin, vers la mort, l'anéantissement qui, seul, lui donnera la paix. Il ne connaît pas le bonheur, mais faut-il le rechercher ? Charles a peur d'être aimé : il y a du mépris dans l'amour. On doit admirer le prince, non l'aimer, ce qui l'abaisserait. « Jamais on ne doit pouvoir abaisser le prince » : c'est la leçon de Dinant[3].

Charles quitte la ville le 31 août : les Liégeois marchent à sa rencontre. Il ne s'attend pas à être attaqué. Commynes, qui se trouve à ses côtés, rapporte que les Bourguignons n'ont pas eu le temps de fortifier leur camp, que les Liégeois sont bien armés et connaissent le pays mieux qu'eux. Mais ils ne livrent pas bataille. Le lendemain, quand les troupes de Charles s'avancent, elles trouvent les Liégeois se dispersant « par bandes et en désordre[4] ». Faut-il les poursuivre et les

---

1. Sur la prise de Dinant, les *Mémoires* d'Olivier de La Marche donnent des indications précises, notamment la note de la page 45 du tome III (qui fait référence aux documents de Gachard).
2. Charles-François Landry, p. 207.
3. Jean-Alexis Néret, p. 130.
4. Philippe de Commynes, p. 116.

écraser ? Charles consulte ses proches : le maréchal de Bourgogne est partisan de l'attaque, le connétable de Saint-Pol du contraire. Charles suit Saint-Pol et, d'ailleurs, les otages promis arrivent. Des pourparlers s'engagent : le colonel Brusten, qui a décrit tout cela, évoque « une bataille manquée[1] ».

De toute façon, rien n'est résolu : les églises invoquent leurs privilèges et refusent de régler l'indemnité mise à leur charge ; les villes prétendent ne rien faire sans elles. Louis de Bourbon ne peut rentrer à Liège. Raes de Heers institue une dictature, recherche les traîtres et fait régner la terreur.

Charles regagne Bruxelles, mais il devra revenir à Liège. Ce sera après l'entrevue de Péronne : il sera alors accompagné du roi de France.

1. Charles Brusten, *Les campagnes liégeoises de Charles le Téméraire.*

XI
Le pouvoir

Le 15 juin 1467, le duc Philippe, « mal secouru et mal gardé », selon Chastellain, a une nouvelle attaque : c'est la dernière. Les médecins perdent tout espoir de le sauver. Sur son lit, il ne bouge, ni ne parle. Son confesseur est auprès de lui, son fils à Gand. On le prévient aussitôt : Charles saute à cheval, galope si vite que ses écuyers ne peuvent le suivre. Arrivé à Bruges, il se jette à genoux, demande à son père de lui pardonner ses années d'opposition. Il lui prend la main : en réponse, à peine une pression des doigts. Tout est fini.

Quand la mort est-elle survenue ? A six heures pour Klaus Schelle, dix heures pour Georges Chastellain. Un secrétaire du duc a laissé une description des funérailles de Philippe et de la prise du pouvoir de Charles : il note que le duc est mort à « environ neuf heures après midi [1] ».

C'est une nuit de pleine lune, splendide et claire. La nouvelle se répand et la ville prend le deuil : Philippe était aimé. « C'était pitié, dit Chastellain, d'entendre toutes sortes de gens crier et pleurer, se lamenter et le

1. Ernest-Léon Lory, *Les obsèques de Philippe le Bon.*

regretter, les uns louant sa vie passée, les autres pleurant sa mort rapide » :

« Ah ! Bon duc notre père, vous avez apaisé les guerres autour de nous et même parmi nous.

— Vous avez nourri la paix et l'union entre vos peuples, vous avez rétabli la justice et le commerce [1] ! »

Les gens de Bruges pleurent « moins un homme qu'un siècle [2] ». Philippe a assuré un paradis flamand, demandé peu à l'impôt, développé l'économie, favorisé les arts. Sous son règne, dans le monde tourmenté du XVe siècle, les Pays-Bas ont représenté un havre de paix et de fécondité.

La mort a cette vertu d'exalter les qualités : Philippe était bienveillant et doux. Dans les villes qu'il visitait, il entrait dans les maisons, parlait à tous, humble avec les humbles, fier avec les orgueilleux. Jamais, il ne fit honte à un serviteur ; il se fiait à chacun et « permettait à chacun de faire son profit ! » Ses défauts ? « Selon le souhait de ses yeux, il satisfaisait son cœur et, à l'incitation de son cœur, multipliait les plaisirs [3]. » Heureux Philippe, qui fit son métier d'homme et de prince, emplit sa vie et assura la tranquillité de ses sujets !

Charles, bruyamment, le pleure. C'est un émotif dans un temps d'émotivité : il en rajoute. Il crie, se tord les mains, n'observe ni règle ni mesure. Ses larmes essuyées, il se consacre à la préparation des obsèques de son père.

Le corps est éviscéré et embaumé ; le cœur, mis à part dans un vase de plomb, est déposé à Saint-Donat « en une fosse près du grand autel du côté de l'évangile ». Lorsque l'église sera démolie en 1791, il y sera encore.

Le sixième jour après la mort, le dimanche 21 juin 1467, le corps est transporté à Saint-Donat : six

1. Georges Chastellain, *Œuvres*, t. V, p. 228.
2. John Foster Kirk, t. II, p. 113.
3. Georges Chastellain, *Déclaration des hauts faits du duc Philippe*, p. 756.

cents hommes font la haie de l'hôtel ducal à l'église, tous habillés de noir, portant des torches. Nous connaissons le nombre des torches achetées et le prix payé : tout est consigné ! Les torches livrées à la maison ducale ont coûté quatre livres ; celles commandées par la ville de Bruges trois livres seulement. Les unes et les autres sont armoriées aux armes de Philippe le Bon.

C'est entre ces torches qu'avance le cortège : en tête, marche le clergé des paroisses de Bruges, suivi des moines des ordres mendiants. Derrière, viennent les magistrats de Bruges et des villes de Flandre. Puis les officiers de l'hôtel de Philippe : ils sont plus de douze cents, vêtus de la robe noire et du chaperon, marchant deux à deux, selon le rang qui leur a été assigné par le maître des cérémonies. Tous sont à leur place pour la dernière fois : les valets de chambre et les sommeliers, les officiers chargés de la garde des joyaux, les écuyers, les secrétaires, les maîtres des requêtes et les gens des comptes, les chambellans.

Les suivent les abbés et les évêques, portant crosse et mitre, les officiers, leur cotte d'armes sur leur robe noire : « Les lions de sable, de gueules et d'or, les fleurs de lys, les émaux d'or et d'azur flamboient sur le damas noir. » Qui s'exprime ainsi ? Jean-Philippe Lecat, ministre bourguignon ; il a donné des funérailles la description la plus belle, sans doute la plus proche de l'esprit du temps : il me semble qu'il est présent dans le cortège à sa place de conseiller d'État, avec l'embonpoint de l'âge sous la robe noire. Les bottes ferrées et les éperons sonnent sur le pavé de Bruges. Le cercueil de plomb est couvert d'un drap d'or marqué d'une croix blanche : des archers de la garde le portent et seize barons l'entourent.

Derrière, le premier écuyer du duc Philippe tient l'épée de son maître, toute droite en sa main, la pointe en haut. Charles de Bourgogne, le duc de Bourbon, les bâtards et leurs fils, les officiers du comte de Charolais s'avancent enfin. « Antoine Le Moiturier a, pour l'éternité, fixé l'image de ce cortège. Le tombeau qu'il sculpta pour le sénéchal de Bourgogne, Philippe Pot, à Cîteaux — aujourd'hui au Louvre — est cette vision, noire et or, de la marche des archers de la garde dans les rues de Bruges[1]. »

A Saint-Donat, les parois de la nef sont tendues de drap noir, celles du chœur de velours et de damas. Mille cinq cents cierges brûlent dans des écuelles de bois : il fait si chaud qu'il faut à la hâte, pour respirer, percer les vitraux du chœur !

Le service dure quatre heures ; le soir, Charles regagne son palais avec le même cérémonial. Le lendemain, deux messes sont dites hors de sa présence. Quand il reprend sa place au premier rang du chœur, l'évêque de Tournai célèbre la messe des funérailles, prononce l'oraison funèbre ; le cercueil est descendu dans une fosse devant l'autel. L'écuyer de Philippe s'avance l'épée haute, qu'il incline lentement vers le sol. Alors, les officiers jettent sur le cercueil leurs insignes de commandement, les bâtons blancs remis par le duc défunt : un règne s'achève. L'écuyer de Charles relève l'épée de la maison de Bourgogne, la tient droite devant le fils. Charles est duc de Bourgogne.

Il a trente-quatre ans ; il va régner dix ans. Il devient le maître d'un territoire immense, mais sans unité. L'État bourguignon juxtapose des populations qui ne parlent pas la même langue, n'ont pas les mêmes intérêts, n'ont pas le même désir de vivre ensemble. Il n'existe aucun sentiment de solidarité entre les « pays de par-deçà », Belgique et Pays-Bas, et les « pays de par-delà », Bourgogne et Franche-Comté. Pour aller des uns aux autres, il faut emprunter des routes étrangères. Avec la difficulté supplémentaire de fixer la capitale de l'État : c'est d'abord

1. Jean-Philippe Lecat, *Quand flamboyait la Toison d'or*, p. 304.

Dijon, berceau de la dynastie, puis ce sera Bruxelles. En janvier 1476, Charles voudra établir sa capitale à Nancy, au centre géographique de ses possessions. Un an avant sa mort.

Il lui manquera toujours l'essentiel : l'appui des populations. Contrairement à la France, la Bourgogne du XVe siècle est une agglomération de territoires, non une nation[1]. Mais Charles va s'acharner à construire un État moderne et établir, par-delà la variété des régimes locaux, un gouvernement centralisé. Les structures de la société se désagrègent ; l'Europe sort du protectionnisme, la liberté n'est plus conçue comme un avantage consenti à un groupe à l'exclusion de tout autre. Le bien commun de l'État va s'opposer avec succès aux biens particuliers des communes et des corporations : la force de Charles est de comprendre cette orientation nouvelle des esprits. Dans sa conception de l'État, il est aussi moderne que Louis XI.

Dès sa prise de fonctions, il se met au travail, avec un acharnement qui stupéfie ses contemporains ; avec aussi une fringale du détail, qui lui révèle cet infini qu'il cherche et ne peut atteindre par ailleurs. S'il existe un ordre du monde, il se révèle dans les petites choses plus que dans les grandes : cette certitude ne l'a jamais quitté.

Il se réfugie dans des tâches de gestion, commence son règne par une épuration, nomme de nouveaux chambellans, de nouveaux secrétaires, qu'il convoque tôt le matin, garde auprès de lui jusqu'à une heure avancée de la nuit. Il annote les rapports de ses légistes, les dépêches de ses ambassadeurs, vérifie les comptes de ses receveurs : il veut tout lire, tout connaître, tout diriger, plus actif et besogneux, selon Chastellain, qu'il ne convient à un prince. Avec cela, défiant comme sa mère, sujet comme son père à de terribles colères, ne cédant jamais devant l'obstacle.

---

1. André Leguai, *Charles le Téméraire*, p. 269 s.

Il ne sait ni attendre, ni faire naître les circonstances, perd de vue le possible et le réel. Il mit « tant de choses dans son imagination, écrit Commynes, qu'il demeura sous son faix ».

L'AMBITION IMPÉRIALE

XII

La révolte de Gand

Gand est la ville la plus importante de l'État bourguignon, la plus peuplée au nord des Alpes après Paris. Capitale européenne de l'industrie textile, elle travaille la laine importée d'Angleterre et vend ses produits manufacturés dans de nombreux pays. Ville ouvrière, turbulente, son évolution a été marquée au Moyen Age par de nombreuses révoltes politiques et sociales [1].

Elle a atteint son apogée au XIIIe siècle, puis elle a connu des difficultés liées au développement d'autres centres de production : une récession en résulta, qui provoqua le chômage. Pour atténuer ses effets, les corporations imposèrent des mesures protectionnistes : la ville se replia sur elle-même, interdit la fabrication du drap aux communes voisines. Pour protéger ses bateliers, elle institua un monopole du transport des grains sur l'Escaut et la Lys.

Cette situation instable entraîna un équilibre politique précaire : un « Front populaire » fut même créé au XIVe siècle, mais son promoteur, Jacques Van Artevelde, fut assassiné en 1345. Le régime dit « des trois membres » lui succéda en 1360. Les corporations se

1. Walter Prevenier et Marc Boone, *Le rêve d'un État urbain* ; Victor Fris, *Histoire de Gand*.

sont alors partagé le pouvoir. La représentation proportionnelle a été instituée pour toutes les élections, de la nomination du conseil des échevins à la désignation des directeurs des institutions de bienfaisance.

Chaque année, sur les vingt-six échevins, six postes étaient attribués à la « bourgeoisie », dix aux tisserands et dix aux « menus métiers ». Ce régime, qui a duré jusqu'au milieu du XVIe siècle, entraîna la création d'un corps de fonctionnaires, « dont l'origine politique importait plus que la compétence[1] ». Dans une ville riche et turbulente, la tentation de l'argent était partout présente : sclérose et corruption.

De telles institutions ont fonctionné sous le regard attentif de l'administration bourguignonne. Ses agents ont prélevé une part de plus en plus importante des impôts au profit de l'État : le taux de vingt-cinq pour cent a été atteint en 1445. Philippe le Bon a voulu aller plus loin et imposer à la Flandre, à l'exemple de la France, une redevance fiscale permanente qui comporterait un taux fixe. Gand est alors entrée en rébellion.

A Gavere, le 23 juillet 1453, ses milices ont été anéanties. La ville dut accepter des conditions de paix très dures : deux mille bourgeois, en chemise et la corde au cou, sont venus s'agenouiller devant Philippe le Bon. Gand a perdu son autonomie, les corporations ont été privées de leurs pouvoirs et ont remis au duc leurs armes et leurs bannières. De nouveaux impôts indirects ont été créés, les « cueillottes », qui ont frappé toute marchandise entrant et mise en vente dans la ville.

Charles fait ses premières armes pendant la guerre de Gand. Envoyé avec un corps de troupes pour surprendre la ville de Moerbeke, il trouve la place défendue et préparée à soutenir un siège. Les capitaines qui l'entourent ont mission de ne pas l'exposer. Ils conseillent la retraite, mais Charles ne veut pas les écouter :

---

1. Walter Prevenier et Marc Boone, p. 96.

« Couchons ici en face de l'ennemi et attendons des renforts ! » Ordre lui est donné de rejoindre son père : il en pleure « de colère et de dépit[1] ». A Gavere, il se bat au corps à corps ; il n'a pas vingt ans et, déjà, fait preuve du plus grand courage.

Gand lui a toujours manifesté de la sympathie : c'est la ville des Pays-Bas où il est le plus aimé ! Philippe le Bon tempère son ardeur : « Ceux de Gand aiment bien le fils de leur prince, mais jamais le prince lui-même[2]. »

Tout cela, très vite, se vérifie. Les obsèques de Philippe sont à peine achevées qu'une délégation gantoise arrive à Bruges : elle demande à Charles de réserver à Gand l'honneur de sa première entrée officielle, comme comte de Flandre, dans une ville de ses États. Charles hésite, se souvient de l'humiliation de Gavere, des impôts levés par son père, des « cueillottes ». Il interroge, demande des garanties, que les Gantois lui donnent : pour eux, la visite de leur nouveau prince doit être l'occasion de supprimer le régime d'exception que Philippe le Bon leur imposa.

Pour Charles, l'enjeu est décisif : une lutte impitoyable l'attend avec Louis XI. Pour la conduire, il lui faut disposer d'une base politique sûre : il ne peut tolérer aucun désordre intérieur. Il doit montrer qu'il tient les Pays-Bas : si Gand se révolte, il matera Gand, comme ses ancêtres l'ont toujours fait.

Contre l'avis de son Conseil, il décide de s'y rendre. Mais il est trop sûr de lui, certain, dans l'allégresse d'un commencement, de convaincre et de l'emporter. Il quitte Bruges le 26 juin sans grande escorte.

Le drame se noue sur fond de fête, de liesse populaire, de spectacles et de grands rassemblements de foule. Selon l'usage qui régit depuis des temps immémoriaux l'entrée à Gand des comtes de Flandre,

1. Olivier de La Marche, t. II, p. 113.
2. Philippe de Commynes, p. 130.

Charles s'arrête pour passer la nuit à Swynaerde. Les habitants qui ont été bannis et chassés de la ville viennent solliciter leur pardon. Traditionnellement, la « joyeuse entrée » du duc est l'occasion d'une amnistie : Charles refuse une grâce générale, demande que chaque cas soit examiné séparément.

Il entre à Gand le dimanche 28 juin 1467, jour de la fête de saint Liévin, martyr du VIIe siècle, dont les ossements sont encore aujourd'hui conservés dans la cathédrale Saint-Bavon[1]. L'habitude est de porter en procession la châsse qui contient les reliques du saint jusqu'à Houthem, village voisin de Gand, où Liévin a été mis à mort. Les échevins se sont engagés à interdire toute manifestation : ils décident que la procession quittera la ville le samedi et que la châsse sera rapportée à la cathédrale le lundi seulement. A Houthem, chaque année, les « fous de Saint-Liévin » dansent, boivent, se querellent dans une atmosphère qui s'apparente plus à une fête païenne qu'à une célébration religieuse.

Le dimanche, en leur absence, la cérémonie officielle se déroule dans le calme. Un échevin vante, au nom de ses collègues, les vertus de l'ancien duc et célèbre les mérites du nouveau. La relation de son discours, écrite par un témoin, est conservée dans les archives d'Ypres : l'orateur conclut en priant Dieu de recevoir Charles, lorsqu'il quittera ce monde, « aussi bien qu'il a été reçu à Gand[2] ! »Le cortège se rend dans l'église Saint-Jean, qui deviendra la cathédrale Saint-Bavon. Devant les chefs doyens des corporations, Charles prête serment en flamand, fait sonner une clochette, prend ainsi, selon la coutume, possession du comté de Flandre.

Ensuite, il gagne la place du Marché du Vendredi, sur laquelle le peuple est assemblé : les Gantois font

1. Herman Vander Linden, *Itinéraires de Charles*, p. 2.
2. Louis-Prosper Gachard, t. I, chap. XXXII, n. p. 211.

serment d'allégeance et Charles leur répond, selon le chroniqueur, « d'une manière très consolante ». Les notables de la ville se retirent en leur maison et le duc en son palais, *Ten Walle*, qui a été construit par Simon de Mirabello au XIVe siècle et dans lequel Charles Quint naîtra en 1500.

Le lundi après-midi, la procession de saint Liévin rentre en ville. Les gens qui la composent sont ivres et, pour la plupart, armés. Ils se dirigent vers la maison où la « cueillotte » est perçue, l'abattent, courent jusqu'au Marché du Vendredi, crient « à bas la cueillotte ! » Ils déposent la châsse au milieu de la place qui, en un instant, devient le lieu de rassemblement de toute la ville. Charles envoie des messagers, qui ordonnent la dislocation de la manifestation et que personne n'écoute. Il gagne lui-même la place, déclare que les revendications seront satisfaites. Si les Gantois veulent être « de bons enfants », je serai un bon seigneur [1] ! Ils lui répondent : « Oui, nous le voulons ! »

Un homme s'approche : Charles le frappe avec son bâton. La foule gronde. Louis de Gruuthuse, gouverneur de Hollande sous Philippe le Bon, qui est le chef de l'une des plus vieilles familles de Flandre, saisit Charles par le bras : « Pour l'amour de Dieu, ne frappez plus ! Votre vie et la nôtre ne tiennent qu'à un fil de soie [2] ! »

Le duc et sa suite se frayent un passage à travers la foule jusqu'au *Tooghuis*, la Maison des remontrances. Du balcon, Charles s'adresse aux manifestants ; il s'exprime en flamand :

« Mes enfants, que Dieu vous garde ! Restez calmes. Tout ce que je pourrai faire pour vous, sur mon honneur, je le ferai ! »

La foule crie son approbation. Gruuthuse parle à son tour : il connaît, mieux que Charles, l'esprit des

1. *Ibid.*, n. p. 212.
2. Georges Chastellain, *Œuvres*, t. V, p. 408.

Flamands. La partie paraît gagnée, quand soudain un homme, Otton Bruneel, grimpe au balcon et interpelle les manifestants :

« Êtes-vous venus pour châtier les coupables ?

— Oui !

— Voulez-vous la suppression de la cueillotte ?

— Oui !

— Voulez-vous retrouver vos droits ?

— Oui ! Oui ! »

Le climat devient révolutionnaire. Se tournant vers Charles, le poing dans un gantelet de fer, Bruneel poursuit :

« Voici, Monseigneur, ce que le peuple demande et que vous devez lui donner. J'ai parlé en son nom. »

« C'est une vilenie intolérable, commente Chastellain, commise en la présence du prince[1] ! »Le tumulte va grandissant. Gruuthuse s'adresse à Bruneel :

« Mon ami, c'était inutile de grimper jusqu'ici : vous auriez très bien pu parler d'en bas et Monseigneur vous aurait répondu de la même façon[2]. »

Charles reprend la parole, promet à nouveau que les Gantois obtiendront satisfaction. Puis, à cheval, sans être inquiété, il rejoint le palais. Toute la nuit, il délibère avec ses conseillers, alors que le peuple demeure assemblé. A *Ten Walle* se trouvent Marie et le trésor de l'État : Charles ne peut les abandonner. Il cède et la rébellion l'emporte.

Le lendemain matin, Louis de Gruuthuse se rend sur la place du Marché du Vendredi. Il reprend les cris qui l'accueillent : « A bas la cueillotte ! » Il promet que la cueillotte sera supprimée et que le duc recevra une délégation. La châsse de saint Liévin peut rejoindre la cathédrale. Mais les désordres ne cessent pas : des manifestants brisent les portes de la ville condamnées

1. *Ibid.*, p. 409-410.
2. John Foster Kirk, t. II, p. 134.

après la bataille de Gavere et démolissent les maisons dans lesquelles la cueillotte est perçue.

Le 1er juillet, Charles reçoit les échevins, qui protestent de leur innocence et attribuent la manifestation « à la supériorité conquise par la populace sur les citoyens riches et bien disposés ». Toutefois, ils prient le duc de confirmer par écrit les concessions qu'il veut bien faire, sinon de nouveaux troubles seraient à craindre ! Sans leur répondre, Charles quitte la ville.

Jamais, il n'oubliera ni l'humiliation, ni la rébellion. A Bruxelles, le 8 janvier 1469, il impose aux Gantois une soumission publique. Les doyens des corporations, ayant chacun devant eux la bannière de leur métier, sont introduits dans la salle du palais, après avoir longuement attendu dans la neige. Ils s'agenouillent par trois fois, jettent leurs bannières aux pieds de Charles, demandent grâce. Le chancelier Pierre de Goux donne lecture du « grand privilège de Gand » ; Charles ordonne de l'annuler : l'audiencier Jean Gros prend un canif et le déchire.

Charles s'adresse aux Gantois :

« C'est un crime de lèse-majesté que vous avez commis. Vous me deviez obéissance. Vous n'avez pas tenu vos promesses. Je me suis confié à vous : vous m'avez offensé, vous avez jeté votre venin[1] ! »

Jusqu'à la mort de Charles, Gand ne bougera plus.

1. Louis-Prosper Gachard, t. I, n. p. 217.

XIII

Le mariage de Bruges

Dès leur première rencontre à Boulogne le 15 avril 1466, Charles de Bourgogne et Richard de Warwick se détestent, « politiquement et viscéralement [1] ». Ils sont trop semblables par leur orgueil, leur force de caractère, leur volonté de paraître et de s'imposer : pendant trois jours, ils discutent avec passion et violence.

Deux politiques s'opposent : Warwick veut un accord avec Louis XI, Charles un accord avec Édouard IV. Pour Charles, la Bourgogne a un besoin impérieux de l'alliance anglaise : avant même son avènement, il se consacre à la réalisation de cet objectif qui déterminera, en grande partie, sa politique étrangère. Il va conduire un renversement des alliances et revenir à la politique d'accord avec l'Angleterre, qui a été celle de la Bourgogne avant la paix d'Arras. Pour rendre éclatant le changement de politique étrangère, il propose d'épouser la sœur du roi d'Angleterre.

A la cour de Londres, autour des Woodville — la famille de la reine — un clan se forme, qui est favorable à une telle évolution. Les Warwick y sont opposés et militent pour une alliance française. Entre les deux positions, Édouard IV hésite. Mais Warwick l'a

1. Paul Murray Kendall, *Warwick, le faiseur de rois*, p. 229.

mis sur le trône : Édouard doit donc l'écarter ! Quand on est le roi, on ne peut tolérer à côté de soi quelqu'un qui prétend le devenir ou vous a permis de l'être. Warwick s'appuie sur Louis XI : contre lui, Édouard IV choisit l'alliance avec la Bourgogne.

Cette orientation répond aux aspirations des marchands de Londres : les relations avec les Pays-Bas forment la clef de voûte du commerce anglais. Au milieu du XVe siècle, les exportations anglaises vers les Pays-Bas représentent plus de la moitié des exportations et les importations plus du tiers[1]. L'Angleterre doit disposer de débouchés pour sa laine et son drap, que la Flandre lui achète : les deux pays ont des économies complémentaires.

Édouard IV perçoit ce que Warwick refuse de voir : en Angleterre, le sentiment antifrançais l'emporte sur le sentiment antibourguignon. « Si le duc de Bourgogne n'est pas aimé, le roi de France est exécré » : en une formule, Kendall résume la situation. Pour l'opinion comme pour l'économie, mieux vaut une alliance avec la Bourgogne[2].

Le 23 octobre 1466, Édouard et Charles concluent un accord qu'ils décident de garder secret : ils échangent des lettres, qu'ils rendront publiques, après la mort de Philippe le Bon, en juillet 1467[3].

En juin, Warwick s'est rendu en France. Il est reçu par Louis XI à Rouen comme un chef d'État. Quand il débarque, « le corps de ville l'attend sur le quai avec tout le clergé » ; derrière la croix et les bannières, il gagne la cathédrale, puis le couvent des Jacobins[4]. Pour pouvoir le rencontrer plus facilement, et sans que personne le sache, le roi s'est installé dans un hôtel voisin et a fait construire une passerelle de bois qui

1. Marie-Rose Thielemans, *Bourgogne et Angleterre.*
2. Paul Murray Kendall, *Warwick, le faiseur de rois*, p. 240.
3. Par lettres patentes de Charles du 15 juillet et d'Édouard IV du 15 août 1467 (Paul Bonenfant et Jean Stengers, p. 29).
4. Prosper de Barante, t. VIII, p. 333.

relie les deux bâtiments. Pendant douze jours, Louis XI et Warwick « ne se quittent presque pas d'un instant » : du moins, c'est Barante qui l'affirme. Quand les Anglais se promènent en ville, ils peuvent se servir dans les boutiques sans payer : les marchands de Rouen ont reçu ordre de leur donner les étoffes qu'ils peuvent désirer.

Pour Louis XI, l'alliance anglaise constitue la pierre angulaire de sa diplomatie. Warwick et lui sont des aventuriers politiques, prêts à défier les usages de leur époque. Des deux ambitions, celle de Warwick est plus personnelle, plus pathétique — car vouée à l'échec.

A Rouen, un projet d'alliance est établi, mais l'Anglais n'a pas le pouvoir de décision : le lendemain de la mort de Philippe le Bon, le 16 juin 1467, sans savoir que son roi s'est déjà engagé avec le nouveau duc de Bourgogne, Warwick repart pour Londres avec une délégation française. Pendant son absence, Antoine de Bourgogne est arrivé dans la capitale anglaise : il est venu disputer une joute avec Anthony Woodville, le frère de la reine, à la lance, à l'épée, à la hache. Le tournoi n'est qu'un prétexte : Antoine de Bourgogne assiste à une réunion du Parlement, participe à un banquet offert en son honneur dans la *Maison des épiciers*. L'accord avec la Bourgogne doit fonder un développement de l'activité économique, une reprise des exportations : la *Maison des épiciers* symbolise cette étape nouvelle des relations entre les Pays-Bas et l'Angleterre, qu'attendent les marchands de Londres.

La chaleur de l'accueil réservé aux Bourguignons contraste avec la froideur manifestée aux Français : Édouard IV fait attendre ces derniers et, quand il les reçoit, leur répond qu'il ne peut décider seul, qu'il doit prendre l'avis de son Conseil ! Très vite, il demande le vin et les épices qui mettent fin à l'entrevue : Warwick comprend que le roi a choisi, contre lui, l'alliance avec la Bourgogne.

Londres devient le centre d'une intense activité

diplomatique. Les ambassades se multiplient de part et d'autre de la Manche : les comptes de la recette générale des finances, conservés à Lille, retracent les dépenses qu'elles ont entraînées jour après jour. Les négociations se prolongent pendant dix mois : elles se concluent par le mariage de Marguerite d'York et de Charles de Bourgogne.

Marguerite est le sixième enfant de Richard d'York. Elle est habituée à la rigueur du temps : son père a été décapité et son jeune frère égorgé ; elle a été fiancée à dom Pedro de Portugal, qui est mort. C'est une femme d'une beauté singulière, grande, les yeux gris, le maintien austère. Elle est avide de bonheur, mais elle a pris l'habitude d'obéir. Née le 3 mai 1446, elle a vingt et un ans quand son mariage est décidé. A la demande de son frère, elle se rend devant le Conseil et déclare qu'elle est ravie d'épouser Charles de Bourgogne. Le 12 mai 1468, le chancelier d'Angleterre annonce au Parlement qu'un accord a été conclu avec la Bourgogne.

Marguerite quitte Londres le 18 juin pour rejoindre la Flandre. Charles, auquel elle est destinée, explique au comte de Saint-Pol :

« J'étais de France et de Bourgogne. Le roi m'a fait devenir Anglais malgré moi ! »

A Bruges, les fêtes du mariage vont être les dernières, les plus belles aussi de la maison de Bourgogne. Après la révolte de Gand, Charles savoure sa victoire diplomatique et la noblesse de Bourgogne célèbre « l'allégresse d'une dernière parade [1] ».

Avec un goût de mort : Charles vient de faire exécuter le bâtard de La Hamaide, l'un de ses jeunes chambellans. La Hamaide, qui appartient à une vieille famille du Hainaut, s'est distingué à Montlhéry. Personne à la cour n'a « plus de beauté, de vaillance, de plus agréables façons » : courageux, emporté, aimant

1. Jean-Philippe Lecat, *Quand flamboyait la Toison d'or*, p. 315.

les femmes et la vie[1]. Un jour à Condé, sa ville natale, il joue à la paume ; la balle sort, mais il le nie. Un chanoine regarde la partie : on lui demande son avis et il donne tort au jeune bâtard. Effrayé de son audace, il s'enfuit et bien lui en prend ! La Hamaide court chez lui, ne le trouve pas, interroge son frère. Ce dernier bredouille, tombe à genoux, tend les mains : d'un coup d'épée, La Hamaide les coupe, puis lui tranche la tête.

Le meurtre fait grand bruit. Sont arrivés à Bruges les représentants des provinces de l'État, les ambassadeurs des pays étrangers : Charles veut montrer qu'il sait « rendre bonne et ferme justice[2] ». Il fait arrêter le bâtard, ordonne qu'il soit exécuté le lendemain « à neuf heures du matin ». Sa mère le supplie de faire grâce : il ne répond pas, quitte la ville, prend la mer. Les heures s'avancent, le moment du supplice approche, Charles ne revient pas. Et, quand il regagne Bruges, il est trop tard !

Dans l'après-midi, La Hamaide, ses cheveux blonds répandus sur les épaules, a traversé la ville, debout sur une charrette, les mains liées dans le dos. Il pleure et les femmes crient sur son passage : « Il vaudrait mieux nous le donner à épouser ! » Il est décapité, son corps partagé en quatre quartiers. Le lendemain, son père fait marteler les armoiries qui ornent la porte de son hôtel, quitte Bruges et gagne Condé.

Marguerite d'York arrive le 25 juin au port de l'Écluse. Au coucher du soleil, la flotte anglaise pénètre dans la rade, salue à coups de canon la Tour de Bourgogne et les clochers d'Ardenbourg. Marguerite est accompagnée de son frère Anthony, de la duchesse de Norfolk, de l'évêque de Salisbury, d'une suite nombreuse de seigneurs anglais. Elle s'installe à l'Écluse, où elle reçoit la visite de la duchesse Isabelle, Madame la Grande, anglaise par sa mère, qui porte dans ses

1. Prosper de Barante, t. VIII, p. 405.
2. *Ibid.*, p. 408.

armes la rose blanche de Lancastre. Isabelle accueille avec douceur la princesse d'York et lui présente une enfant de onze ans, étonnée et émue : Marie de Bourgogne.

Un soir, Charles arrive. A trente-cinq ans, il n'a jamais aimé d'autre femme que sa deuxième épouse, Isabelle de Bourbon. Il s'assied sur un banc à côté de Marguerite ; réservé et attentif, il contemple la fiancée qu'il a choisie, lui parle longuement. Marguerite est plantureuse, faite pour les enfants et le bonheur. L'évêque de Salisbury s'approche et demande à Marguerite :

« Voulez-vous épouser Monseigneur ?

— Le roi mon frère m'a commandé de le faire. »

Le 2 juillet, Marguerite descend le Zwin sur une galère de Bourgogne, assise sous un dais de velours écarlate ; sur les deux rives, des chevaliers aux armures étincelantes l'accompagnent. Déjà, apparaissent les grands entrepôts de Damme, les celliers à vin, les maisons à double pignon, la tour carrée de l'église Notre-Dame. Le bailli Eustache Weyts attend, le genou en terre, la fiancée de son prince. Au petit matin, l'évêque de Salisbury procède au mariage de Charles et de Marguerite : c'est la duchesse de Bourgogne, non la princesse d'Angleterre, qui doit être accueillie à Bruges. Charles quitte sa femme dès le mariage célébré : Marguerite entre seule à Bruges. Charles, lui, va se coucher ! « Il fit provision de dormir, écrit La Marche, comme s'il devait veiller et faire le guet la nuit suivante[1]... »

Cette journée fut une fête de la couleur. Les rues ont été tendues de draps d'or et de soie ; aux façades, des tapisseries présentent Adam recevant Ève des mains de Dieu ou Cléopâtre offrant sa main à Antoine. Le cortège progresse lentement le long des rues et des canaux, au milieu d'une foule accourue de toute l'Eu-

1. Olivier de La Marche, t. III, p. 105.

rope : autour de la litière, les archers de la garde, les chevaliers de la Toison d'or, les seigneurs de la cour, le chancelier et les membres du Conseil, les ambassadeurs, les évêques de Verdun, de Cambrai, d'Utrecht et de Tournai. Puis viennent « les nations par ordre » : les Vénitiens « vêtus de vermeil et tenant une torche à la main », les Florentins, les Espagnols, les représentants de l'Europe du Nord.

Le cortège atteint à midi la grande place : les archers détellent les chevaux, chargent la litière sur leurs épaules et la déposent aux pieds de la duchesse douairière[1]. Sur la façade du palais, un tableau immense présente l'écu aux armes du duc, qu'entourent les douze blasons des pays bourguignons ; sur les côtés, saint André et saint Georges ; en dessous, la devise de Charles : « je l'ay emprins » — je l'ai entrepris ; de part et d'autre, deux statues d'un Grec et d'un Allemand. Ils tirent à l'arc et, de leurs flèches, jaillissent des vins de Beaune et du Rhin, qui ruissellent dans des bassins de pierre.

Les fêtes vont durer du 2 au 12 juillet 1468 : elles constituent une promotion sans précédent de l'État bourguignon[2]. Charles en a réglé les détails ; Olivier de La Marche en dirige l'exécution : il a mis en scène les divertissements dont, pour la plupart, il a écrit le texte. Le palais a été aménagé, de nouvelles pièces ont été créées, les cuisines refaites. Sur la place du jeu de paume, une salle en bois a été construite, « très grande, très haute et très spacieuse, si bien éclairée de verrières qu'elle était l'une des plus belles qu'on eût jamais vue[3] ». Jean Stalkin l'a décorée d'immenses chandeliers, dont la base représente des châteaux entourés d'arbres et de fleurs. Aux murs sont tendues des tapisseries qui racontent l'histoire de Jason : les comptes de

1. Prosper de Barante, t. VIII, p. 414.
2. Bruno Laurioux, « Banquets », p. 1028.
3. Olivier de La Marche, t. III, p. 118.

l'hôtel ont conservé le montant des commandes, le coût des travaux, la rémunération des artistes. Plusieurs centaines d'ouvriers ont travaillé sur le chantier d'avril à juillet 1468[1].

Charles est un homme « au violent esprit d'ordre et de règle », selon l'expression de Huizinga. Il a la passion de la magnificence, aime la liturgie, qui est pour lui une célébration du détail. Chaque soir, il offre un banquet auquel il convie les nobles de la cour, les ambassadeurs et les députés des États, selon leur rang et leur fonction. Les spectateurs sont placés sur des estrades qui permettent de suivre le spectacle. On leur communique le plan de table, le menu, le programme, chaque jour renouvelé, qui comprend des variations sur le thème des travaux d'Hercule. Hercule à tous les âges de la vie, au berceau tuant des serpents, affrontant des lions, combattant le roi Philotès :

Hercule, pour mener en Grèce le premier
Les moutons et leur laine, comme un bon chevalier
A défait un géant très cruel et très fier
Et le roi Philotès, qu'il fait mercenaire.

Il montre aux princes :

Qu'ils doivent corps et biens étendre sans murmure
Et employer le temps à travailler, sans lassitude
Pour le bien public, dont ils ont la cure.

Le troisième soir, le mardi 5 juillet, Charles a fait représenter *Les Tours bleues*, son château de Gorcum : à l'appel du guetteur, des ânes sortent du donjon et chantent un motet à quatre voix. La musique s'élève, claire, d'une douceur sans égale :

1. Léon de Laborde, dans *Les ducs de Bourgogne*, a reproduit « les comptes des ouvrages, entremets et peintures faits à Bruges pour les noces de Monseigneur le duc Charles ».

Faites-vous l'âne, ma maîtresse ?
Croyez-vous, par votre rudesse,
Que je vais vous abandonner ?
Même si vous mordez et ruez,
Il ne m'arrivera pas de vous laisser.
Faites-vous l'âne, ma maîtresse ?

Le neuvième soir, le lundi 11 juillet, deux géants tirent une baleine « si haute que deux hommes à cheval, de part et d'autre, ne pourraient se voir ». Devant la table d'honneur, la baleine ouvre sa gueule : deux sirènes en sortent, qui se mettent à chanter, puis douze chevaliers de mer, qui les invitent à danser.

Les fêtes de Bruges présentent le rêve d'une société instable oscillant entre sentimentalité et dérision. Le monde extérieur la fascine et la terrorise tout à la fois : emplie de fantasmes, elle s'ébroue à l'aube des Temps modernes.

XIV
L'entrevue de Péronne

Les fêtes de Bruges se terminent à peine que Louis XI passe à l'offensive. La Bretagne et la Bourgogne se comportent comme des puissances étrangères. Elles constituent pour la France une double menace à l'ouest comme au nord. Le roi doit empêcher qu'elles ne joignent leurs forces à celles de l'Angleterre. Louis XI possède au plus haut point cette science si particulière qui est le ressort de toute politique et qui tend à diviser ses adversaires.

Le duc de Bretagne est le plus faible des coalisés : c'est donc lui que le roi doit attaquer en premier. Il est incapable de résister ; ses alliés ne peuvent lui porter secours. Ébranlé par les intrigues des Lancastre, Édouard IV n'a pas envoyé de troupes en France et Charles, tout aux fêtes de son mariage, est pris de court ! Le 10 septembre 1468, alors que l'armée bourguignonne s'ébranle, François de Bretagne signe la paix d'Ancenis.

Comment venir à bout de Charles de Bourgogne ? Louis XI ne peut espérer le réduire par les armes : à l'affronter, il risquerait de perdre ses meilleures troupes. Il choisit de négocier et esquisse le projet d'une rencontre. C'est ainsi qu'il a terminé, dans une conversation en tête à tête avec Charles, la guerre du

Bien public. Plus que jamais, il croit en son intelligence et sa force de persuasion : en sa présence, Charles devra céder. Le rencontrer devient pour le roi une idée fixe.

Pour Charles, quel intérêt une telle entrevue peut-elle présenter ? Si Louis XI la souhaite si fort, la diplomatie bourguignonne pense qu'il doit en payer le prix. Le connétable de Saint-Pol, qui sert d'intermédiaire, multiplie les allées et venues entre Péronne, où se trouve le camp bourguignon, et Compiègne, où le roi a établi son quartier général. Charles pose ses conditions, revendique la Picardie et une juridiction souveraine sur ses fiefs français. Les conseillers du roi trouvent que c'est trop lui donner. Louis XI n'en a cure. Il donne ses instructions à Jean Balue, qui recevra le chapeau de cardinal en novembre :

« Ne faites rien pour empêcher l'entrevue, j'entends l'obtenir ! »

Charles hésite encore. Le 6 octobre, il déclare au cardinal qu'il veut donner une leçon aux Liégeois, poussés à la révolte par les agents français : c'est sa priorité. La rencontre avec Louis XI ne peut que le détourner de cet objectif. Mais, deux jours plus tard, il envoie au roi un sauf-conduit, qu'il rédige de sa main et signe : « Votre très humble et très obéissant sujet, Charles. » Pourquoi a-t-il changé ? Peut-être a-t-il craint de paraître moins conciliant que son adversaire ? Comme Louis XI, il a le souci de l'opinion publique.

Jour par jour, la rencontre de Péronne est décrite par Commynes et Chastellain : c'est un vrai roman. Le 6 octobre, dès qu'il reçoit sa lettre, Louis XI demande à Charles de lui envoyer une escorte et, le soir même, comme s'il allait chasser, quitte Noyon. Plus grand est le danger, plus forte sa passion ! Instinct du chasseur : prenant la route de Péronne, il est sûr de faire le bon choix. Il sait comment il agira : il cédera, reculera, perdra les premières manches, mais gagnera la finale. *Mano a mano !*

Il renvoie sa garde, conserve seulement avec lui ses serviteurs les plus proches, Olivier le Daim, son barbier, qui a la charge des bagages, et Alberto Magalotti, son secrétaire italien. L'accompagnent quelques grands seigneurs, comme le comte de Saint-Pol et le duc de Bourbon, cousin germain de Charles. A midi, approchant de Péronne, le roi et ses compagnons voient apparaître un cortège de deux cents cavaliers, que conduisent Charles et son frère Antoine richement habillés, couverts de pierreries. Louis XI est en costume de chasse. Devant lui, Charles se découvre, descend de cheval, plonge dans une profonde révérence. Le roi le relève, le serre dans ses bras, l'embrasse. Conversant et riant, l'un et l'autre gagnent Péronne.

Un appartement a été préparé pour le roi dans la maison du receveur des finances, car le château n'est guère entretenu. « Le logis ne valait rien », estime Commynes : les murs extérieurs sont en ruines, les pièces peu habitables. Mais Louis XI aperçoit des soldats qui franchissent la porte Saint-Nicolas. Il reconnaît son beau-frère savoyard, Philippe de Bresse, qui l'a trahi, son ancien favori, Antoine du Lau, qu'il a jeté en prison, Pierre d'Urfé, qui appartient à la maison de Bretagne. Tous se dirigent vers le château. Si ses ennemis y sont logés, pourquoi n'y résiderait-il pas ? Charles répond que le roi n'a rien à craindre ! S'il le veut, le château est à sa disposition. Dans l'après-midi, Louis XI s'y installe et, dès le lendemain, la négociation s'engage.

Elle est conduite dans un imbroglio de messages, d'échanges, de conférences plus ou moins formelles. Parfois, les entretiens ont lieu à quatre : Jean Balue accompagne le roi, Guillaume de Bische assiste le duc. Parfois aussi, des discussions plus techniques réunissent l'ensemble des délégations. Les Français font savoir que le roi est prêt à accepter les exigences bourguignonnes, dès lors que le duc renoncerait à son alliance avec l'Angleterre et romprait les liens l'unissant à la Bretagne. Louis XI obtient des concessions mineures : Charles s'engage à ne pas prêter main-forte à Édouard IV si celui-ci envahit la France. En contrepartie, Louis XI cède la Champagne à Charles. La Champagne jouxte la Bourgogne ! L'accord, tel qu'il s'esquisse, présente un réel avantage pour la diplomatie bourguignonne.

Mais, soudain, les événements prennent un autre cours : la nouvelle de la chute de Tongres parvient à Péronne. L'évêque de Liège et Guy de Brimeu auraient été arrêtés, emmenés de force, massacrés ! C'est une rumeur, mais elle déchaîne la colère de Charles : le roi le trahit, il n'est venu à Péronne que pour l'endormir, « l'aveugler sur la vilenie qui se complote[1] ! »Il donne l'ordre de fermer les portes du château, de doubler les gardes, de ne laisser entrer personne sans son autorisation expresse. Louis XI est prisonnier, le roi de France retenu prisonnier par le duc de Bourgogne, doyen des pairs de France ! Comment l'annoncer ? L'événement est tel que n'importe quelle explication fait l'affaire : on invente une histoire de cassette volée, que les soldats bourguignons seraient chargés de retrouver.

Louis XI a peur, physiquement peur, et il le montre. Il a apporté quinze mille couronnes d'or, qu'il fait distribuer aux conseillers de Charles, avec l'ordre de servir en priorité Antoine de Bourgogne et Guillaume de Bische. Dans sa chambre, il tourne en rond, envisage toutes les éventualités, même celle de s'enfuir sous un déguisement. Charles a un coup de colère : ce n'est pas le premier, ce ne sera pas le dernier ! Sa haine de Louis XI fait le reste, mais il la domine et gagne la première manche. Son objectif est de reprendre Liège, de détruire la ville avec la participation des troupes royales et en présence du roi :

1. John Foster Kirk, t. II, p. 242.

« Pas une maison ne restera debout, pas un coq, pas une poule ne resteront debout pour chanter ! La ville entière sera mise à feu et à sang. »

A faire les choses, il faut les faire complètement ! A Péronne, le roi et le duc choisissent la même tactique ; l'un et l'autre vont au bout de leur raisonnement. Charles réunit son Conseil : peut-il arrêter le roi ? Peut-il le contraindre à marcher contre Liège ? Ou doit-il le libérer ? D'autres nouvelles arrivent : l'évêque et le lieutenant général sont en vie, Guy de Brimeu a été libéré sous la promesse de favoriser un accord. Louis XI estime que sa proposition de participer à une expédition contre Liège, s'il la mettait à exécution, serait humiliante et pourrait être dangereuse. Il bâtit une variante : laisser en otage à Péronne le connétable de Saint-Pol et le duc de Bourbon, gagner Compiègne, rassembler une armée. Commynes, sobrement, commente : « A la vérité, je crois qu'il les y aurait laissés, qu'il ne serait pas revenu [1]. »

Charles refuse :

« Ce que le roi m'a promis, il le tiendra ! »

Vient la nuit du jeudi 13 au vendredi 14 octobre. Dans leur chambre, Louis et Charles ne dorment ni l'un ni l'autre ; leurs conseillers sont avec eux. Commynes se trouve dans la chambre du duc : Charles ne se déshabille pas, se jette deux ou trois fois sur son lit, se relève, fait les cent pas. Avec Commynes, sont présents Olivier de La Marche et Charles de Visan. Ce n'est pas rien ! Assistent Charles, dans cette nuit de Péronne, deux des principaux chroniqueurs de l'époque : Commynes et La Marche. Ils écriront l'histoire et, déjà, la font. Ils poussent à l'apaisement, Visan aussi, Dijonnais d'origine et homme de bon sens.

Charles arrête sa décision : si le roi signe le traité et l'accompagne à Liège, il s'en contentera, sinon il le gardera prisonnier ! Commynes sert le duc et conseille

1. Philippe de Commynes, p. 147.

le roi : il est lui-même cet ami discret, qu'il évoque dans ses *Mémoires*. Il prévient Louis XI : mieux vaut accepter les conditions de Charles. S'il ne le faisait pas, il se mettrait « en si grand péril que nul plus grand ne pourrait lui arriver » ! Au petit matin, le duc se rend dans la chambre du roi. Il s'incline, sa contenance est humble, mais sa voix tremble de fureur. Louis ne peut dissimuler sa crainte :

« Mon frère, ne suis-je pas en sécurité dans votre maison et votre pays ?

— Monseigneur, vous l'êtes ! Si un trait d'arbalète venait sur vous, je me mettrais devant pour vous protéger.

— Je vous remercie de votre bon vouloir. J'irai où je vous ai promis, mais je souhaite que, d'abord, la paix soit jurée entre nous !

— Comment la paix pourrait-elle être conclue, alors que vous êtes venu à Péronne pour me tromper et que vous soutenez la révolte de Liège ?

— Pourquoi me serais-je engagé dans une affaire contraire à mon honneur, mon intérêt, ma sécurité [1] ? »

Louis XI ajoute que, l'accord ratifié, il se fera une joie d'accompagner son « frère » à Liège et d'y conduire une armée :

« Je tiendrai moi aussi ma promesse ! Nous irons tous deux à Liège. »

D'un coffre, on sort le projet de traité et une croix, celle que jadis porta Charlemagne, la « croix de la victoire ». Le roi et le duc prennent place l'un en face de l'autre, le cardinal Balue élève la croix au-dessus d'eux. Charles rend hommage au roi en tant que duc de Bourgogne — ce qu'il n'a jamais fait. A genoux, une main sur la croix, il murmure :

« Ce qui m'a été promis, mieux vaudra le tenir ! »

---

1. Olivier de La Marche, t. III, p. 84.

Louis, à son tour, met la main sur la croix et jure de respecter l'accord :

« Je tiendrai, mon frère, je tiendrai ! »

A quoi s'engage-t-il ? Quel accord Louis et Charles ont-ils conclu à Péronne ? Le roi obtient la trêve qu'il souhaite et le duc la confirmation des traités d'Arras et de Conflans, qui lui garantissent la ligne de la Somme. Péronne est l'exemple d'une conférence au sommet laborieusement négociée : « Il s'agit de conclure un accord politique, non de se réconcilier. » Les sentiments ne changent pas : après Péronne, Louis et Charles ne se haïront « ni plus ni moins qu'avant[1] ». Aucun texte n'est signé. Le traité de Péronne a été rédigé sur les indications de Charles, après que ce dernier eut regagné Bruxelles.

Jean-Marie Cauchies, dans *Louis XI et Charles le Hardi*, analysant les clauses de l'accord, met l'accent sur la volonté de Charles de créer un État indépendant. « Dans le cadre d'une politique de centralisation, voire, à plus long terme, de souveraineté, Charles entend être seul maître de la justice dans ses États[2]. » Il veut se détacher des « carcans du royaume », regarder « vers autre chose » : déjà, vers le Rhin et l'Empire.

Ayant juré sur la croix, Louis et Charles se séparent : le roi passe à table et le duc se rend à l'église. Les cloches de Péronne sonnent et les prêtres entonnent le *Te Deum*. Le roi gagne Liège avec sa garde écossaise et un détachement bourguignon aux ordres du comte de Saint-Pol. Le samedi 15 octobre, il couche à Bapaume, le dimanche à Cambrai, le lundi au Quesnoy. Le vendredi suivant, il arrive à Namur : il ne se presse pas. En chemin, il plaisante, se moque de la crainte de ceux qui le suivent. Il a évité le pire et sait qu'il gagnera la deuxième manche !

Sous un ciel gris, dans la pluie et la boue, chevau-

1. Jean-Philippe Lecat, *Quand flamboyait la Toison d'or*, p. 312.
2. Jean-Marie Cauchies, p. 25.

chent côte à côte le roi de France et le duc de Bourgogne. L'évêque de Liège les rejoint, il est favorable comme Louis XI à un accord. Charles ne veut pas en entendre parler. Il s'emporte et le roi l'apaise : « Je désire ce que désire mon frère de Bourgogne ! »

Ayant arraché un traité avantageux, Charles sent confusément que tout ne va pas pour le mieux. Dans la nuit du 29 au 30 octobre, les Liégeois tentent un coup de force : ils organisent une opération de commando pour tuer le duc, qui est leur pire ennemi, et le roi, qui les a trahis. Venus par les collines à travers les vignes, ils investissent le faubourg, dans lequel Louis et Charles passent la nuit, égorgent les sentinelles, massacrent les soldats qu'ils surprennent dans leur sommeil. De nombreux Bourguignons fuient : « La nuit, écrit Commynes, ne connaît pas la honte ! » La pluie ne cesse de tomber ; les hommes pataugent dans la boue jusqu'aux chevilles. Charles saute du lit, Commynes l'aide à s'armer et la contre-attaque s'organise. Au petit matin, les assaillants abandonnent le terrain.

Le dimanche 30 octobre, l'assaut est donné. Précédés des bannières ducales, Louis et Charles entrent à Liège. Louis crie : « Vive Bourgogne ! » Il le chanterait presque. Il n'est pas de ceux que l'on peut humilier : il dit « Vive Bourgogne ! » et pense à autre chose. Il n'a pas à forcer sa nature : il est ainsi. L'armée ne rencontre guère de résistance. Commynes n'aperçoit que « trois hommes morts et une femme[1] ! » Charles escorte le roi jusqu'au palais épiscopal, puis rejoint l'église Saint-Lambert, où se trouve le dernier nid de résistance. Il en interdit le pillage, tue de sa main l'un des hommes qui force les portes. De même, Guy de Brimeu protège Saint-Jacques. Toutes les autres églises sont détruites.

Liège est mise à sac, méthodiquement, par quar-

---

1. Philippe de Commynes, p. 161.

tiers ; son centre est rasé. Seuls, les vieillards, les femmes et les enfants peuvent s'enfuir. Les hommes sont pendus, précipités par grappes dans les eaux de la Meuse : plusieurs milliers périssent ainsi ! Liège, l'une des villes les plus peuplées et les plus riches d'Europe, cesse d'exister. Elle se vantait du nombre de messes célébrées dans ses églises chaque jour : autant qu'à Rome !

Charles conduit personnellement la destruction de la ville et la mise à mort de ses habitants. Sous la pluie et dans la boue, il pourchasse les rebelles jusque dans les bois. Pour essayer de comprendre son attitude, j'ai étudié son thème astral : Scorpion, ascendant Vierge. Il y a en Charles la puissance de mort du Scorpion, le côté suicidaire, destructeur du Scorpion. Frappe aussi l'aspect flamboyant, inassouvi de sa violence, proche de la folie. Quand l'exaltation reflue après la Toussaint et le Jour des morts, elle le laisse seul face à son angoisse.

La mort d'Isabelle, dans sa vie, a beaucoup compté : Isabelle le rassurait et le contenait. Si elle avait vécu et s'était trouvée auprès de lui, il n'aurait peut-être pas commis les atrocités de Dinant et de Liège. Comment les pardonner et s'absoudre d'une telle horreur ? Charles offre à l'église Saint-Lambert un reliquaire d'or, rehaussé d'émaux, qu'il a commandé à Gérard Loyet, orfèvre lillois issu d'une famille dijonnaise. Il est représenté en armure, portant le collier de la Toison d'or. Agenouillé, il a déposé son casque et ses gantelets. Il élève dans ses mains nues un cristal de roche qui contient la relique de Saint-Lambert. *Anima inquieto !*

Louis XI veut retourner en France. Chaque jour, il entretient Charles de son prochain départ. Si le duc a une autre mission à lui confier, qu'il « ne l'épargne point » ! Mais, si tel n'était pas le cas, il prendrait volontiers la direction de Paris pour faire enregistrer le traité de Péronne par le Parlement ! Ce dernier, sans son engagement personnel, n'engagera pas la procédure. Charles hésite : une fois encore, Louis XI le met mal à l'aise. Mais il est plus légiste d'esprit que le roi : s'il libère Louis XI, il veut garder le sceau royal et un « secrétaire de la main », ayant qualité pour signer le traité. Il demande aussi que le roi rende aux seigneurs du Lau et d'Urfé les terres dont il les a dépossédés. Louis XI répond qu'il souscrirait bien volontiers à cette requête si le duc restituait aux Croy les domaines qu'il leur a confisqués ! Charles ne répond pas, se réfugie dans le protocole, insiste pour accompagner Louis XI jusqu'à la frontière :

« Mon frère, répond le roi, vous m'avez déjà suffisamment honoré et, sans doute, d'autres affaires requièrent votre attention ! »

Il n'a pas lieu d'être mécontent : le sac de Liège provoque un mouvement de réprobation dans toutes les villes rhénanes, de la Flandre à Strasbourg.

Le jeudi 2 novembre 1468, Louis XI prend congé : jamais il ne reverra Charles.

XV

La lettre de Hesdin

Louis XI pense qu'il a conclu un mauvais accord, contraire à l'intérêt du royaume. Avant de quitter Charles, sans avoir l'air d'y attacher de l'importance, il évoque le traité de Péronne, son engagement de donner la Champagne à son jeune frère :

« Si d'aventure mon frère ne voulait pas la Champagne, que voudriez-vous que je fasse ?

— S'il ne voulait pas la prendre, si vous lui proposiez un autre choix et s'il acceptait, je m'en rapporterais à vous deux. »

Chevauchant vers la Touraine, Louis ne cesse de réfléchir à de nouvelles orientations. Il ne peut donner à son frère la Champagne, trop proche des États bourguignons. Il caresse l'idée de lui proposer une province plus grande, plus attrayante, mais plus lointaine : la Guyenne. Oui ! Il lui offrira la Guyenne et l'éloignera de la Bourgogne.

Le duc de Berry est jeune, d'humeur fantasque, soumis à des influences passagères ; sans caractère, il ne sait ni choisir ni tenir. Un jour, il accepte, le lendemain hésite, le jour suivant rencontre le duc de Bretagne et refuse. Le roi, qui le connaît bien, le harcèle, lui dépêche messager sur messager, lui vante les mérites de la Guyenne : il n'y a pas plus belle province en France !

Les princes, Bourgogne, Bretagne et Bourbon, n'ont pas intérêt à un accord entre le roi et son frère, qui renforcerait le pouvoir de la couronne. Si le duc de Berry cède, le roi, comme le note l'ambassadeur milanais, n'aura plus rien à redouter. Il « gouvernera le royaume à sa guise, réglera ses affaires en un jour et ôtera le goût de vivre à ses seigneurs[1] ». Louis XI est l'homme d'une idée, qu'il prend, mûrit et ne quitte pas, tant qu'il ne l'a mise en œuvre.

Son frère n'est pas de taille à lui résister. En avril 1469, il accepte la Guyenne : il reçoit en apanage un duché qui comprend la Charente, le Périgord, le Quercy, l'Aunis et la Saintonge, Bordeaux et La Rochelle. Jamais fils de France n'a été mieux doté ! Le roi poursuit son dessein, lui sacrifie toute autre considération, pensant qu'il pourra, lorsque la situation le permettra, reprendre ce qu'il aura donné. Sa priorité tend, pour l'heure, à se concilier les ducs de Berry et de Bretagne, à les séparer du duc de Bourgogne, pour pouvoir affronter celui-ci dans de meilleures conditions. Immuable dans son objectif, changeante dans ses modalités, telle est sa politique.

En avril 1469, deux hommes d'armes arrêtent sur la route de Cloyes un cavalier qui leur inspire quelques soupçons. Ils l'interrogent. Il se nomme Simon Belée : c'est un serviteur de l'évêque de Verdun, porteur d'une lettre, cousue dans son pourpoint, du cardinal Jean Balue au duc de Bourgogne. Le cardinal conseille au duc d'exiger l'exécution intégrale du traité de Péronne : le duc de Berry ne devrait pas renoncer à la Champagne, le duc de Bourgogne devrait se rapprocher du duc de Bretagne et se séparer de plusieurs serviteurs « gagnés à la cause du roi ».

Si la lettre dit vrai, c'est une trahison ! L'évêque de

---

1. Paul Murray Kendall, *Louis XI*, p. 254.

Verdun, Guillaume de Haraucourt, confirme la déposition du messager. Il a été l'aumônier du duc de Berry, mais le roi l'a gagné à sa cause, l'a nommé membre de son Conseil, lui a promis le chapeau de cardinal. Les temps ont changé, Haraucourt a présenté moins d'intérêt et le roi l'a négligé. Devenus amis, Balue et Haraucourt se disent que Louis XI est ingrat, qu'il méprise ceux qui ne lui sont plus utiles, que le seul moyen de conserver quelque crédit auprès de lui est de lui inspirer de la crainte. Comment se rendre nécessaire ? Le cardinal a noué des relations à la cour de Bourgogne. Il envoie à Charles des messages, qui sont autant de conseils et de mises en garde. Louis XI convoque à Amboise le cardinal et l'évêque qui, l'un et l'autre, confessent la vérité : ils ont cherché à mettre le roi en difficulté, afin de montrer qu'ils sont capables de le tirer d'un mauvais pas. Le pape s'opposant à leur procès, le roi les jette en prison. Ils passeront l'un et l'autre plusieurs années dans une cage de fer.

Plus que jamais, le roi est persuadé de son pouvoir de séduction : toute sa vie, il aura l'obsession de la rencontre. Ses partenaires et ses adversaires le redoutent et le fuient : lui, veut les voir en tête à tête ! Charles de Berry, devenu Charles de Guyenne, a peur de se retrouver seul devant son frère aîné : il use de moyens dilatoires. Louis insiste, le comble d'honneurs. Créant le 1er août 1469 l'ordre de Saint-Michel, il le nomme le premier sur la liste des nouveaux chevaliers.

Le duc de Guyenne est à La Rochelle, le roi à Luçon : leur rencontre a lieu le 7 septembre sur la Sèvre. Un pont de bateaux a été construit, au milieu duquel une barricade de bois a été élevée : une fenêtre y est percée, comme dans un confessionnal, permettant à deux hommes de part et d'autre de se parler et de se serrer la main. Le duc de Guyenne s'approche le premier, s'agenouille, implore le pardon du roi, demande à le rejoindre et se jette à ses pieds. Louis le relève. Les deux frères s'embrassent plus de vingt fois ! Sur les rives, les seigneurs qui les accompagnent crient : « Noël ! Noël ! »

Le roi a gagné, desserré l'étau des princes. Aussitôt, il caresse un nouveau projet : dans la lutte qu'il conduit contre son cousin de Bourgogne, il rêve d'une entente avec le roi d'Angleterre. Il ne l'obtiendra pas d'Édouard IV, le beau-frère de Charles. Il doit donc écarter Édouard et rétablir sur le trône Henri VI.

Ici paraît, une fois encore, Warwick : Richard Neville a maintenant quarante ans. Il est dévoré par la passion du pouvoir, de le prendre plus que de l'exercer. Comme Louis XI, il est animé par une énergie qui semble sans limites : dans ce temps de violence et de passion, l'énergie crée la différence. Warwick a placé sur le trône Édouard IV, qui veut gouverner sans lui, qui a les capacités d'un homme d'État, sans en avoir toujours l'énergie. Warwick a marié en juillet 1469 sa fille aînée, Isabelle, au frère du roi, le duc de Clarence : s'il ne peut contraindre Édouard, il doit le remplacer par Clarence !

Il traverse la Manche, marche sur Londres, livre bataille à Edgecot, gagne et fait prisonnier le roi. Le voici au faîte de sa puissance : il tient le pouvoir, mais le pouvoir s'effrite dans ses mains. Personne ne le défie ou ne l'attaque : on l'ignore ! Face à une situation qu'il n'a pas prévue et ne sait maîtriser, Warwick libère Édouard IV. Pour lui, c'est une défaite d'autant plus insupportable qu'elle a d'abord revêtu les traits de la victoire. Kendall l'écrit fort bien : « Le pouvoir a glissé entre ses doigts, comme s'il était paralysé et le royaume ensorcelé [1]. »

Tournoie l'Angleterre ! Warwick et Clarence fomentent une conspiration, lèvent une armée. Las ! Ils sont écrasés par Édouard IV et doivent à nouveau quitter le pays. Le 16 avril 1470, ils arrivent devant Calais. Warwick est toujours commandant de la place, mais

1. Paul Murray Kendall, *Warwick, le faiseur de rois*, p. 304.

son lieutenant John Wenlock le reçoit à coups de boulets : il s'est rallié à Édouard IV. Les femmes sont du voyage et Isabelle de Clarence est sur le point d'accoucher : Warwick jette l'ancre, essaye de négocier. Wenlock ne cède pas, se contente d'envoyer deux barriques de vin pour calmer les douleurs d'Isabelle !

L'enfant meurt et, dans un linceul, son corps est jeté à la mer. Warwick n'a plus intérêt à ce que son gendre devienne roi. Il mûrit d'autres projets. L'aventure continue de plus belle ! Il reprend la mer, arraisonne tout ce qui passe à sa portée : navires de commerce bourguignons, barques de pêche bretonnes. La mer est l'élément qui l'a porté au pouvoir. Sur son bateau, il rêve de recommencements et d'indépendance retrouvée. Il cingle vers l'ouest, la Normandie, la baie de Seine : à tribord, le roi Édouard, qu'il a placé sur le trône d'Angleterre, qu'il a combattu et qui l'a chassé ; à bâbord, le roi Louis, en lequel il place désormais son espoir. Il a marié sa fille aînée au frère du roi Édouard ; il va marier la cadette, Anne, au fils du roi Henri. A la demande de Louis XI, il va s'allier avec Marguerite d'Anjou, qu'il a défaite et contrainte à l'exil. Tournoie l'Angleterre ! Tournoie la France !

Dans cette affaire, la Bourgogne ne peut rester indifférente : Charles est le beau-frère d'Édouard et déteste Warwick. Il félicite Wenlock, lui dépêche Commynes, l'assure de son soutien, lui offre de l'argent. En revanche, il ne peut accepter l'attitude de Louis XI qui, à Honfleur, accueille Warwick comme un ami, Warwick le rebelle, le pirate qui a capturé ses navires !

Charles accuse Louis de manquer de loyauté, de ne pas respecter le traité de Péronne. Il le lui écrit : c'est un légiste. Il saisit le Parlement de Paris et demande l'arrestation de Warwick. Le roi temporise : il n'est pas préparé à la guerre et ne veut pas fournir un prétexte à la reprise des hostilités.

Que pense Warwick ? Que veut-il et que peut-il faire ? Ne l'ayant pas rencontré, Louis XI ne le sait pas précisément. Il demeure donc prudent, répond à Charles que ses bateaux seront rendus, promet à Warwick son soutien. Dans l'immédiat, il veut obtenir que ce dernier lève l'ancre. De la côte, on peut apercevoir la flotte anglaise comme à la parade. Chaque jour, le comte de Saint-Pol, qui est gouverneur de Normandie, rend compte à Charles. Avant de rencontrer Louis XI, Warwick doit quitter la baie de Seine, mais il refuse de partir. Louis XI cède, tant est forte son envie de le rencontrer. Selon l'expression de Kendall, il ressent le besoin d'exercer « directement ses talents sur Warwick ». Rien d'autre ne compte pour lui : il invite les Anglais à laisser leurs bateaux à Honfleur et à venir le rejoindre à Amboise.

Charles ne peut tolérer cette situation : la cargaison de ses bateaux a été vendue, trois de ses navires de guerre sont retenus dans la baie de Seine. Le roi, décidément, est un traître ! Il a juré à Péronne sur la croix de Charlemagne et ne tient pas parole. Jamais Charles n'aurait dû lui faire confiance ! Il doit lui faire la guerre.

Ses troupes ne sont pas prêtes et il n'a pas l'argent nécessaire pour en recruter de nouvelles. Il demande des crédits aux États de Flandre, qui les lui refusent. Les députés viennent expliquer au duc qu'ils ne peuvent financer cette nouvelle expédition. Le 25 mai à Middelburg, Charles les admoneste :

« Vous autres Flamands, vous n'avez jamais aidé ni mon père, ni moi-même. Vous avez des têtes grosses et dures, vous persévérez dans vos opinions, même si elles sont erronées. Mais il y a des gens aussi sages que vous, qui ont leur tête aussi : la mienne est moitié de France, moitié de Portugal ! Sachez que, si vous n'obéissez pas, je couperai la vôtre... Je vous demande peu : cent vingt mille écus pendant trois ans. Je dois défendre mes pays : le roi de France est si changeant que nul ne sait ce qu'il fera demain !

« Vous autres Flamands à la tête dure, vous avez

toujours méprisé ou haï votre prince. Quand il n'est pas puissant, vous le méprisez. Quand il le devient, vous le haïssez. J'aime mieux être haï que méprisé[1]. »

Remplacez le prince par la république, le XVe siècle par le XVIIIe, vous obtenez Saint-Just devant la Convention : « Vous déciderez si le peuple français doit être commerçant ou conquérant. » Les Flamands sont des commerçants, qui n'aiment pas l'esprit de conquête et celui-ci, seul, hante le Téméraire.

Charles arme une flotte, qu'il place sous le commandement d'Henri de La Vère. Pour financer l'expédition, il adresse le 27 mai et le 4 juin deux demandes de prêts à Tommaso Portinari, fondé de pouvoir des Médicis à Bruges. Il peut rassembler vingt-six navires : le 11 juin, la flotte prend la mer[2].

De la colère de Charles, Louis XI n'a cure ! Le 8 juin, il accueille, à Amboise, le duc de Clarence et le comte de Warwick, va à pied à leur rencontre, interrompt leurs saluts et leurs génuflexions. Il les embrasse et les conduit devant la reine, enceinte de neuf mois, qui les attend devant sa porte comme une bourgeoise recevant des amis. Dans la chambre de Warwick, les discussions s'engagent sans souci du protocole. Louis XI incite ses hôtes à conquérir l'Angleterre et rétablir sur le trône Henri VI. Il propose que le fils d'Henri, Édouard, épouse Anne, la fille de Warwick.

Le 30 juin 1470 à Amboise, une heure avant le lever du soleil, la reine donne naissance à un solide garçon. Baptisé le jour même, il est prénommé Charles, comme les enfants de la maison de Valois. Son parrain est le prince Édouard : Marguerite d'Anjou, séduite par un tel honneur, consent au mariage de son fils avec Anne Neville. Mais Louis XI ne veut pas la guerre — ou pas encore ! Il envoie à Charles des propositions de paix.

---

1. Prosper de Barante, t. IX, p. 127-130.
2. Jacques Paviot, *La politique navale des ducs de Bourgogne*, p. 162-174.

Recevant à Bruges les ambassadeurs, Charles est si irrité qu'il ne leur répond pas : la conduite du roi le jette dans une colère qu'il a peine à maîtriser ! A Saint-Omer, le 15 juillet 1470, il rend enfin publique sa position. Il est assis sur une estrade de cinq marches, recouverte de velours noir et, au-dessus de sa tête, est tendu un dais de drap d'or. Il est entouré des chevaliers de la Toison d'or, des prélats et des nobles bourguignons : « Jamais, commente Barante, roi et empereur n'ont siégé sur un trône si riche et placé si haut ! » Il faut impressionner, prendre l'opinion à témoin.

Les ambassadeurs s'agenouillent. Sans même porter la main à son chapeau, Charles leur fait signe de se relever. Le chancelier de Bourgogne, Pierre de Goux, est vieux et infirme ; Guillaume Hugonet, qui le remplacera, prend la parole à sa place. Il décrit l'évolution des rapports entre la France et la Bourgogne, rappelle la paix de Conflans, souligne l'engagement de Péronne. A son tour, Charles s'adresse aux ambassadeurs :

« Je demande l'application des traités. Rien d'autre ! Vous avez évoqué leur nullité, mais pour quelle raison ? Si le roi ne tient pas ses engagements, je ne lui dois aucune fidélité ! »

Le bailli de Vermandois, qui dirige la délégation française, tend à Charles une lettre que le roi lui a remise, demande qu'elle soit lue publiquement : Louis XI offre paix, amitié et réparation. C'est trop à la fois ! Charles n'est pas dupe :

« Nous autres Portugais, nous envoyons aux cent mille diables de l'enfer nos amis, lorsqu'ils pactisent avec nos ennemis ! »

Dans l'assistance, certains murmurent. Le duc s'est référé à son ascendance portugaise, mais sa mère a toujours été anglaise de cœur : « C'est nous autres Anglais qu'il voulait dire, il n'a pas osé ! » Louis et Charles ont juré de se détruire. Qui l'emportera ? En cet été 1470 apparaissent les forces et les faiblesses de l'un et de l'autre. Charles croit « trop à la grandeur de son pouvoir et à l'efficacité de sa fortune », écrit Barante. Il ne doute pas de parvenir à ses fins ; il est emporté par une haine qu'il ne sait cacher et, d'ailleurs, pense qu'il doit se montrer tel qu'il est. Il va droit son chemin : François de Bretagne reste fidèle, Édouard d'Angleterre l'assure qu'il n'a pas à craindre Warwick. Il dispose d'une armée nombreuse et bien équipée ; il a les moyens de contraindre le roi à respecter ses engagements. Louis fait « l'humble et le doux ». Il sait feindre : la grandeur du royaume lui importe plus que sa dignité personnelle.

Le 22 juillet, Marguerite d'Anjou fait son entrée à Angers, où elle est née. Le soir même, conduit par le roi, Warwick s'agenouille devant la reine qu'il a détrônée. Le 25 juillet, dans la cathédrale, vêtu d'une robe de bure, Louis XI assiste aux fiançailles du prince Édouard et d'Anne Neville. La reine Marguerite s'engage à traiter Warwick en fidèle et loyal sujet. Le comte jure de soutenir la cause des Lancastre. Pour le roi, le seul intérêt de cette palinodie réside dans l'engagement que prend Warwick d'entraîner l'Angleterre dans la guerre contre la Bourgogne.

Dans l'immédiat, la flotte bourguignonne bloque les ports normands et Warwick ne peut appareiller. Mais la tempête se lève et disperse les navires ennemis : le 9 septembre, Warwick cingle vers l'Angleterre. Il débarque à Dartmouth et, le 6 octobre, il entre dans Londres, accompagné du duc de Clarence, dont le père est mort en se battant contre la reine Marguerite, du comte de Shrewsbury, dont le père est mort en luttant contre lui. Il gagne la Tour de Londres, s'agenouille devant le « royal sac de laine », selon l'expression de Chastellain. Henri VI est habillé avec difficulté, mis sur un cheval, tenu en selle pour qu'il ne tombe, conduit à la cathédrale Saint-Paul. Édouard IV s'enfuit en Hollande à bord de deux hulques[1] : Louis de Gruuthuse l'accueille à La Haye.

1. Hulque : au XVe siècle, navire spécifiquement utilisé en mer du Nord.

Warwick prend le titre de « lieutenant du roi » mais, prudemment, conserve le commandement de Calais. Il écarte du gouvernement ses principaux alliés, publie une amnistie, dont seul est exclu le comte de Worcester, « le boucher de l'Angleterre ». Arrêté alors qu'il se cache dans les branches d'un arbre, ce dernier est jugé et condamné. Avant de mourir, il déclare qu'il a servi son roi et son pays. Posant sa tête sur le billot, il prie le bourreau de la trancher en trois coups en l'honneur de la Trinité[1].

Charles tient au maintien de l'alliance anglaise : il doit éviter la constitution d'un front qui unirait la France et l'Angleterre. Il fournit à Édouard IV une aide financière, l'installe à Bruges dans l'hôtel de Gruuthuse, mais ne le rencontre pas. Il rappelle qu'il appartient par sa mère à la maison de Lancastre, envoie Commynes à Calais trouver John Wenlock, qui soutient à nouveau Warwick. Comment Wenlock justifie-t-il son revirement ? « Warwick, confie-t-il à Commynes, fait de grandes choses ! »

Jusqu'à présent, le roi n'a pas renié le traité de Péronne, qui a été enregistré par le Parlement de Paris. Mais, en cette fin d'année, il aperçoit la possibilité de s'en dégager. Il réunit à Tours une assemblée de seigneurs, de prélats, d'officiers de sa maison, de conseillers aux divers parlements du royaume : le « bon » roi René la préside. Des hommes de loi soulignent les conditions dans lesquelles Louis XI, sous la contrainte, a dû accepter le traité. Ils arguent pêle-mêle de la trahison du cardinal Balue, des arrestations en Flandre de marchands français, des saisies de navires sur les côtes de Normandie. Selon eux, le duc de Bourgogne s'est rendu coupable d'une double trahison, d'abord en obligeant son souverain à conclure un mauvais traité, puis en engageant contre lui la guerre en Normandie. Le 3 décembre 1470, il est condamné et le roi délié de

1. Paul Murray Kendall, *Warwick, le faiseur de rois,* p. 348.

ses engagements. En quelques mois, Louis XI a retourné la situation à son profit.

Charles ne va pas bien, passe par des phases d'exaltation et d'abattement. Selon Chastellain, « il n'y a personne, ni médecin ni autre, qui puisse le remettre en joie et lui apporter la paix du cœur ». Depuis le mois d'août, il réside à Hesdin, qui a été l'une des résidences favorites de son père. Son frère Baudoin et Jean de Chassa l'ont quitté. Le soir, Charles est seul, sans amis, sans compagnons. Marguerite ne vit pas auprès de lui et, d'ailleurs, sa présence le gêne : « elle est trop femme pour lui[1] ! »

Dans une lettre passionnée au magistrat du Franc de Bruges, il s'interroge :

« Avons-nous personnellement reculé devant aucun travail, devant aucun danger, et avons-nous demandé à d'autres de s'y exposer à notre place ? Nous ne croyons pas avoir jamais rien fait qui ait pu nous mériter de perdre l'amour ou la fidélité de notre peuple. Si Dieu, néanmoins, en punition de nos fautes, a ordonné qu'il en fût ainsi, nous ne résisterons pas et nous nous soumettrons à son bon plaisir. »

Un accès de désespoir : il a perdu foi en la vie. Le voici empli de doute et prêt à tout abandonner. Lui, le duc si puissant, n'est rien ! Il s'abaisse, se détruit. S'il le pouvait, il se réduirait à ne plus exister : c'est le propre du Scorpion ! Le mieux est qu'il se retire, comme sa mère Isabelle a pu le faire et comme le fera Charles Quint, son arrière-petit-fils. Il propose son abdication :

« Le jour où nos peuples nous enverront des ambassadeurs pour nous déclarer que notre gouvernement ne leur convient plus, et nous demander de déposer le pouvoir et la souveraineté, nous satisferons à ces demandes. Nous nous séparerons d'eux, le cœur plus libre qu'ils ne se sépareront de nous. »

---

1. John Foster Kirk, t. I, p. 202.

Cette lettre étonnante, conservée dans les archives de Bruges, signée par Charles et Jean Gros, a été publiée pour la première fois par Kervyn de Lettenhove dans son *Histoire des Flandres*, avec une date erronée : le 9 au lieu du 19 décembre 1470. Elle a été analysée par John Foster Kirk, Wim Blockmans et Pierre Frédérix. Elle est mentionnée dans l'inventaire de la correspondance établi par Werner Paravicini[1]. Elle montre que Charles ne connaît plus le bonheur : il l'a connu avec Isabelle, ne le connaît pas avec Marguerite. Le recherche-t-il d'ailleurs ?

L'angoisse le prend et ne le lâchera plus. Comment est venu si vite le crépuscule ? Il se souvient de l'aube de sa vie où chaque matin apportait une espérance nouvelle.

1. John Foster Kirk, t. III, p. 228 ; Pierre Frédérix, p. 30-31 ; Werner Paravicini, *Der Briefwechsel Karls des Kühnen*, t. I, p. 500.

XVI

Le siège de Beauvais

Au début de l'année 1471, Louis XI décide de passer à l'offensive. Il gagne Paris, réunit des fonds, des armes, des vivres. Le 26 janvier, après avoir entendu la messe à Notre-Dame, il prend la route de la Picardie. La frontière de la Somme est vitale pour la France comme pour la Bourgogne : dans la guerre qui s'engage, elle sera « le lieu des batailles — et des trahisons — décisives [1] ».

Saint-Quentin ouvre, sans combattre, ses portes aux troupes françaises ; Amiens réserve un accueil chaleureux à Antoine de Chabannes, grand maître de la maison du roi. Charles décide de reprendre Amiens, traverse la Somme à Picquigny et établit son camp au sud-ouest de la ville.

Louis XI ordonne d'éviter l'affrontement dans l'attente du débarquement de Warwick à Calais. Charles s'est trop avancé : si les Anglais sont au rendez-vous, il sera pris dans une tenaille ! Mais les nouvelles d'Angleterre changent d'un mois à l'autre. Louis XI espère Warwick à Calais et, finalement, c'est Édouard IV qui débarque en Angleterre et écrase Warwick à Barnet.

La bataille de Barnet s'engage le jour de Pâques.

1. Jean-Philippe Lecat, *Quand flamboyait la Toison d'or*, p. 310.

Dans le brouillard, c'est un combat de légende, l'un de ceux que Shakespeare a aimé décrire. Dans la matinée, Warwick paraît l'emporter. Il a décidé un mouvement de contournement de l'ennemi, ses ordres sont mal exécutés et ses cavaliers chargent ses propres arbalétriers : dans l'après-midi, ses hommes se battent entre eux ! Warwick a lutté à pied, au milieu des siens, avec un grand courage. Quand tout est perdu, il part seul à la recherche de son cheval. Il est reconnu et tué par-derrière.

Édouard IV crée un État moderne qu'il fonde, comme Louis XI, sur le soutien des classes moyennes. Il possède une intelligence solide, perçoit, mieux que Warwick, les forces en lutte dans la société du XVe siècle : Kendall prétend même qu'il a du génie [1]. En le choisissant comme allié, Charles ne s'est pas trompé.

Louis XI a perdu : le parrain qu'il a donné à son fils est massacré ! Dans l'attente des nouvelles d'Angleterre, il s'est installé dans le château de Ham. Il a fait monter le lit qui l'accompagne dans ses déplacements et sans lequel il ne peut dormir, livrer l'onguent pour ses hémorroïdes, qu'un apothicaire de Tours prépare pour lui et qui calme ses souffrances. Le jour, il chasse le renard et le blaireau. Le soir, dans sa chambre, il convoque les ambassadeurs italiens avec lesquels il a pris l'habitude de bavarder. Leur conversation le réconforte ; elle est même devenue pour lui un besoin :

« Sforza, dit-il à Bettinis, je vous parle comme je me parlerais à moi-même. Vous me croyez désespéré, mais je ne le suis pas [2]. »

De nouveau, il cherche à négocier avec Charles, propose que le dauphin, âgé d'un an seulement, épouse Marie de Bourgogne, qui en a quatorze, exprime le souhait de devenir chevalier de la Toison d'or. En échange, il nommera Charles chevalier de l'ordre de

---

1. Paul Murray Kendall, *Warwick, le faiseur de rois*, p. 390.
2. Paul Murray Kendall, *Louis XI*, p. 277.

Saint-Michel ! Comment Charles pourrait-il admettre le roi parjure dans l'ordre de la Toison d'or ? Il ne veut marier sa fille ni au frère du roi, ni au dauphin : « Je crois, ajoute Commynes, que, s'il avait vécu, il ne l'aurait jamais mariée ! » Il n'est pas dupe des propositions de Louis XI, sait que les circonstances le servent.

Le roi quitte la Picardie et regagne la Touraine. En mai 1472, à Plessis-lès-Tours, il apprend la mort à Bordeaux de son frère Charles, d'une tuberculose aggravée d'une maladie vénérienne[1]. Dans l'instant, son génie se déploie : il temporisait, il passe à l'offensive ! Il modifie ses plans, met fin à la négociation qu'il proposait, s'empare de la Guyenne, envoie des troupes sur la frontière de la Bretagne : « Quand le gibier est pris, commente-t-il, il n'y a plus de serment à jurer ! »

Le duc de Bretagne l'accuse d'avoir empoisonné son frère, invoque le témoignage d'un confesseur. Il demande aussi l'aide du duc de Bourgogne. Le 4 juin, Charles rompt la trêve avec la France. Sur sa bannière, violette et noire, il fait écrire : « Vengeance ! Vengeance ! » Il a été trompé, floué. Non seulement, Louis XI n'a pas tenu parole, mais il l'a manœuvré, utilisant tour à tour la diplomatie et la force. Charles n'a pas su, n'a pas osé attaquer quand il le fallait : il a laissé passer sa chance. Il perd ses moyens d'analyse et de décision au moment où ils lui seraient le plus nécessaires.

Devant lui, l'armée royale recule sans livrer combat. Un édredon : Charles avance sans rencontrer de résistance. Il prend Nesle, que défendent cinq cents hommes. Il leur accorde la vie sauve : certains déposent les armes, d'autres refusent de se rendre. Les troupes bourguignonnes entrent dans la ville, massacrent la garnison, mettent le feu aux maisons. La population se réfugie dans l'église, où les femmes et les

1. Charles de Guyenne avait pour maîtresse Colette de Chambes, qui mourut avant lui et dont la sœur, Hélène, épousa Commynes.

enfants sont égorgés. Le duc remonte la nef à cheval et s'écrie, apercevant les cadavres :

« Ils sont les fruits de l'arbre de la guerre ! »

Il se signe et ajoute :

« Par saint Georges ! Mes enfants, vous êtes de jolis bouchers ! »

La nouvelle du massacre répand la terreur dans la région : le duc de Bourgogne devient « Charles le Terrible » ! La ville de Roye se rend à son tour. La campagne de Picardie semble perdue pour les troupes françaises. Dans une lettre au roi, le connétable exprime son inquiétude :

« Je ne trouve pas une ville qui ne soit gravement ébranlée, pas une troupe qui ait encore le désir de se battre. Si vous n'envoyez pas des renforts, rien ne résistera au duc ! »

Dans sa réponse, Louis XI arrête la ligne de conduite qui lui donnera la victoire :

« Mon opinion a toujours été que vous ne deviez tenir ni Roye ni Montdidier. Si vous savez préserver vos hommes, ne pas les engager dans des actions hasardeuses, vous gagnerez. Mettez vos forces non dans les villes, mais dans les champs ! Tenez seulement Compiègne. »

Et il ajoute :

« La première place qui résistera suffira à assurer la défaite du duc de Bourgogne. »

Le samedi 27 juin, l'avant-garde de l'armée bourguignonne arrive devant Beauvais : des couvreurs, qui travaillent sur le toit de la cathédrale, l'aperçoivent et donnent l'alerte. Tous les habitants, hommes, femmes et enfants, se portent sur les remparts : si Beauvais est prise, quel sera le sort de la ville ? Celui de Nesle, de Liège, de Dinant [1] ?

---

1. Pierre-César Renet, qui fut le secrétaire perpétuel de la société académique de l'Oise, a décrit au siècle dernier le siège de Beauvais : *Beauvais et le Beauvaisis dans les Temps modernes*.

A neuf heures du matin, l'assaut est donné : il va durer toute la journée. Les Bourguignons attaquent par deux portes : Philippe de Crèvecœur par la porte de Bresles, Jacques de Montmartin par celle de Limaçon. Philippe de Crèvecœur espère prendre la ville « à coups d'échelles », mais les échelles dont il dispose sont trop courtes et ne sont pas assez nombreuses. Il met en batterie deux canons, qui opèrent « un grand trou » dans la porte de Bresles. Les Bourguignons manquent de munitions et ne peuvent achever le travail de préparation de leur artillerie. A l'intérieur de la ville, les habitants apportent des fagots, y mettent le feu, obligent les assaillants à reculer. Toute la journée, ils alimentent le brasier, y jetant sans cesse « des planches, des tables, des poutres, des pièces de bois ». Ils sortent la châsse de sainte Angadrême, leur patronne, la déposent devant la porte, la supplient de défendre leur ville contre le feu et les Bourguignons.

Le héros du jour est une jeune fille « sans autres armes que celles qu'elle a reçues de Dieu, pour le combat aussi bien que pour le travail ! » Elle aperçoit un drapeau bourguignon qu'un soldat s'efforce de planter sur la muraille ; elle s'élance et l'arrache. C'est une « briseresse de laine », une jeune ouvrière qui se nomme Jeanne Layné : elle est connue dans l'histoire comme « Jeanne Hachette ».

Philippe de Crèvecœur supplie le duc de se hâter : les renforts français ne sont pas arrivés. Si la ville doit être prise, ce sera ce jour-là ! Mais le duc, écrit Commynes, « fut tardif et négligent, tenant déjà la ville pour rendue ». Charles va perdre non par précipitation, comme on l'accuse trop souvent, mais par excès de prudence. Il temporise, dresse son camp, installe son artillerie, déploie son armée. Bref, il organise : c'est dans son caractère. Il laisse échapper la victoire.

Dans la nuit, des renforts venus de Noyon pénètrent dans Beauvais par la porte de Paris. Les principaux capitaines de l'armée royale, le maréchal Joachim

Rouault et le grand maître de la maison du roi, Antoine de Chabannes, vont assurer la défense de Beauvais. Pendant quinze jours, la ville est soumise à un bombardement intensif : ses murailles sont en partie détruites, mais elle tient. Le 8 juillet, Charles réunit un conseil de guerre et décide de donner l'assaut le lendemain. Pour approcher des remparts, il faut franchir un fossé plein de vase et d'eau : chaque soldat devra porter en plus de ses armes un fagot et le jeter dans le fossé. Cette méthode a été employée pour prendre Dinant. Elle sera inopérante, objecte son frère naturel, Antoine, dit le « Grand bâtard », qui ajoute :

« Il n'est pas nécessaire de réunir tant de fagots, parce que, demain, les défenseurs rempliront les fossés de nos soldats, si l'assaut est donné. »

Le 9 juillet, c'est un carnage. L'armée bourguignonne perd en une journée une partie de ses troupes d'élite. Elle est affaiblie, démoralisée : Charles comprend qu'il ne prendra pas Beauvais. Le mercredi 22 juillet 1472, avant la venue du jour, il lève le siège : selon Commynes, il n'avait pas d'autre solution !

Louis XI a vu juste : une ville a résisté et Charles a été défait.

Charles prend la direction de la Normandie, pille les récoltes, brûle les villages sur son passage, trace un sillon de mort. Il disposait de l'armée la plus nombreuse, la mieux équipée et il n'a pu prendre Beauvais : c'est son premier échec, qu'il analyse mal et accepte plus mal encore. Son sang bouillonne : on perçoit en lui, écrit Chastellain, « la lutte de la nature et de la raison pour se dominer l'une l'autre [1] ».

Commynes, qui le suit jour après jour depuis huit ans, l'abandonne : dans la nuit du 7 au 8 août 1472, il s'enfuit du camp bourguignon et rejoint le roi aux Ponts-de-Cé. Il ne croit plus en Charles, pense que le

---

1. Georges Chastellain, *Déclaration des hauts faits du duc Philippe*, p. 759.

destin du grand duc d'Occident est scellé. Sans combat, sans initiative particulière, par son seul pouvoir d'attraction, Louis XI vient de remporter sa plus grande victoire : celle de l'intelligence. Commynes juge que sa capacité d'analyse, sa maîtrise des événements sont supérieures à celles de Charles. Il le choisit.

XVII

La rencontre de Trèves

Par la force des choses, Charles va se détourner de la France et porter ses regards vers le Rhin. En moins d'un an, il réunit la Gueldre à ses États, rencontre l'empereur à Trèves, prépare la conquête de Cologne, prend pied en Lorraine.

La discorde régnait entre le duc de Gueldre, Arnould, et son fils Adolphe, semblable à celles qui avaient opposé Louis XI à Charles VII et Charles lui-même à Philippe le Bon. Elle se termina d'une façon tragique. En accord avec sa mère, le jeune Adolphe, de retour de Terre sainte, organisa un complot contre son père, le fit prisonnier, le jeta dans un cachot et gouverna le pays à sa place : c'était en 1463. Le beau-frère d'Arnould, le duc de Clèves, prit fait et cause pour le duc dépossédé et la guerre civile éclata.

Il fut impossible d'arriver à un arrangement : Charles fit venir le père et le fils. Le père jeta son gant à la tête de son fils et Adolphe s'écria : « Il y a quarante-quatre ans qu'il est duc ; il est temps que mon tour arrive ! » Il vivait alors à la cour de Bourgogne, où il s'ennuyait. Il s'échappa une nuit près d'Arras sous un habit de moine. Passant le pont de Namur, il fut reconnu, arrêté et enfermé au château de Courtrai. Charles signa, de retour de Normandie, un traité avec le duc Arnould, qui lui transférait le duché de Gueldre et de Zutphen moyennant trois cent mille florins, avec une clause de rachat comme pour les villes de la Somme et la Haute-Alsace. Arnould mourut en février 1473, le laissant son unique héritier.

Assurément, l'acquisition était bonne ; elle complétait les territoires bourguignons aux bouches du Rhin. Elle se faisait aux dépens des héritiers légitimes, qui n'étaient pas responsables des agissements de leur père. Charles promit quatre-vingt-dix mille florins à l'aîné, le duc de Juliers, et demanda au conseil de la Toison d'or de confirmer la donation d'Arnould.

Le conseil, réuni à Valenciennes en mai 1473, lui donne raison. Aussitôt, il rassemble une armée et entre dans la Gueldre. Il rencontre peu de résistance, sauf à Nimègue : il utilise l'artillerie et donne l'assaut. Le lundi 19 juillet, la ville se rend. Charles quitte la Gueldre, ayant pris goût, selon Commynes, aux choses d'Allemagne[1].

Il ne regagne pas Bruxelles, mais se dirige vers l'est avec un triple objectif : rencontrer à Trèves l'empereur Frédéric III, visiter ses domaines d'Alsace et enterrer ses parents à Dijon, dans la crypte de Champmol. Il passe le Rhin, arrive le dimanche 22 août à Aix-la-Chapelle. Il ne dort guère. La nuit, il tourne dans sa tente entre ses fantômes et ses rêves.

Avant son rendez-vous avec Frédéric, il en a un autre, plus secret, plus personnel, avec Charlemagne à Aix-la-Chapelle[2]. Seul, il se rend à la cathédrale ; il contemple le siège de marbre sur lequel Charlemagne était assis, la couronne sur la tête, le sceptre dans une main, le globe dans l'autre, un fragment de la vraie croix sur la poitrine, le livre des évangiles ouvert sur les genoux. Depuis Louis le Pieux, les empereurs du Saint Empire viennent pour leur sacre s'asseoir sur ce

1. Philippe de Commynes, p. 231.
2. Pierre Frédérix, p. 35.

trône. Aix-la-Chapelle n'est plus la capitale de l'Empire, mais elle demeure la ville impériale par excellence : si l'empereur est élu à Francfort, c'est à Aix qu'il est consacré.

En cet été 1473, Charles rêve à l'Empire. Juridiquement, il est un prince allemand, il peut être élu empereur. Pour être élu, il lui faut réunir la majorité des grands électeurs : certains lui sont acquis, comme le roi de Bohême, l'archevêque de Cologne, le comte palatin ; d'autres lui sont opposés, comme l'archevêque de Mayence et l'archevêque de Trèves [1]. Mais une majorité se négocie, parfois s'achète : l'opération n'est pas impossible. Elle l'est d'autant moins que Charles compte sur l'appui de l'empereur : Frédéric veut marier son fils, Maximilien, avec Marie de Bourgogne. C'est une vieille demande. A plusieurs reprises, les négociations ont été engagées, puis rompues. L'empereur est revenu à la charge en 1472 et, au début de l'année, deux délégués ont été désignés : Rodolphe de Soulz du côté allemand, Pierre de Hagenbach du côté bourguignon. Hagenbach est allé au-devant de Frédéric, qui remonte le Rhin. Il l'accompagne dans la traversée de l'Alsace, dont il est gouverneur. Le lieu de la rencontre a été fixé à Trèves, non à Aix-la-Chapelle comme le souhaitait Charles : la ville est trop riche en symboles.

Le mariage allemand n'est pas absurde. Marie est née en février 1457, Maximilien en mars 1459 : les deux enfants ont à peu près le même âge. Marie est gracieuse, Maximilien blond et bien fait. Ils se marieront après la mort de Charles, en août 1477. L'histoire des sept fiançailles de Marie, des huit si l'on compte Ferdinand le Catholique, constitue à elle seule l'un des chapitres les plus curieux de la diplomatie du

---

1. Jean-Marie Cauchies, dans *Louis XI et Charles le Hardi*, analyse les positions des « alliés » et des « ennemis » de Charles dans sa course à l'Empire (p. 70-78).

XVe siècle : le défilé de ses prétendants espagnols et anglais, français et autrichiens, permet de « reconnaître la variété des entreprises et des alliances de son père[1] ! »

Mais, en juillet, le duc de Lorraine, Nicolas II est mort à l'âge de vingt-cinq ans. Il était l'allié fidèle de Charles, qui l'avait fiancé à sa fille, puis l'avait contraint à renoncer au mariage. Il n'a pas d'enfant. Le duché revient à Yolande d'Anjou, fille de René Ier, qui abdique en faveur de son fils, René II, âgé de vingt-deux ans. Quelle politique le nouveau duc de Lorraine va-t-il conduire ?

Charles sait que le contrôle de la Lorraine est essentiel pour assurer la liaison entre le Luxembourg et la Bourgogne. Un fort parti bourguignon existe à Nancy : Charles doit le conforter. Il rassemble des troupes à la frontière du Luxembourg, projette d'occuper Metz, une position stratégique de premier ordre. Il demande à l'évêque d'y loger sa suite sur le chemin de Trèves.

Louis XI envoie aussitôt des troupes en Champagne. Charles peut-il risquer une opération militaire, qui pourrait gêner l'entrevue de Trèves, empêcher la création d'un royaume dont le duché de Lorraine devrait faire partie ? Il se contente d'une démonstration de force. Son action provoque la fuite des nobles lorrains, « les uns en France, les autres en Provence, les autres en Flandre[2] ».

Toute cette agitation ne trouble guère l'empereur. Par petites étapes, avec son fils Maximilien, Frédéric III gagne Trèves. D'Augsbourg, il se rend à Strasbourg, qui lui fait fête, puis à Bâle, où il reçoit une délégation des cantons suisses, que conduit Nicolas de Diesbach, tout dévoué à la cause française. Par Colmar et Saverne, il rejoint Metz et arrive à Trèves le mercredi 29 septembre, un jour avant Charles. Est-il cet

1. Henri Pirenne, t. II, p. 299.
2. Émile Toutey, p. 70.

homme usé, que décrivent les ambassadeurs bourguignons ? Frédéric III est un colosse, toujours fatigué, qui voyage en litière et, au besoin, y couche. On l'a élu pour sa mollesse, qui ne dérange pas : il a régné plus de cinquante ans. Commynes a raison : pour durer de la sorte, il faut quelque habileté et une bonne connaissance du terrain politique. Il sait « jauger et attendre [1] ».

Face à lui, Charles ne doit pas montrer sa force, il doit mettre en avant plus sa fille que lui-même, appliquer la politique matrimoniale qui a si bien réussi à sa famille. Se contrôler et jouer profil bas : il va faire tout le contraire.

Le jeudi 30 septembre 1473, l'empereur l'attend à Trèves avec une escorte de deux mille cavaliers. Il est vêtu à la mode turque d'une robe de drap d'or. A ses côtés, chevauchent Maximilien, pour lequel la conférence est organisée, les archevêques de Mayence et de Trèves, le prince Calixte, frère du sultan, qui s'est converti au christianisme après sa capture. Devant l'empereur, le maréchal d'Empire tient l'épée droite et nue. Mais les arbalétriers ne portent pas le casque : Frédéric va à la rencontre d'un ami !

L'ami est accompagné d'une troupe en armes de quinze mille hommes : six mille fantassins, de la cavalerie légère, des escadrons lourds ; les archers de la garde comme s'ils marchaient au combat, les gens d'armes casqués et cuirassés, les chevaux caparaçonnés. Devant le duc s'avancent les hérauts d'armes des quatorze États bourguignons. Charles porte une cuirasse dorée sous un manteau constellé de diamants. Jamais l'empereur n'a pu rassembler une telle armée. L'ami est plus belliqueux que nécessaire et, de plus, sa fille Marie ne l'accompagne pas !

A l'approche de l'empereur, Charles descend de cheval, plie le genou. Frédéric le relève et l'embrasse.

---

1. Jean-Marie Cauchies, *Louis XI et Charles le Hardi,* p. 69.

L'empereur et le duc vont chevaucher côte à côte, chacun prenant soin de ne pas dépasser l'autre, même d'un quart de tête. Sur la place du marché, ils s'arrêtent : Charles veut accompagner l'empereur jusqu'à l'archevêché, où celui-ci réside ; Frédéric veut conduire le duc jusqu'à l'abbaye Saint-Maximin, où ce dernier doit s'installer. Le duc pense à la couronne, l'empereur au mariage de son fils !

Dans la nuit, Charles fait déballer les trésors qui le suivent depuis les Pays-Bas. Dans le réfectoire, il place sa vaisselle d'or et d'argent ; dans la chapelle, les statues des apôtres, les croix de pierres précieuses, les châsses, dont celle qui contient des fragments et un clou de la vraie croix. Partout, des tapisseries couvrent les murs : les ducs de Bourgogne possèdent la plus belle collection d'Europe. Leurs tentures racontent l'histoire de Jason et de la Toison d'or, la guerre de Troie, les exploits d'Alexandre. De quoi nourrir un rêve !

« A Bruges, en 1468, Charles a épousé l'Angleterre. A Trèves, en 1473, sa fille va-t-elle épouser les Allemagnes ? » La Bourgogne, cet État en construction, va-t-elle amputer la France de ses marches de l'Est[1] ? Louis XI s'inquiète.

S'il ne peut être empereur, Charles veut être roi de Bourgogne. Il reprend le rêve lotharingien de son père. L'empereur a le pouvoir d'ériger un duché en royaume, l'empereur seul. Frédéric acceptait que Philippe le Bon devînt roi de Brabant ou de Frise, mais il exigeait le serment féodal pour les autres territoires de l'Empire. Sa position n'a pas changé : limité au Brabant, le rêve bourguignon peut devenir réalité. L'empereur ajoute une condition : le mariage de son fils avec l'héritière de Bourgogne.

Avant de rejoindre Trèves, Charles a remis à Hagenbach des instructions précises : Maximilien épousera

---

1. Joseph Calmette, *Les grands ducs de Bourgogne,* p. 315 ; Paul Murray Kendall, *Louis XI, p. 308.*

Marie, si l'empereur désigne Charles comme son successeur ou le nomme « vicaire général de l'Empire ». Charles songe à la mort de l'empereur, Frédéric espère que Marie demeurera l'unique héritière de Bourgogne : cette double pensée, jamais évoquée, fonde la négociation. Charles et Marguerite d'York sont mariés depuis cinq ans. Ils n'ont pas d'enfant. Charles peut-il encore avoir des enfants ?

Il vit peu avec Marguerite. De plus en plus, il court l'Europe, seul le soir dans un château ou sous sa tente, entouré de pages, seul avec son angoisse. Landry porte sur lui le regard le plus juste, le plus amical aussi de toute l'histoire moderne : pour lui, « Charles a écouté la musique de l'impossible ». Il a suivi des yeux ce jeune page qui le regardait : il a besoin d'amour[1].

Son corps se détraque, il supporte mal la nourriture, ne dort plus. Il boit du vin et, alors, ne se contrôle plus. Qu'est-ce qui le raccroche à la vie ? Une ambition, un rêve ? Jour après jour, la chaleur fraternelle des hommes, qu'il n'a guère connue. Une souffrance ! Un rêve n'a jamais atténué la souffrance. Les objets, les meubles non plus : le regard glisse, s'arrête à un détail, sourit. Puis la souffrance reprend.

Le dimanche 3 octobre, Frédéric vient rejoindre Charles à l'abbaye Saint-Maximin. Dans la grande salle, sous une tapisserie qui décrit les exploits d'Alexandre, un trône lui a été préparé. À sa droite, siègent les princes électeurs et, à sa gauche, le duc de Bourgogne. L'archevêque de Mayence, chancelier d'Empire, prononce une longue harangue latine, dans laquelle il demande la paix entre chrétiens et l'union face aux Turcs. Guillaume Hugonet, chancelier de Bourgogne, lui répond, lui aussi en latin, que personne ne comprend ni d'ailleurs n'écoute : la conférence de Trèves n'a pas pour objectif de définir une nouvelle croisade ! Les princes allemands souhaitent que

1. Charles-François Landry, p. 314.

s'éloigne l'armée bourguignonne et ne veulent pas qu'un homme fort s'installe à la tête de l'Empire. Frédéric a été élu pour son absence d'autorité et le libre jeu des ambitions locales, que son inaction autorise.

Il craint que Charles ne tienne pas sa promesse de marier sa fille : sa peur augmente à mesure qu'il le connaît mieux ! Il ne peut décider seul, les princes allemands ne l'ont pas choisi « pour qu'il se mette à faire une politique personnelle[1] ». Enfin, Trèves éprouve les inconvénients d'une place prise d'assaut : violences, vols, augmentation des prix, propagation de maladies contagieuses. Charles sent que tout retard joue contre lui. Le 31 octobre, après une nouvelle entrevue avec l'empereur, il annonce son départ. Frédéric cède : pas de royaume pour Charles, pas d'héritage bourguignon pour Maximilien ! Il consent à la création d'un royaume, dès lors que Charles partira en croisade et réglera au préalable son différend avec le roi de France. Il demande aux électeurs d'approuver sa position. Charles a besoin de leur accord, mais il les irrite par l'étalage de ses richesses. Il multiplie les fêtes et les réceptions.

Il attend un traité et un sacre : le 23 novembre au soir, il doit se contenter d'une simple convention prévoyant la poursuite des négociations, renvoyant à une nouvelle réunion en février 1474 à Besançon, Cologne ou Bâle. L'empereur fixe son départ de Trèves au jeudi, mais, dans la nuit du mercredi, il embarque sur un bateau, part sans prévenir l'archevêque de Trèves, sans même régler ses dettes ! Envoyé à sa poursuite, Hagenbach repère la barque impériale, l'arrête, demande pour son maître une dernière entrevue. Frédéric semble y consentir. Un instant seulement : Hagenbach parti, il commande à l'équipage de forcer sur les rames.

1. Émile Toutey, p. 52.

Quand il apprend la fuite de l'empereur, dans sa colère, Charles brise les meubles de sa chambre. Il lui reste à reprendre son voyage en direction de l'Alsace, sa quête d'infini.

XVIII

Les ordonnances de Thionville

Quittant Trèves en bateau, sur la Moselle, Charles arrive à Thionville le samedi 27 novembre, en part le samedi 11 décembre[1]. La tâche, qui le retient tout entier, relève du domaine de la politique intérieure. A Thionville, il promulgue quatre ordonnances, qui « marquent une étape importante dans l'unification des Pays-Bas[2] ». La première crée le Parlement de Malines, la deuxième fixe les règles de nomination de ses membres, la troisième réorganise les finances de l'État, la quatrième attribue à la ville de Thionville le droit de lever un nouvel impôt.

A la fin du XVe siècle, Thionville est une petite ville de deux cent quatre-vingts feux, qui contrôle le passage de la Moselle, mais n'a pas les moyens d'assurer l'entretien de ses fortifications. Le *Wegegeld*, que crée l'ordonnance du 9 décembre 1473, va lui permettre de taxer tout véhicule ou cheval traversant la rivière. Les ordonnances sur l'organisation judiciaire et financière des Pays-Bas ont dû être prises dans les jours qui précèdent, puisque les nominations des membres du Parlement et de la Cour des comptes interviennent les 9, 10 et 11 décembre.

---

1. Herman Vander Linden, *Itinéraires de Charles*, p. 57.
2. John Bartier, *Charles le Téméraire*, p. 177.

Les ordonnances de Thionville sont la conséquence directe de l'échec des négociations de Trèves : « *rex est lex* », le roi est la loi. L'empereur n'a pas voulu ériger en royaume le duché de Bourgogne : Charles est conduit à créer des cours souveraines, indépendantes du Parlement de Paris, qu'il charge de juger les appels des tribunaux de l'État bourguignon. Pour les « pays de par-deçà », il institue le Parlement de Malines et, pour les « pays de par-delà », réorganise le Parlement de Beaune et de Dole. Par une ordonnance du 31 décembre 1474, il définit les règles de procédure applicables devant les deux cours.

C'est une œuvre considérable de législateur, l'une des plus importantes de l'histoire de l'Europe, qu'il accomplit ainsi : elle porte la marque d'une vaste culture juridique, d'un « prince de justice », selon l'expression d'Ernest Champeaux[1]. Charles n'est pas un grand capitaine : son armée est bien approvisionnée et l'intendance bien assurée, mais l'outil est supérieur à la façon dont il est utilisé. Charles est plus Berthier que Napoléon. Sa force est ailleurs, dans ses qualités de législateur et d'administrateur. « Il a travaillé infatigablement à l'organisation de l'État bourguignon, à l'unification du droit, au développement de l'économie[2]. »

Il s'inscrit dans la tradition des légistes français : Thomas Basin, qui ne l'aime pas, lui rend cet hommage. Les institutions judiciaires et financières, dont il dote ses États, sont de conception française : les ordonnances de Thionville s'inspirent de l'ordonnance de Montil-lès-Tours d'avril 1454. Longtemps, elles ont été mal connues. Elles le sont davantage depuis la découverte, dans les archives de la Bibliothèque royale de Bruxelles, d'une copie du XVe siècle. Les recherches

1. Ernest Champeaux, *Les ordonnances des ducs de Bourgogne.*
2. Klaus Schelle, p. 142.

conduites par les professeurs Maes et Dogaer ont permis de mieux apprécier leur importance.

A Thionville, à peine promulguée l'ordonnance portant création du Parlement, Charles nomme les deux présidents, les conseillers — douze laïcs et huit clercs — le procureur général et son substitut, les maîtres des requêtes, les secrétaires, les greffiers, les huissiers-audienciers : en tout soixante-deux personnes, qu'il choisit parmi les juristes les plus éminents de l'État bourguignon. Quatre-vingts pour cent d'entre elles sont originaires du duché et du comté de Bourgogne, quatre de Picardie, dont Thomas de la Papoire, procureur général, et Guy de Brimeu ; une de Luxembourg ; six de Flandre et de Brabant, dont Philippe Wielant, sans doute le plus grand juriste flamand de l'époque. Le premier président est Jean Carondelet, le second, Jean de La Bouverie. Les dernières lettres patentes, qui datent du 11 décembre 1473, portent nomination du substitut du procureur général, Pierre Duret, et du greffier, Antoine de Hallwin ; elles sont signées, au nom du duc, par Jean Gros.

Qui est Jean Gros ? Ancien secrétaire de Philippe le Bon, il est audiencier de Charles, contrôleur des finances, chargé de la gestion financière des biens du duc. Marié en 1472 à une nièce du chancelier Hugonet, il devient en 1477 trésorier de l'ordre de la Toison d'or. Choisissant Louis XI, il termine sa carrière au Parlement de Dole. Le musée de Chicago conserve de lui un beau portrait par Rogier Van der Weyden. Avec les légistes qui entourent Charles, Jean Gros est à l'origine d'une mise en œuvre des ordonnances ramassée en quelques mois : le Parlement est installé à Malines le 3 janvier 1474, appose son premier sceau le 10 janvier, rend son premier arrêt le 2 avril dans une instance qui l'oppose aux échevins de Malines. Le Parlement donne raison à ces derniers « afin d'affirmer son indépendance[1] ».

---

1. L.-Th. Maes et G. Dogaer, *A propos de l'ordonnance de Thionville.*

L'ordonnance réorganisant les finances de l'État est moins célèbre que celle portant création du Parlement de Malines, mais elle est aussi importante : elle supprime les deux chambres des comptes de Lille et de Bruxelles et les remplace par une cour unique pour les « pays de par-deçà », composée d'un président, de six maîtres des comptes, six auditeurs et quatre clercs. Son ressort s'étend à tous les Pays-Bas, son siège est fixé à Malines. L'ordonnance crée deux commissions, qui ont la charge de contrôler les revenus de l'État : la « chambre du Trésor » et la « chambre des Généraux ». Chacune d'elles comprend deux membres, appelés respectivement « trésoriers du domaine » et « généraux des aides », qui sont assistés de quatre conseillers. Les « trésoriers du domaine » surveillent la perception et l'emploi des revenus que le duc tire de ses biens personnels et de ses droits féodaux ; les « généraux des aides » vérifient les subsides accordés par les États généraux. Les ordonnances de Thionville simplifient et centralisent l'administration des Pays-Bas : dans leur cohérence, elles constituent un remarquable progrès par rapport à la législation antérieure [1].

Quelle a été la recette de Charles pour fonder un véritable État ? La réponse réside dans la volonté politique qu'il a constamment affirmée et dans l'administration qu'il a créée, sans doute la meilleure de l'époque. Prolongeant l'action de son père, il établit son gouvernement sur deux piliers : d'abord, dans chaque province, une administration qui dépend directement de lui ; ensuite, des institutions centrales qui imposent aux territoires bourguignons une unité politique. Les institutions qu'il a mises en place ont subsisté aux Pays-Bas jusqu'à la fin du XVIIIe siècle.

Légistes et gens de finances courent les pays bourguignons. Ils servent le duc, mais aussi travaillent pour eux-mêmes, achètent des terres et font fortune. Avant

1. John Bartier, *Charles le Téméraire*, p. 178.

de se marier, ils soupèsent les avantages d'une alliance ; si elle leur paraît bonne, ils ne sont pas regardants sur les moyens à utiliser. Les Bourguignons sont des maquignons.

Ceux qui servent ainsi le duc sont originaires du duché ou de la Comté : ils sont nés à Dijon, Beaune, Autun, Chalon ou Dole. Partis à la conquête des Pays-Bas, ils n'ont pas d'autre maître que le duc, qui les appelle à sa cour, les nomme chambellans, maîtres de l'hôtel, secrétaires. Charles pousse à l'évêché de Tournai le chef de son Conseil, au cardinalat le fils de son chancelier. A ses chambellans, il envoie des cadeaux le jour de l'an et intervient pour les marier avec de riches bourgeoises qu'il choisit pour eux.

Légistes et gens de finances lui constituent « une garde du corps politique » : ils le suivent dans ses voyages, l'accompagnent à la guerre[1]. Charles n'aime pas les visages nouveaux ; ce nomade a ses habitudes. Comme son père, pendant les audiences, il a toujours auprès de lui un conseiller prêt à lui donner un avis, lui souffler une réponse. Dans les provinces, des gouverneurs et des baillis exécutent ses ordres ; des capitaines conduisent ses troupes. Chaque jour, ils lui rendent compte : c'est par eux que Charles exerce son pouvoir.

Mes ancêtres ont ainsi servi les ducs. En compulsant les archives de Dijon, Ernest Petit a relevé que ma famille était déjà représentée à Guillon, en 1361, par Geoffroi Soisson, « dont les descendants furent revêtus par les ducs de Bourgogne de plusieurs fonctions importantes[2] ». Ces hauts fonctionnaires ont travaillé dans l'allégresse d'un commencement, comme le feront après eux les maréchaux de l'Empire. Ils sont à l'origine d'une nouvelle classe sociale, « active, combative et ambitieuse[3] ».

1. Henri Pirenne, t. II, p. 391.
2. Ernest Petit, *Avallon et l'Avallonnais*, p. 405.
3. John Bartier, *Charles le Téméraire*, p. 57.

Comment s'est-elle formée ? Pour l'essentiel, elle est issue des rangs de la bourgeoisie, parfois de la petite noblesse, plus rarement de l'Église. Unis par des liens d'intérêt, le sentiment aussi de participer à une aventure, les serviteurs du duc constituent le ciment le plus solide de l'État bourguignon. Ce sont de rudes gaillards qui n'hésitent pas à se porter en avant et à recourir aux coups. Les procès qu'ils perdent pour violence, les dépenses qu'ils engagent pour leurs déplacements apparaissent dans les comptes qui ont été conservés par l'histoire. Le plus petit receveur du domaine était régulièrement convoqué devant la chambre des comptes dont il dépendait : les archives portent témoignage d'une administration solide, réelle, dépensière et humaine.

Je suis fier de ces racines : mélange de terre, de violence et de raison.

Mes légistes ont l'esprit ouvert par la pratique des affaires publiques, enrichi par les voyages ; nourris de droit romain et de droit canon, ils sont rompus à la rédaction d'un rapport et à l'improvisation d'un discours. Leurs bibliothèques et leurs tableaux témoignent de leur culture : Nicolas Rolin, chancelier pendant quarante ans, est au Louvre, peint par Jan Van Eyck. A le contempler les mains jointes, agenouillé devant la Vierge, je conçois une véritable fierté.

Au premier rang de l'administration, le chancelier est un véritable Premier ministre : dépositaire du grand sceau, président des conseils du duc, il dirige l'action du gouvernement. Selon l'expression de Chastellain, il est « le regardeur sur tout », impopulaire et devant l'être[1].

En soixante ans, Philippe le Bon et Charles le Téméraire n'ont nommé que quatre chanceliers : Jean de Thoisy (1419-1422), Nicolas Rolin (1422-1462), Pierre de Goux (1465-1471) et Guillaume Hugonet

1. Jean-Marie Cauchies, « Le droit et les institutions », p. 43.

1) Philippe le Hardi,
premier duc Valois de Bourgogne
de juin 1364 à avril 1404.

2) Jean sans Peur,
deuxième duc Valois de Bourgogne
d'avril 1404 à septembre 1419.

3) Philippe le Bon,
troisième duc Valois de Bourgogne
de septembre 1419 à juin 1467.

4) Charles le Téméraire, quatrième et dernier duc Valois de Bourgogne de juin 1467 à janvier 1477.
Atelier de Rogier Van der Weyden.

5) Isabelle de Portugal (1397-1471), troisième épouse de Philippe le Bon, mère de Charles le Téméraire.

6) Isabelle de Bourbon (1435-1465), deuxième épouse de Charles le Téméraire, mère de Marie de Bourgogne.

7) Marguerite d'York (1446-1503), troisième épouse de Charles le Téméraire.

Trois dessins extraits du *Recueil d'Arras* :

8) Philippe le Bon et Charles le Téméraire. Selon un dessin attribué à Jacques Leboucq, mort à Valenciennes en 1573.

9) Marie de Bourgogne (1457-1482), fille unique de Charles le Téméraire, duchesse de Bourgogne de janvier 1477 à mars 1482, épouse de Maximilien d'Autriche.

10) Antoine de Bourgogne (1421-1504), dit le «Grand bâtard».

11) Lecture des *Chroniques de Hainaut* à Philippe le Bon et Charles le Téméraire (debout à la droite de son père). Miniature de Guillaume Vrelant, peintre hollandais mort à Bruges vers 1482.

12) Charles le Téméraire surprenant un artiste au travail (David Aubert, *Histoire de Charles Martel*). Miniature de Loyset Liedet, peintre artésien mort à Bruges vers 1478.

13) Chapitre de la Toison d'or présidé par Charles le Téméraire à Bruges en 1468 (Guillaume Fillastre, *Histoire de la Toison d'or*). Miniature d'un maître français du XVe siècle.

14) Reliquaire offert par Charles le Téméraire à la cathédrale de Liège. Œuvre de Gérard Loyet, orfèvre lillois.

15) Olivier de La Marche (1428-1502), chroniqueur de la cour de Bourgogne.
Dessin du *Recueil d'Arras*.

16) Nicolas Rolin (1376-1462), chancelier de Bourgogne de 1422 à sa mort.
Jan Van Eyck, *La Vierge du chancelier Rolin*.

17) Plan de la ville de Gorcum, ville de Hollande – actuellement Gorinchem – au confluent du Rhin et de la Meuse.

18) Château des *Tours bleues*, construit à Gorcum par Charles le Téméraire.

Grandson, mars 1476. Deux illustrations de *la Chronique de Berne* (vers 1480), de Diebold Schilling l'Ancien :

19) Les Bourguignons donnent l'asssaut à la ville de Grandson.

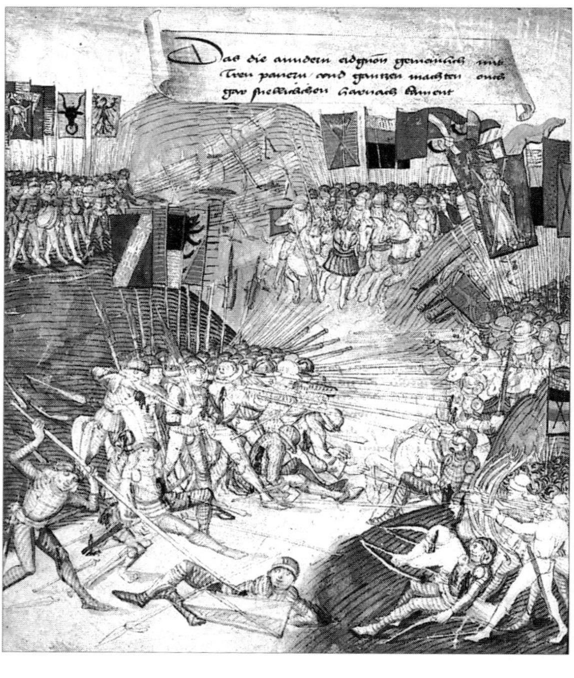

20) La bataille de Grandson.

Morat, juin 1476 :

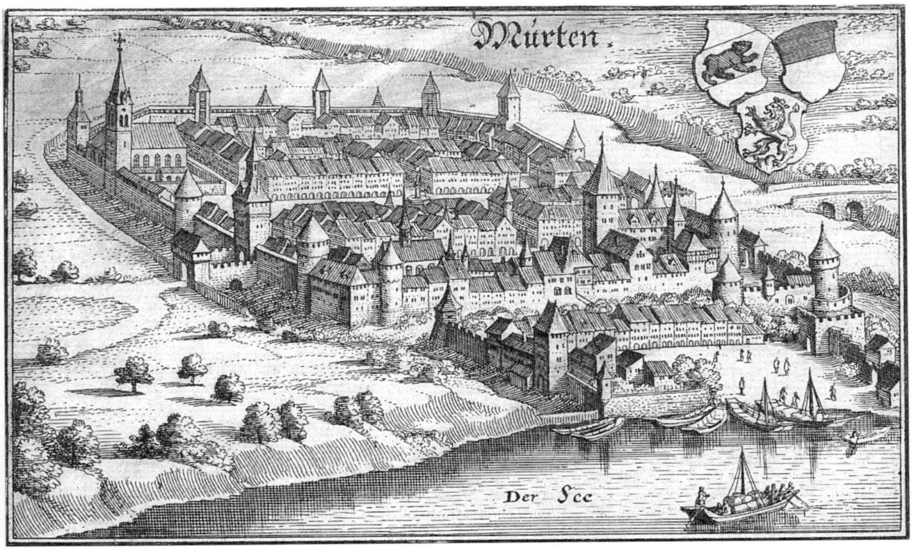

21) La vieille ville de Morat (Murten, en allemand). Gravure de 1654.

22) La bataille de Morat, l'attaque de la Haie verte. Diebold Schilling l'Ancien, *Chronique de Berne*.

23) La bataille de Morat, le massacre des Bourguignons dans le lac. Diebold Schilling l'Ancien, *Grande chronique bourguignonne* (vers 1480).

24) La bataille de Morat, vue générale de la bataille. Diebold

Schilling le Jeune, *Chronique de Lucerne* (vers 1511-1513).

Nancy, janvier 1477.
Par Eugène Delacroix :

25) Charles le Téméraire au combat. Étude préparatoire.

26) *La Bataille de Nancy*. Commande de l'État de 1828.

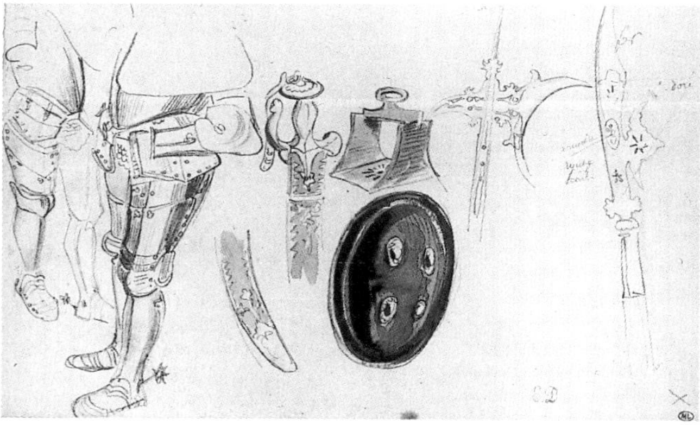

27) Armure, blason et armes de Charles le Téméraire. Étude préparatoire.

28) Buste du Christ du Puits de Moïse
à la chartreuse de Champmol.
Claus Sluter.

29) Portail de l'église
de la chartreuse de Champmol.
Jean de Marville
et Claus Sluter.

30) Puits de Moïse à la Chartreuse de Champmol.
Claus Sluter.

31) Tombeau de Philippe le Hardi à la chartreuse de Champmol.
Jean de Marville, Claus Sluter et Claux de Werve.

(1471-1478), décapité à Gand après le désastre de Nancy. Quatre seulement, tous recrutés parmi leurs sujets bourguignons, quatre grands administrateurs qui imposent le respect.

La vie de Pierre de Goux est un roman. Il devient chancelier après Nicolas Rolin, auquel il est apparenté par sa femme et dont il a été l'homme de confiance. Pierre est né à Chalon : c'est Georges Chastellain qui le précise. Originaire d'une famille bourgeoise, après des études de droit, il se fixe dans sa ville natale, devient avocat fiscal en mars 1435, le demeure dix-huit ans. Parallèlement, il est nommé maître des requêtes, participe aux réunions du Parlement de Dole en 1439 et 1444 et de Beaune en 1448. Sa clientèle devient importante, sa réputation s'étend à toute la Bourgogne, ses affaires sont si florissantes qu'elles déchaînent la jalousie. On veut sa perte, on l'oblige à se soumettre à des enquêtes. Au XVe siècle, tout est prétexte à saisir la justice et tout est consigné dans des procès-verbaux : ceux qui retracent les agissements de Pierre de Goux, conservés dans un registre des archives départementales du Nord, ont été publiés par John Bartier. Ils constituent un témoignage exceptionnel sur le comportement, la vie privée, le caractère du futur chancelier de Bourgogne [1].

Pierre fait carrière par les femmes. Il hésite longtemps avant de choisir celle qu'il finit par épouser. Il commence par jeter les yeux sur Alix de Clugny, issue d'une illustre famille de robe, veuve du fils d'un ancien receveur général des finances. Il n'attend pas les noces : Alix devient sa maîtresse et lui confie la gestion de sa fortune. Entré en possession, ayant « pris son plaisir », Pierre abandonne la jeune veuve. Il est sur la piste d'un parti plus avantageux : la nièce de Jean Fraignot, l'un des hommes les plus riches de Bourgogne. Vite, il est adopté par sa nouvelle famille, qui prépare le mariage,

1. John Bartier, *Légistes et gens de finances au XVe siècle.*

constitue le trousseau, lui demande conseil. Peine perdue ! La situation de Fraignot n'est pas aussi bonne que Pierre l'espérait. Des poursuites seraient sur le point d'être engagées contre lui : dès que Pierre apprend cette nouvelle, il rompt avec l'oncle et abandonne la nièce ! Mais la vocation du mariage demeure très forte en lui : il se remet aussitôt en quête d'une épouse. Un ami le présente à la dame de Poppet, qui lui propose d'épouser l'une de ses nièces. Le projet aboutit. Pierre de Goux s'unit à une fille de bonne maison : sa femme est parente de « Madame la chancelière ». Désormais, le procureur chalonnais possède dans son jeu cet atout maître, l'amitié du puissant Nicolas Rolin.

Pierre de Goux va approcher le duc et son entregent faire le reste. Philippe le Bon le nomme membre du Conseil appelé à diriger l'État, quand il se trouve à l'étranger. Il l'arme chevalier le jour de la bataille de Gavere. Pierre renonce à sa charge d'avocat fiscal, qu'il transmet à son frère Étienne, maître des requêtes, comme il l'a été lui-même à ses débuts. Dans la réconciliation du duc avec son fils, il joue un rôle important : Philippe le Bon le nomme chancelier en 1465 et Charles le confirme dans cette charge en 1467. C'est lui qui reçoit les Gantois qui viennent demander pardon. Présent à Péronne, il accompagne le duc à Liège. Il sert et sert bien, sans état d'âme. Quand son maître fait la guerre, il administre l'État. Il meurt à Gand le 4 avril 1471, laissant six enfants légitimes, une bâtarde et une fortune considérable. Pour La Marche, il est « l'un des hommes de conseil les plus adroits de son temps [1] ».

Conseiller à la Cour des comptes, ancien ministre de la Fonction publique, je me suis efforcé de comprendre le rôle de l'administration bourguignonne. Elle fut l'État et, sans elle, la Bourgogne

1. Olivier de La Marche, t. II, p. 326.

n'aurait pas existé : il n'y a pas d'État sans administration. Si le pouvoir est fort, l'administration demeure à sa place ; s'il ne l'est pas, elle s'étend sur le terrain qu'il lui abandonne.

Avec Charles, l'extraordinaire de l'administration bourguignonne réside dans l'organisation des finances qu'il met en place : l'État bourguignon est d'abord une administration financière. Le receveur général de toutes les finances a sous son autorité, dans chaque province, un receveur général, dont dépendent les receveurs particuliers des villes et des bailliages. Dépenses et recettes sont jugées par les chambres des comptes : de Lille, créée la première en février 1386 ; de Dijon, installée la même année ; de Bruxelles, qui date de 1404, et de La Haye, la dernière née en 1446-1447. Dans l'ordonnance de Thionville, Charles maintient deux chambres seulement, celles de Malines et de Dijon.

Les maîtres des comptes assurent une fonction essentielle pour l'histoire : ils sont chargés de la conservation des archives, auxquelles leur mission les conduit à recourir à tout moment [1]. Dans les archives départementales du Nord se trouvent les comptes de la recette générale : Michel Mollat les a étudiés et a dressé la situation financière de l'État bourguignon. Il s'est ainsi intéressé au compte de l'année 1476, clos le 28 février 1477, un mois après la mort de Charles [2]. Les recettes sont classées selon un ordre géographique et les dépenses selon un ordre catégoriel : l'ordre géographique fait apparaître l'extension du territoire bourguignon et l'ordre catégoriel l'importance relative des diverses dépenses.

Tout est noté : le montant des contributions, le recours à l'emprunt, un versement de 18 000 livres le

---

1. Jean-Marie Cauchies, « Le droit et les institutions », p. 50-52.
2. Michel Mollat, *Une enquête à poursuivre*. Les comptes de la recette générale de toutes les finances sont conservés dans les archives départementales du Nord, série B, 2108.

10 février 1477 par le comptoir de Bruges des Médicis, destiné à régler la solde des mercenaires italiens. Trop tard ! Ces derniers n'ont pu être payés avant la bataille de Nancy.

XIX

Les obsèques de Dijon

Né à Dijon, Charles y retourna une seule fois, en octobre 1461. Depuis son avènement, sa capitale l'attend. En janvier 1474, d'Alsace, par petites étapes, il gagne la Bourgogne : le 18 janvier, il couche à Auxonne, le lendemain, au château de Rouvres. Le 21 janvier, Guillaume Rolin, le fils aîné du chancelier, l'accueille à Perrigny-lès-Dijon. Son entrée à Dijon est prévue le lendemain, mais il pleut à verse. On remise les tapisseries tendues le long des rues en attendant le retour d'un temps plus clément : les prêtres craignent pour les reliquaires et les ornements sacerdotaux.

Tous ces détails sont relatés dans le procès-verbal des cérémonies conservé aux archives municipales de Dijon, que Henri Chabeuf publia au début du siècle[1]. Les frais exposés par la ville de Dijon sont précisés, jusqu'à l'allocation de douze francs accordée aux échevins Mangin et La Corne pour avoir recueilli les factures et dressé les minutes. J'aime cette histoire approchée dans les liasses, ce travail minutieux de compilation, que j'ai appris à la Cour des comptes.

La pluie, qui tombait le samedi, s'arrête le

1. *Charles le Téméraire à Dijon en janvier 1474,* relations officielles avec introduction d'Henri Chabeuf.

dimanche. Le mayeur — on dirait aujourd'hui le maire — de Dijon, Jacques Bonne, a convoqué devant son domicile les échevins, les bourgeois, les dignitaires désignés pour accueillir Charles : tous ont revêtu des robes violettes. Rejoints par les députés des villes de Bourgogne, ils prennent la route de Perrigny à la rencontre de leur duc : c'est la tradition. Étienne Berbisey, adjoint au mayeur, a été chargé de prononcer la supplique habituelle sur le respect des privilèges [1]. Arrivés devant Charles, les députés et les échevins s'agenouillent. Le duc de Bourgogne, qui a revêtu son armure, monte un cheval arabe houssé d'un drap d'or, couvert de pierreries. Il répond à Berbisey qu'il fera ce qu'il doit faire ; il parlera en l'église Saint-Bénigne. Là encore, c'est la tradition !

Aux côtés de Charles, chevauchent Guillaume Hugonet, chancelier de Bourgogne, les membres du Conseil, les officiers de l'hôtel. Le cardinal Jean Rolin s'approche. Le troisième fils du chancelier, évêque d'Autun, a été nommé cardinal en 1449. Comme son père, il croit aux vertus de l'argent. Il prend place à la gauche de Charles, devant lequel s'inclinent tour à tour l'évêque de Chalon, l'abbé de Cîteaux, l'abbé de Fontenay, tout ce que la Bourgogne compte de mitres et de crosses. Le doyen de la Sainte-Chapelle s'approche, portant les reliques : Charles descend de cheval et se prosterne. La procession s'organise : quatre nobles bourguignons tendent un dais sous lequel Charles prend place [2]. Devant lui, vont marcher l'écuyer, qui

1. Étienne Berbisey appartient à une vieille famille de Dijon : son grand-père faisait le commerce de l'épicerie. Son frère a été gouverneur de la Maladière ; lui est conseiller du duc et adjoint au mayeur : bel exemple d'ascension sociale. A la mort de Charles, il prend parti pour le roi de France. C'est le bon choix ! Louis XI le nomme mayeur en 1477 ; Berbisey le demeure neuf ans. Il épouse la fille d'un maître des comptes et son fils sera anobli.

2. Il s'agit de Louis de Chalon, de Charles de Bauffremont, qui épousa la sœur de Philippe Pot, de Charles de Ternant, qui a été élevé avec le comte de Charolais, de Guy de Montrevel, qui vécut assez vieux pour être fait chevalier de la Toison d'or à Bruxelles par Charles Quint.

tient l'épée de Bourgogne, et le bailli de Dijon, qui porte la verge blanche, insigne de son commandement. Les trompettes sonnent et les tambourins battent « à la mode d'Allemagne » : c'est plaisir, dit le chroniqueur, d'entendre « une mélodie aussi belle ».

A Saint-Bénigne, prennent la parole l'abbé de Cîteaux, le chancelier de Bourgogne, avec « prudence » — il parle, mais ne dit rien — le duc enfin : Charles confirme les privilèges de Dijon. Le mayeur et les échevins, à genoux, prononcent le serment d'allégeance. Le même scénario se reproduit à la Sainte-Chapelle : le serment d'usage est prêté par les députés des villes de Bourgogne. Ayant pris ainsi possession de son duché, Charles gagne le palais ducal. Le lendemain, il retourne à Saint-Bénigne pour entendre la messe. Il porte le chapeau d'apparat qu'il perdra à Grandson : de velours jaune, en forme de cône avec un large bord, sept rangs de pierreries, au sommet un rubis, deux plumes sur le côté. Charles aime les bijoux et les habits, qui l'attachent au monde et le distinguent des autres. Il est toujours vêtu comme pour un couronnement.

Ce jour-là, Philippe Pot, seigneur de La Roche, est nommé grand maître de l'hôtel ; il prend place aux côtés du chancelier et du gouverneur de Bourgogne. Dans son palais, Charles a réuni ses proches, les membres de son administration, les députés de ses villes, les notables de sa capitale. A tous, il offre un banquet politique comme la Troisième République saura les organiser. Il prononce un véritable manifeste, que l'histoire a retenu sous le nom de « discours de Dijon ».

Il veut impressionner : la vaisselle familiale, d'or et d'argent, est présentée sur un dressoir à sept degrés, comme à Trèves. Selon l'étiquette féodale, un duc a droit à cinq degrés ; seul, le roi à sept. Charles se comporte comme un roi, parle en roi : il est l'héritier des rois de Bourgogne. En sa capitale, il précise son ambition, rappelle « l'ancien royaume de Bourgogne, que les rois de France ont usurpé, transformé en duché et que ses sujets doivent regretter ». C'est une profession de foi, qui définit les objectifs de la maison de Bourgogne. L'empereur s'est dérobé à Trèves. Pourra-t-il le faire à nouveau quand Charles aura battu le roi de France avec l'appui du roi d'Angleterre et établi un nouvel ordre européen ? A Dijon, il précise le rêve bourguignon. Faire de grandes choses et vite ! La vie est brève : Charles n'a ni le temps d'attendre, ni l'envie de se dérober.

Une dernière tâche l'attend à Dijon, celle pour laquelle il a fait le voyage : le transfert des corps de ses parents à la chartreuse de Champmol. La cérémonie devait avoir lieu le lundi 7 février : de nouveau, la pluie impose le report au lendemain.

Tous les chemins, que doit emprunter le cortège entre Dijon et Saint-Apollinaire, ont été refaits, de même, entre la Sainte-Chapelle et la chartreuse. Charles a réglé le protocole des funérailles, comme il a arrêté celui de l'enterrement de son père. Les hommes de la cour, les échevins, les députés ne sont plus en robe violette, mais en noir. Comme à Bruges, ils sont entourés de porteurs de torches. Une altercation survient entre l'abbé de Saint-Étienne et le doyen de la Sainte-Chapelle : qui doit accueillir le cortège ? Charles tranche : ce sera le doyen.

Les chevaliers de la Toison d'or, selon la règle de l'ordre, ne portent pas le deuil. Ils entourent le chariot sur lequel est fixé le cercueil de Philippe le Bon et que précèdent les rois d'armes de Brabant, de Flandre, de Hainaut et d'Artois. Derrière eux, Charles s'avance, tout de noir vêtu. A la Sainte-Chapelle, les murs sont tendus de drap noir et les cierges si nombreux que l'on doit éteindre les torches du cortège. Le mardi sont dites les vêpres ; le mercredi, les messes. Ce jour-là, il pleut encore ! Le lendemain, les corps sont transférés à la chartreuse de Champmol. L'ultime cérémonie des funérailles se déroule le vendredi 11 février 1474 sans Charles, retenu dans son palais par la maladie.

Le lendemain, Charles quitte Dijon. Il n'y reviendra pas et Marie ne s'y rendra jamais.

XX
Le siège de Neuss

Charles a accompli son devoir, comme son père avant lui : il est en paix avec lui-même. En paix ? Trop de projets bouillonnent en lui. La boussole s'affole ! En quelques mois, sans toujours le vouloir, il s'engage dans trois guerres nouvelles.

D'abord, celle de Cologne : pour rien. Ruprecht de Bavière est archevêque et prince électeur de Cologne. A Trèves, il a soutenu Charles ; il fait partie du petit groupe des princes allemands qui ne lui ont jamais ménagé leur appui. Il se débat à Cologne dans des oppositions sans fin avec le chapitre de la cathédrale, la noblesse, la municipalité : cette querelle, qui a rebondi en 1473, est devenue, à Neuss, guerre ouverte. Les États provinciaux ont proclamé leur indépendance, choisi Hermann de Hesse pour succéder à l'archevêque — ce qu'il fera d'ailleurs : il sera évêque de Cologne pendant vingt-huit ans. Les insurgés en appellent au pape, qui charge le duc de Bourgogne d'arbitrer le conflit.

Charles prend position pour Ruprecht de Bavière. Frédéric III, quittant Trèves, s'est arrêté à Cologne et a promis son soutien à Hermann de Hesse. Au printemps 1474, les jeux sont faits : d'un côté, l'empereur, le chapitre de la cathédrale, les principales villes du diocèse, Hermann de Hesse et ses troupes ; de l'autre, l'archevêque dépossédé, des soutiens épars, quelques alliés. Pourquoi Charles s'engage-t-il pour Cologne ? Dans son esprit, la ville devient l'une des capitales de son royaume rhénan. Se battre pour Cologne, c'est prolonger le rêve de Trèves, mettre à exécution le discours de Dijon. La fascination du Rhin l'emporte sur toute autre.

Ruprecht de Bavière ne le quitte pas : il est à Trèves, à Thionville, à Dijon. Chaque soir, il revient à la charge et il finit par emporter la décision. Charles fera la guerre pour Cologne, pour rétablir Ruprecht dans ses droits. En échange, il pourra tenir garnison dans les villes de l'évêché. Il envoie un émissaire, Étienne de Carvin, qui invite le chapitre à se soumettre, parle au nom de l'archevêque, fait hisser le drapeau bourguignon sur le palais épiscopal. Dans la nuit, le peuple force la porte de l'archevêché et arrache le drapeau. Les affaires de Cologne prennent Charles au dépourvu : il n'est pas prêt à la guerre. S'il a réorganisé son armée par une ordonnance de 1472, il ne dispose pas encore des troupes dont il aurait besoin : il doit tenir garnison dans les villes qui lui ont été cédées en Lorraine et s'opposer dans la Comté aux incursions des Confédérés. Les États de Flandre et de Bourgogne lui refusent de nouveaux subsides et la levée de soldats supplémentaires.

En mars, Charles quitte la Comté. De Dole, il gagne Besançon, Vesoul, Épinal et Nancy. Il passe deux jours à Thionville et s'installe le 4 avril à Luxembourg pour trois mois[1]. Avant de s'engager dans la guerre de Cologne, il envoie des représentants à la diète d'Augsbourg — au cours de laquelle son allié le comte palatin est mis au ban de l'Empire — et négocie avec Louis XI

1. Selon les *Itinéraires de Charles* de Herman Vander Linden, Charles est à Dole du 1er au 7 mars 1474, à Besançon du 13 au 15, à Vesoul du 16 au 22, à Épinal le 29 et à Nancy le 31 ; à Thionville du 2 au 4 avril, enfin à Luxembourg à partir du lundi 4 avril.

une prolongation de la trêve. A Cologne, la résistance s'organise : la querelle du chapitre et de l'évêque devient l'affaire de l'évêché tout entier.

Comme il ne peut prendre Cologne, Charles décide de s'emparer de Neuss : si Neuss tombe, Cologne, pense-t-il, devra capituler.

Le lundi de Pâques, l'Alsace se révolte. A l'origine de l'insurrection, se trouve le duc Sigismond d'Autriche, cousin de l'empereur, être faible, brouillon, toujours à la recherche d'un arrangement, de surcroît homme d'argent. En mai 1469, après s'être en vain tourné vers le roi de France, il est allé chercher chez le duc de Bourgogne les moyens financiers qui lui faisaient défaut. Il a remis à Charles ses droits sur ses domaines d'Alsace, qui forment un triangle entre Colmar, Bâle et Belfort. Il n'a pas vendu ses terres : il les a mises en gage pour cinquante mille florins. S'il rembourse, il pourra les reprendre, selon un contrat en bonne et due forme ! Charles a accepté, payé, mais n'a pas eu le temps d'aller vérifier.

Quand il intervient, règne en Alsace une tranquille anarchie, qui favorise le jeu des pouvoirs locaux. Charles veut introduire les méthodes de l'administration bourguignonne. Ici, paraît Pierre de Hagenbach, un Alsacien qui a servi dans l'armée bourguignonne et bien servi. Devant Dinant, il a conduit un attelage d'artillerie sous le feu des remparts. Toute sa vie, il a obéi : c'est ce qu'il sait faire. Il est nommé *landvogt*, c'est-à-dire gouverneur d'Alsace, avec la mission de rétablir l'ordre. Cette tâche, il l'accomplit, réprime le brigandage, vérifie les rentrées d'impôts, rend la justice. Hagenbach sait que, si des troubles éclatent, il ne disposera ni de troupes ni de crédits supplémentaires. Or, les domaines de Sigismond sont grevés d'hypothèques très lourdes, qu'il faut rembourser. Comment trouver l'argent nécessaire ?

« Levez des impôts sur place », répond l'administration ducale. Hagenbach crée des impôts et veut contraindre les villes d'Alsace à les payer. Celles-ci répliquent en formant, autour de Bâle, une communauté de communes, dite Basse Union, par opposition à la Haute Ligue, qui regroupe les cantons suisses. Sigismond d'Autriche continue à suivre de loin ses affaires d'Alsace. De tout temps, il s'est opposé aux Confédérés : « S'ils interviennent, conseille-t-il, attaquez-les ! »

Charles ne veut pas d'une guerre avec les Suisses. De retour de Trèves, sur le chemin de Dijon, il s'arrête en Alsace, passe Noël à Brisach, la première semaine de 1474 à Ensisheim. Il consulte, reçoit les représentants des villes rhénanes, les délégués des cantons suisses. Les rumeurs les plus folles ont été diffusées par le Conseil bernois : « Le duc de Bourgogne a été couronné à Trèves le 24 novembre ; son royaume comprendrait la Savoie, Milan, les territoires alpins qui ont autrefois appartenu aux rois de Bourgogne ! » Charles rappelle ce que fut pour lui l'échec de Trèves. On l'écoute, mais on l'interroge : n'a-t-il pas conquis la Gueldre ? Ne soutient-il pas l'archevêque de Cologne ? N'a-t-il pas des ambitions impériales ? Sans doute ! Mais, en Alsace, il souhaite la paix et rien d'autre.

Quand on évoque devant lui la question de Mulhouse, il répond qu'il est ouvert à la négociation : « Si vous contribuez à apurer la situation financière, je ne vous demanderai rien d'autre. » Thann veut recouvrer ses franchises : il les lui rend. Les entretiens d'Ensisheim se déroulent dans un climat apaisé : seul, Diebold Schilling décrit un duc plein de hauteur ; Hans Knebel évoque des procédés courtois, des propos amicaux[1]. La rencontre apparaît même au Conseil de Berne, comme « une rosée de concorde et de justice[2] ! »Le pire est évité : en janvier 1474, l'Alsace n'est

1. Émile Toutey, p. 96.
2. Bernard de Mandrot, *Relations de Charles VII et de Louis XI.*

pas en révolte, les Confédérés n'ont pas rompu avec le duc de Bourgogne. Pas encore.

Ils le font à Pâques. La négociation engagée entre Sigismond d'Autriche, les cantons suisses, les villes de Strasbourg, de Colmar et de Bâle se conclut le 30 mars à Constance par une « paix perpétuelle ». Quelques jours après l'arrivée de Charles à Luxembourg, le 11 avril, Brisach se révolte : Hagenbach est arrêté et jeté en prison. De Constance, Sigismond annonce son arrivée : il écrit au duc de Bourgogne qu'il a rassemblé quatre-vingt mille florins, qu'il lui rembourse les sommes prêtées et qu'il veut reprendre possession de ses domaines. Charles répond qu'il est prêt à négocier, qu'il souhaite un règlement équitable : l'Alsace n'est pas sa priorité. Mais, si l'on veut la paix, qu'on lui remette son gouverneur ! Loin de libérer Hagenbach, on le soumet à la torture, à une parodie de procès. Le jugement est rendu le 9 mai sur la place publique de Brisach : c'est la mort. Hagengach peut choisir son supplice : il demande à avoir la tête tranchée. Le soir même, il est exécuté. Les bourreaux alsaciens se sont disputé l'honneur de le décapiter : celui de Colmar, le plus expérimenté, a été choisi. A la lueur des torches, Hagenbach est conduit à l'échafaud, dressé dans un champ en dehors de la ville. Il montre un grand courage, fidèle à la maison de Bourgogne, comme le chancelier Hugonet et Guy de Brimeu le seront après la défaite de Nancy, jusqu'à la mort[1].

Charles n'entreprend aucune action contre les Confédérés, contre Berne, dont le délégué a voté la mort du gouverneur, contre les villes impériales du Rhin. Tout au plus commande-t-il à ses troupes d'Alsace de saccager et de brûler ce qu'elles trouveront sur leur passage. Il pense à Neuss et à Cologne. Le jour même où il apprend l'exécution d'Hagenbach, il envoie Robert d'Arenberg demander aux magistrats de

1. Charles Nerlinger, *Pierre de Hagenbach*.

Neuss de recevoir une garnison bourguignonne : ils répondent qu'ils ont placé leur ville sous la double protection du pape et de l'empereur.

Pour Cologne, Charles retarde son accord avec l'Angleterre. Dès qu'il a repris le pouvoir, Édouard IV a envoyé une ambassade à Bruges. Louis de Gruuthuse, qui l'a hébergé pendant son exil, s'est rendu à Londres : un traité est ébauché, qui tend au démembrement de la France. Charles revendique la Somme, le Nivernais, la partie française du duché de Bar, la Champagne, en toute souveraineté, sans allégeance au roi. Le roi d'Angleterre est libre de décider pour le reste !

Sur ces bases, la négociation s'est poursuivie tout au long de l'année 1473. En mars 1474, à Gand, la duchesse en prend la direction. L'ambassadeur d'Angleterre rejoint Charles à Luxembourg au début d'avril : un texte est arrêté. Édouard, « roi de France et d'Angleterre », débarquera quelque part en France avec une armée de vingt mille hommes ; Charles mettra sous ses ordres un contingent de dix mille hommes. Tous deux chasseront Louis XI, cet « usurpateur » ; Édouard sera sacré roi de France à Reims.

La date d'ouverture des hostilités n'a pas été fixée. Avant d'engager la guerre contre Louis XI, Charles veut prendre Neuss et réduire Cologne. Il obtient une prolongation de la trêve avec la France jusqu'au 1er mai 1475. Le traité avec l'Angleterre, signé le 25 juillet 1474 à Londres, reporte à juin 1475 la date prévue pour le débarquement de l'armée anglaise en France : Charles a dix mois pour mener à bien la conquête de l'évêché de Cologne.

Il gagne Maastricht, où il prend le commandement de ses troupes, arrive le 30 juillet 1474 en vue de Neuss, établit son camp dans l'abbaye Notre-Dame-lès-Neuss. Dix mois, c'est beaucoup ! Quelques semaines, pense-t-il, lui suffiront. En juin 1475, il n'aura pas enlevé Neuss et devra conduire trois guerres, dont l'une, contre les Suisses, lui sera fatale.

Neuss est une ancienne ville romaine, sur la rive gauche du Rhin, en face de Hamm et de Düsseldorf. Au cours des siècles, elle a été assiégée treize fois, dont une par Charlemagne : treize fois, les assaillants ont été repoussés. Jean Molinet évoque, dans sa chronique, une « ville merveilleusement forte et inexpugnable », sans doute pour excuser Charles de ne l'avoir pas prise. Des murailles l'entourent, qui sont surmontées par des tours et renforcées par des bastions — sauf à l'est, du côté du Rhin. Entre le fleuve et un canal qui détourne le cours de l'Erft, une zone de pâtures et de marécages comprend deux îles : les tenir ou les prendre sera l'un des enjeux de la bataille. Charles imagine de ramener l'Erft dans son lit, de construire une digue, d'assécher les marécages : ces travaux démesurés n'aboutiront pas. Le siège s'enlise !

Charles s'est logé dans la maison de bois installée partout où il va. À côté, dans deux pavillons de toile, il prend ses repas, tient son Conseil, reçoit les ambassadeurs : l'Europe entière se rend à Neuss. Le matin, le duc entend la messe, puis se met au travail : il est son propre chef d'état-major, dirige toutes les opérations, surveille tous les travaux. La nuit, il ne dort guère, fait réveiller ses capitaines, ses hauts fonctionnaires : il se saoule de travail, se rue sur le détail. C'est ainsi que le décrit Jean-Pierre Panigarola, l'ambassadeur du duc de Milan, qui sera jusqu'en 1476 son témoin privilégié.

Pendant qu'il s'acharne, les Confédérés lui déclarent la guerre, envahissent la Comté, battent ses troupes à Héricourt en novembre 1474. Rien n'y fait. Son armée pourrit dans la boue : il persiste !

Le camp bourguignon prend l'aspect d'un bourg fortifié, divisé en quartiers, traversé de rues. Il comprend « des hôtels, des jeux de paume et de billes, des cabarets, des tavernes et tout ce que l'on peut demander » :

c'est du moins La Marche qui l'affirme[1]. Le camp semble bâti pour l'éternité.

A l'extérieur, rien ne va plus. Les Suisses entrent en guerre en octobre 1474, l'empereur en janvier 1475 : Louis XI est derrière les premiers et pousse le second. Quand expire la trêve avec le duc de Bourgogne, il se jette sur la Picardie. Le 9 mai, René de Lorraine rejoint la coalition. Le territoire bourguignon est envahi ou menacé, de l'Artois au Luxembourg, de la Bourgogne au Jura. Neuss tient toujours et Charles ne lâche pas prise. Quand le héraut de René de Lorraine lui remet la lettre de défi de son maître, il lui offre un manteau : « C'est pour les bonnes nouvelles que tu m'apportes ; dis à ton duc que je serai bientôt en Lorraine ! » Il se glorifie du nombre croissant de ses adversaires. En juillet 1474, il pensait n'avoir à soumettre que les rebelles de l'archevêque de Cologne ; en mai 1475, il doit affronter le roi de France, l'empereur, le duc de Lorraine et les Suisses — « coalition qui, à l'échelle du XVe siècle, fait penser à celle que provoquera, pour des raisons analogues, l'ambition napoléonienne[2] ».

Il y a de la grandeur dans cet acharnement, cette exaltation qui ne tient pas compte de la réalité et se nourrit d'elle-même. Il y a ce lieu étrange, cette ville improvisée sous les remparts de Neuss, où l'on vit, l'on meurt, l'on fornique et l'on prie. Elle est le symbole de la fin du Moyen Age, comme Charles est le modèle du prince de la Renaissance, solitaire, jamais en paix avec lui-même, en quête d'horizons nouveaux. Il y a aussi le froid, la neige, la glace : l'hiver 1474 est terrible. Pour se ravitailler, les armées battent la campagne, engagent des expéditions au loin, souvent plus meurtrières que les combats. La trajectoire de Charles est inséparable de ce temps d'hiver qui appelle les loups et la mort.

---

1. Olivier de La Marche, t. III, p. 92.
2. Pierre Frédérix, p. 92.

En décembre 1474, Louis XI a proposé à l'empereur le démembrement de l'État bourguignon. Il a promis d'envoyer des troupes sur le Rhin, mais il a l'habitude de ne pas faire lui-même ce qui peut être fait par d'autres à son profit ! A petites étapes, Frédéric III remonte le Rhin, prend Cologne, arrive en vue de Neuss le 22 mai 1475. Il établit son camp au sud de l'Erft, hors de portée des canons de l'ennemi. A l'abri d'une forteresse de chariots, il fait dételer sa litière roulante, qui est son moyen de transport, sa caravane, son lieu de vie.

Le mardi 23 mai, Charles décide de l'attaquer. En présence de Panigarola, qui relate la scène, Charles s'arme tout en plaisantant : « Il riait et paraissait jubiler. » Son artillerie ouvre le feu sur le camp de l'empereur, la cavalerie charge : les tentes allemandes s'écroulent, la litière impériale est atteinte. Charles tient sa bataille ! Cette journée le venge des mois d'attente et d'incertitude qui l'ont précédée. Dans une lettre au gouverneur de Luxembourg, il décrit lui-même le combat, auquel La Marche ne consacre que quelques lignes, soulignant que l'artillerie « perça les chariots de l'empereur » et que « l'escarmouche » dura jusqu'à la nuit[1]. Charles est plus explicite : aux assauts de la cavalerie italienne repoussés par les archers anglais ont succédé la sortie de la cavalerie impériale, l'intervention de la garde ducale, le reflux des Allemands dans leur camp. A le lire, une belle et franche victoire, qui n'a causé chez les Bourguignons que « trois morts et six blessés[2] ! »

Le lendemain, le légat du pape, Alexandre Nanni, explique à Charles qu'il a sauvé l'honneur et qu'il peut, désormais, laisser le pape régler la querelle de Cologne : il ne convient pas, ajoute-t-il, « à des sei-

1. Olivier de La Marche, t. III, p. 99.
2. Dom Des Salles, *Mémoires pour servir à l'histoire de France et de Bourgogne,* cité par Pierre Frédérix, p. 95.

gneurs de se brouiller pour des affaires de prêtres ! » Mais Charles ne peut se permettre un second échec en Rhénanie, après celui de Trèves. A Neuss, selon l'analyse de Jean-Marie Cauchies, l'erreur qu'il a commise est d'avoir entrepris le siège, non de l'avoir poursuivi. Délaisser Cologne pour rejoindre plus tôt Édouard IV à Calais aurait signifié qu'il donnait « à la France priorité sur l'Allemagne » et qu'il renonçait à ses ambitions impériales[1]. Aussi ne peut-il accepter l'écrasement de Ruprecht de Bavière : il obtient du légat que l'armée impériale soit démobilisée sur place, et non la sienne.

Le 13 juin 1475 au matin, Nanni entre dans Neuss, entouré des représentants de l'empereur et de Charles : un *Te Deum* est chanté à la cathédrale. Après une dernière escarmouche, une nouvelle intervention du légat et les excuses de l'empereur, Charles quitte Neuss le 27 juin. « Il avait son armée si rompue, si mal en point, si pauvre, écrit Commynes, qu'il n'osait la montrer aux Anglais[2]. »

Il a perdu onze mois. Il lui en reste dix-huit à vivre.

1. Jean-Marie Cauchies, *Louis XI et Charles le Hardi*, p. 101.
2. Philippe de Commynes, p. 246.

XXI

La prise de Nancy

Une geste folle, un tourbillon ! Au cours du second semestre de 1475, Charles court l'Europe. Entre l'Angleterre, la Lorraine et la Picardie, son destin se noue.

Le 4 juillet 1475, le roi d'Angleterre débarque à Calais selon le traité qu'il a conclu avec son beau-frère. A trente-trois ans, Édouard IV demeure un bel homme, même s'il commence à engraisser ; c'est du moins Commynes qui l'écrit. La noblesse anglaise, comme à la parade, l'accompagne : à sa tête, les ducs de Clarence, Gloucester, Norfolk et Suffolk. En tout, quinze mille hommes, une bonne artillerie, un matériel considérable ; selon les chroniques de l'époque, la plus belle armée qu'on ait jamais vue.

Charles a envoyé sa femme à Calais ; il la rejoindra plus tard. Sur tous les fronts, pour lui, la situation est critique : les Français ont attaqué au sud, fait prisonnier le comte de Roussy, maréchal de Bourgogne. Ils occupent la haute vallée de la Saône, menacent Dijon. Au nord, ils ont dévasté la Picardie, envahi l'Artois. A l'est, René de Lorraine a chassé les Bourguignons et se prépare à entrer dans le Luxembourg.

Charles ne sait où donner de la tête. Quelle est sa véritable priorité ? Il a rendez-vous à Calais avec le roi d'Angleterre : Édouard a tenu ses engagements. Il voudrait attaquer en Picardie : les villes de la Somme constituent le glacis bourguignon. Il doit reprendre la Lorraine, nécessaire à ses desseins impériaux : sans Lorraine, il n'y a pas de royaume de Bourgogne. Finalement, il penche du côté de la Lorraine, y envoie ses troupes. De Malines, il écrit au gouverneur de Luxembourg qu'il les rejoindra bientôt lui-même.

Pour l'instant, il est à Bruges, en route vers Calais, pour expliquer à son beau-frère le plan qu'il a conçu. Au passage, il règle ses comptes devant les États de Flandre.

Si Neuss n'a pas été prise, c'est la faute des Flamands ! Charles s'en prend à leur ingratitude et à leur peur. Pendant qu'ils dorment, lui veille pour eux ! Pendant qu'ils se chauffent, lui est exposé au froid ! Ils restent les pieds sur leurs chenets et il subit la pluie et le vent ! Ils s'empiffrent et il jeûne ! S'ils avaient envoyé à Neuss les renforts qu'il leur avait demandés, il aurait pris la ville. Tous les autres pays l'ont loyalement servi : la Flandre et le Brabant l'ont abandonné. C'est un acte d'insubordination. Il s'échauffe : un tel crime mérite l'écartèlement ! Qu'on l'écoute bien : tous les Flamands en âge de porter les armes devront se trouver, dans un délai de deux semaines, à Tournai, sous peine d'être châtiés dans leurs corps et leurs biens.

La réplique des États est respectueuse dans la forme, ferme sur le fond. Les deux mille cinq cents hommes qu'ils ont envoyés à Neuss, les soldats qu'ils payent pour défendre leurs côtes représentent déjà « une charge insupportable ». Ni le bon duc Philippe, ni ses prédécesseurs ne leur ont jamais demandé autant ! L'ordre de mobilisation que Charles leur adresse est impossible à exécuter.

Il est d'ailleurs contraire à ses intérêts. Les Flamands sont des marchands, des artisans et des pêcheurs qui ne sont pas entraînés au maniement des armes : si le duc les contraint à combattre, il ruinera le pays. La guerre provoquera l'arrêt du commerce et du paiement de l'impôt. Voici l'horrible vérité, que Charles se refuse à entendre et qui est en partie à l'origine de sa perte : la vie de la Flandre, telle que les Flamands la conçoivent, est incompatible avec la guerre, telle que Charles la mène !

Il a beau crier qu'il n'est pas homme à se contenter « d'une pomme cuite et de belles paroles comme le font les petits enfants », il n'obtient aucune aide supplémentaire. La méfiance de ses sujets tient, selon l'expression de Pierre Frédérix, aux « racines de l'être [1] ». Le 12 juillet, après avoir passé une seule nuit au *Prinsenhof*, il quitte Bruges : jamais, il ne reverra la Flandre.

Le 14 juillet, il arrive à Calais : pour toute armée, il est accompagné d'une cinquantaine de cavaliers. Édouard parle de trahison. Charles proteste. Édouard rappelle les conditions de l'accord : lui, les respecte, non ses alliés. Pourquoi les grands seigneurs, que Charles lui a décrits comme hostiles au roi de France, sont-ils réservés ? Quelle est cette histoire de Lorraine qu'il découvre ?

Charles développe son plan : Édouard ira à Péronne, à Laon, à Reims, où il se fera couronner. Pendant ce temps, Charles prendra la Lorraine et, de Nancy, descendra en Champagne. Ensemble, ils marcheront contre les troupes françaises. Édouard aura été sacré roi et la France, alors seulement, prendra parti pour lui. Mais Édouard ne veut pas se laisser entraîner dans une campagne prolongée : Charles lui raconte des histoires ! Il songe au retour.

Au contraire du roi d'Angleterre et du duc de Bourgogne, Louis XI ne veut pas la guerre ; il sait qu'il la perdrait. Tout sauf combattre, tout, c'est-à-dire négocier ! Quand le héraut d'Angleterre lui remet la lettre de défi de son maître, il répond qu'il est prêt à traiter. Commynes décrit la scène : Louis XI se retire dans sa

1. Pierre Frédérix, p. 102.

garde-robe, appelle le héraut, lui vante les mérites de la paix, lui offre trois cents écus. Il charge Commynes de lui donner en plus une pièce de tissu et de veiller sur son retour. A une déclaration de guerre, il répond par une proposition de paix.

Charles et Édouard ont pris la route de Péronne. Le roi d'Angleterre est accompagné de ses deux frères, l'un qu'il fera tuer et l'autre, Richard, qui régnera et tuera ses deux fils. Sa sœur Marguerite est présente, elle aussi, mais elle va abandonner le convoi et retourner à Gand. Charles prend congé de sa femme : pendant les dix-sept mois qui lui restent à vivre, jamais il ne la reverra.

Entre en scène le connétable de Saint-Pol : cinquante-sept ans, compagnon d'armes de Charles depuis Montlhéry, il est par ailleurs le beau-frère du roi de France et l'oncle de la reine d'Angleterre. Son frère et son fils servent dans l'armée bourguignonne, quatre cents de ses hommes dans l'armée française. Il est le vassal du duc et du roi : entre les deux, il ne sait choisir et va de l'un à l'autre. A Charles, qui se trouve à Péronne, il écrit qu'il soutiendra le roi d'Angleterre. Pour Édouard, c'est la bonne nouvelle, la première qu'il reçoit depuis son arrivée en France. Il envoie des troupes à Saint-Quentin, assuré de voir s'ouvrir devant lui la place de son « ami Saint-Pol ». Mais, ce dernier reçoit ses hommes à coups de canon : il a changé de camp ! Ce jour-là, Édouard IV décide de faire la paix. Partout, il est traité en étranger : Saint-Pol s'est offert et lui a tiré dessus !

Commynes juge avec raison que l'expédition anglaise, pour réussir, supposait que Charles fût entré en action plusieurs mois avant le débarquement. Charles n'a pas préparé le terrain et, le lendemain de la déconvenue de Saint-Quentin, il abandonne Édouard. Le roi d'Angleterre comprend qu'il perd à ce jeu de dupes : il relâche un prisonnier, l'envoie à

Compiègne, porteur d'un message pour le roi de France. Les négociations de paix s'engagent.

Que demandent les Anglais ? Pour la forme, la Guyenne et la Normandie. Pour le fond, de l'argent : une indemnité de soixante-quinze mille écus, plus une pension annuelle de cinquante mille écus pour Édouard IV. L'accord doit aussi garantir la liberté des échanges commerciaux.

Charles est à Valenciennes : pour conduire sa guerre contre René de Lorraine, il demande des subsides aux États du Hainaut. En vain ! Quand il apprend la négociation, le 18 août, il saute à cheval et parcourt en grande hâte les soixante-dix kilomètres qui séparent Valenciennes de Péronne.

Le 19 août, il se présente devant le roi d'Angleterre, qui est « tout étonné de cette venue soudaine ». La rencontre est décrite par Commynes : une page de roman. Édouard demande à Charles ce qui l'amène ! Le duc lui répond qu'il veut lui parler : « A part ou en public ? » En privé, bien sûr ! Le dialogue s'engage :

« Monseigneur, avez-vous fait la paix ?

— Mon frère, j'ai fait une trêve pour neuf ans. Elle comprend également le duc de Bretagne. Je vous prie, à votre tour, de vous y accorder. »

Fureur de Charles, qui s'exprime en anglais, dont, selon Commynes, « il sait le langage ». Il condamne la trêve. Ce n'est pas lui qui a appelé les Anglais en France :

« Monseigneur, c'est vous qui réclamez la couronne de France. Pour ma part, je ne conclurai aucune trêve avec le roi, avant que vous ne soyez trois mois au-delà de la mer. »

Le lendemain, nouvelle entrevue, tout aussi vaine et orageuse. Le roi d'Angleterre :

« Je ferai ma trêve quand il me plaira et non comme vous l'entendez ! »

Une dépêche de Panigarola montre le duc de Bourgogne « désespéré que l'on se soit accommodé si vilement et sans tirer l'épée ». Le roi d'Angleterre troque sa retraite contre de l'argent ! « On ne vit jamais, écrit Haynin, si grande armée, assemblée à si grands frais, s'en retourner après avoir si peu besogné. » Autour de Louis XI, on ne peut croire à une telle nouvelle : ce doit être une ruse ! On sait que le duc de Gloucester est opposé à la négociation et que les diplomates n'y sont guère favorables. Mais Édouard IV a consulté son Conseil, qui l'a approuvé.

Pour conclure la paix, il se dirige vers Amiens, où se trouve le roi de France. Louis envoie à sa rencontre trois cents chariots de vin, « un des meilleurs qu'il soit possible de trouver » ; ce transport constitue, selon Commynes, une armée aussi grande que celle du roi d'Angleterre ! La trêve est acquise : les soldats anglais entrent dans Amiens, en armes et en grande compagnie.

Louis a fait dresser à l'entrée de la ville des tables « chargées de bonnes viandes et des meilleurs vins ». Il envoie ses chevaliers pour le service. A chaque table, « cinq ou six hommes de bonne maison, fort gros et gras, pour mieux plaire à ceux qui auraient envie de boire » : on croit rêver ! Les Anglais s'approchent, voient ces « assiettes ». Des gens les prennent à la bride et les conduisent autour des tables. En ville, les tavernes leur sont ouvertes : ils y mangent et boivent à volonté sans rien régler. Et ceci pendant plus de trois jours ! La présence anglaise s'apparente à une occupation.

Pour obtenir le retrait des troupes, Commynes et Pierre de Gyé, maréchal de France, rencontrent les représentants du roi d'Angleterre dans une taverne, un matin. « La maison était pleine, les uns chantaient, les autres dormaient ou étaient ivres. »

Pour la signature de la paix, les négociateurs retiennent Picquigny sur la Somme. Le roi de France viendra par une rive, le roi d'Angleterre par l'autre. On construit un pont et l'on dresse en son milieu une grille de bois, « comme on fait aux cages des lions ». Les trous entre les barreaux suffisent à peine à passer les bras. On se méfie, on se souvient du meurtre de Jean sans Peur à Montereau, on prend mille précautions.

Le roi de France arrive le premier, le roi d'Angleterre le rejoint ; tous deux s'approchent de part et d'autre de la grille. Louis s'incline devant Édouard :

« Monsieur mon cousin, vous êtes le bien venu ! Il n'y a homme au monde que je n'ai tant désiré voir que vous... »

Édouard IV, en assez bon français, répond des généralités. Pour les conditions de paix, il fait confiance à son chancelier : il ne va pas évoquer l'argent qu'il demande et qu'il va recevoir ! Le traité est apporté, un missel ouvert, les rois jurent de respecter l'accord qu'ils viennent de conclure ! Louis XI se met à plaisanter, invite Édouard IV à Paris. Il lui prêtera pour confesseur le cardinal de Bourbon, présent à ses côtés, qui lui donnera volontiers l'absolution pour les péchés qu'il pourrait commettre. Loin de s'offusquer, Édouard IV sourit : le cardinal est réputé pour être un bon compagnon. Ainsi est conclue sur la Somme, le 29 août 1475, la paix de Picquigny.

Pour le roi d'Angleterre, rien de très glorieux ! Un gentilhomme gascon, Louis de Breteilles, qui le sert, dialogue avec Commynes :

« Plus tard, vous vous moquerez de lui. Pourtant, c'est un roi très vaillant...

— Combien de batailles a-t-il gagné ?

— Neuf, où il a combattu en personne.

— Combien en a-t-il perdu ?

— Une seule, celle-ci ! Il en aura plus de honte qu'il n'a eu de gloire à gagner les neuf autres. »

C'est à Namur que Charles apprend la confirmation de la trahison de son beau-frère. Désormais, il est seul face à Louis XI et René de Lorraine.

Il veut donner une leçon au « petit René », mais ses arrières ne sont pas assurés. Comme il tient à la Lorraine, il va traiter, lui aussi, avec le roi de France. Conduite par le chancelier Hugonet, la négociation aboutit à une trêve de neuf ans, qui remet les choses en l'état où elles se trouvaient en mai 1474, lors de la trêve précédente. Charles reprend possession de la Haute-Alsace. Son armée pourra librement aller de la Flandre à la Bourgogne : une véritable servitude de passage est imposée au duc de Lorraine. Quant au connétable de Saint-Pol, le premier qui s'en saisira devra l'exécuter ou le remettre au second ! Enfin, la trêve s'applique aux Suisses et au duc de Lorraine, à la condition qu'ils en fassent la demande avant la fin de l'année et s'abstiennent de tout acte hostile [1].

Le 13 septembre 1475, au château de Soleuvre, Charles signe le traité qui lui ouvre les portes de la Lorraine. Il est tout à la préparation de sa campagne : il vérifie les ordres de marche, s'assure de l'approvisionnement des troupes. Le 23 septembre, il quitte Soleuvre : jamais, il ne reviendra dans ses « pays de par-deçà ». Les quinze derniers mois de sa vie se passeront en Lorraine, dans le pays de Vaud, en Franche-Comté, de nouveau en Lorraine.

Il prend le commandement de ses troupes à Pont-à-Mousson. Il pénètre en Lorraine par le nord, tandis que son frère, le Grand bâtard, y entre par le sud. Ce n'est pas une guerre, c'est une promenade militaire ! Charles investit Épinal et rejoint le comte de Campobasso devant Nancy. Le 24 octobre, il dresse sa tente dans l'ancienne commanderie des chevaliers de Saint-Jean, à moins de douze cents mètres des remparts de la ville.

René de Lorraine se retire à Joinville. Ce jeune homme de vingt-quatre ans, né au château d'Angers,

---

1. Elle ne s'applique pas à Baudoin de Bourgogne et Jean de Chassa, qui ont abandonné Charles en novembre 1470. Pas plus à Philippe de Commynes, qui l'a trahi en août 1472. Pas plus à Philippe de Croy, auquel il s'est opposé toute sa vie ! Le Téméraire n'oublie rien et ne pardonne rien (Olivier de La Marche, t. III, p. 221).

a pratiqué les arts en Provence à la cour de son grand-père, le roi René, et il a appris la guerre à Naples. Il a rencontré pour la première fois Charles en septembre 1473 : le duc de Bourgogne, de dix-huit ans son aîné, l'a intimidé. Il a assisté à son lever, suivi la messe à ses côtés, lui a promis son aide et son amitié. Comme tout cela est loin ! Il s'est rapproché de Louis et le voici aux prises avec Charles.

A Nancy, Nicolas de Montfort attend Charles. Le comte de Campobasso est un condottiere, seigneur d'une terre de fantaisie que le roi René lui a jadis donnée. Sa vie est une succession de malheurs : son père est mort lépreux, il a été trompé par sa femme. Selon certains, il l'aurait même tuée ! Les Angevins ont fait sa fortune, mais il ne leur est point lié. C'est un soldat de métier, que Charles a connu lors de la guerre du Bien public. Un bon capitaine : sur ce point, Charles ne se trompe pas. Campobasso le trahira : Charles ne le sait pas encore. Commynes, qui a lui-même trahi, pense que Campobasso l'a fait très tôt, pratiquement dès son entrée au service du duc de Bourgogne. Au XVe siècle, les fidélités sont successives.

Saint-Pol se prend dans ses propres rets. Le traité de Soleuvre a réglé son sort, mais il ne le sait pas ! Louis XI propose à Charles un nouveau marché : il lui offre de le décharger de la restitution des places de Lorraine, en échange des biens du connétable, qui comprennent Saint-Quentin, Ham et Bohain. Dès qu'il est question de la Lorraine, rien d'autre ne prévaut pour Charles ! Il donne ordre d'arrêter Saint-Pol à Mons, où il s'est réfugié, et de le remettre aux agents du roi.

Devant Nancy, Charles déploie un luxe incroyable de tapisseries et de vaisselles d'or. Le soir, il lit la *Cyropédie* ou les *Livres des Rois*. Malgré ses revers, l'échec de Neuss et l'abandon d'Édouard IV, il rêve encore : il va prendre Nancy, y établir la capitale de ses États, y fonder le royaume de Bourgogne et de Lorraine.

A la fin du XVe siècle, Nancy est une ville de cinq mille habitants, qui occupe un rectangle de six cents mètres de long et de quatre cents mètres de large. Une petite ville : ce qui deviendra la place de la Carrière n'est pas inclus dans l'enceinte médiévale. Au centre, se dressent le palais ducal et la collégiale Saint-Georges. Les tours d'angle et les poternes sont robustes mais, au-delà de fossés peu profonds, aucune ligne de défense n'existe. La garnison comprend environ trois mille hommes, pour l'essentiel des Alsaciens envoyés par la Basse Union et des Gascons recrutés par René, qui sont commandés par le bâtard de Lorraine. Habitude de l'époque !

L'administration bourguignonne fonctionne bien : l'armée reçoit des pièces d'artillerie de Luxembourg, des munitions de Metz, des renforts de Franche-Comté. Elle progresse dans les faubourgs de la ville sans rencontrer de résistance. Selon la *Chronique de Lorraine,* « le travail des tranchées dure moins de huit jours ». Un duel d'artillerie oppose un canon hissé par les assiégés en haut d'une tour et une bombarde bourguignonne, qui lance des pierres « grosses comme le rond d'un chapeau ».

Charles tient sa cour : il reçoit le 1er novembre le légat du pape, qui a négocié avec lui la levée du siège de Neuss, et un envoyé de l'empereur, qui deviendra par la suite cardinal ; les deux hommes sont chargés de régler les problèmes en suspens. Sous une tente doublée de toiles brochées d'or, ils retrouvent les ambassadeurs qui accompagnent Charles dans ses déplacements, le Palatin, le Vénitien, le Milanais, ainsi que le jeune prince de Tarente, qui aspire à la main de Marie de Bourgogne. Le 17 novembre, un accord est conclu : l'empereur offre sa médiation entre Charles et Sigismond d'Autriche. Du duc de Lorraine, pas un mot !

Le 26 novembre, la garnison de Nancy capitule : Charles entre dans la ville le 30 novembre, en la fête de saint André, coiffé d'un bonnet orné d'une croix d'or et de pierres précieuses. Chevauchent derrière lui son frère Antoine, son cousin le duc de Clèves, les chefs des principales familles de Bourgogne, le comte de Campobasso, qui l'a sans doute déjà trahi, et Jean de Rubempré, qu'il va nommer gouverneur de Nancy. Il met pied à terre devant la collégiale Saint-Georges, entend la messe, jure de respecter les droits locaux, s'installe au palais pour six semaines. Il va réorganiser son armée et construire son nouveau duché.

Louis XI lui a laissé jusqu'au 20 décembre pour choisir entre les biens du connétable — les villes de la Somme — et la Lorraine. Naturellement, Charles prend la Lorraine, pour enfin réunir la Bourgogne et les « pays de par-deçà ». Le 18 décembre, il préside les États de Lorraine et affirme l'ambition qui résume sa vie : une grande Bourgogne des Pays-Bas à la Franche-Comté, dont Nancy devient la capitale.

« Quand sera à point, déclare-t-il, la paix belle et durement faite, j'imposerai ma loi et tiendrai en ma maîtrise les princes voisins. »

Cette paix « belle et durement faite » est imposée à la Lorraine ; c'est une occupation ! L'État bourguignon demeure un assemblage : « Que l'on bouche une brèche quelque part, il s'en ouvre une autre, inévitablement, ailleurs[1]. » Au cours de l'été, les Suisses ont ravagé la Comté et, en octobre, attaqué le pays de Vaud.

Charles quitte Nancy le 14 janvier 1476. Il y reviendra, mort, moins d'un an après.

---

1. Pierre Frédérix, p. 120.

LES GUERRES
DE BOURGOGNE

XXII

Grandson

A l'automne 1474, les Suisses — ou les Confédérés comme on dit à l'époque — ont envahi la Comté, infligé à Héricourt une défaite sévère à l'armée bourguignonne, pillé Pontarlier, avancé jusqu'aux portes de Besançon. Au printemps 1475, ils s'emparent de Grandson à l'extrémité du lac de Neuchâtel. En deux ans, de nouveaux rapports de forces s'établissent, qui conduisent à la guerre.

Charles va engager les guerres de Bourgogne et livrer contre les Suisses ses derniers combats : Grandson, Morat, Nancy. Trois défaites et la fin du rêve bourguignon.

Les guerres de Bourgogne pouvaient-elles être évitées ? Aujourd'hui encore, les historiens s'interrogent. Dans son étude magistrale sur *Louis XI et Charles le Téméraire*, qu'il fonde sur les *Mémoires* de Commynes, Karl Bittmann consacre six cents pages aux relations de la France et de la Bourgogne avec les Confédérés. Selon lui, le traité de Saint-Omer, que Charles conclut en mai 1469 avec Sigismond d'Autriche, a joué un rôle décisif, agi comme un détonateur. L'ennemi hériditaire des Suisses est l'Autriche. Si celle-ci s'allie à la Bourgogne, les Confédérés seront pris en tenailles ou, du moins, ils le craignent. A Berne, l'anxiété devient « viscérale » et le sentiment se développe que « la menace bourguignonne fait peser sur chacun un danger de mort[1] ».

Lors des colloques de Grandson et de Morat en 1976, la question des guerres de Bourgogne, de leurs causes, de leur déclenchement, a de nouveau été au centre des débats. L'opinion a prévalu que les Confédérés, pour rompre l'isolement qui les menaçait, devaient faire la paix avec l'Autriche et la guerre à la Bourgogne[2].

Mais, au XVe siècle, la Confédération ne constitue pas un État : les cantons qui la composent demeurent souverains. Leurs gouvernements sont faibles et ne disposent pas, sauf à Berne et Zurich, d'une véritable administration. A l'extérieur, ils s'opposent souvent : Berne regarde vers la Bourgogne, Zurich vers l'Italie.

Berne impose le renversement des alliances qui est à l'origine des guerres de Bourgogne. Cette politique est conduite par un diplomate de génie, Nicolas de Diesbach, qui négocie la paix de Constance en mars 1474 avec Sigismond d'Autriche. Issu d'une vieille famille assise sur l'exploitation de mines d'or et le négoce des étoffes, Diesbach a parcouru l'Europe pour ses affaires, avant d'être élu avoyer[3]. Il connaît Louis XI et pratique l'art difficile de négocier avec lui. Il obtient du roi, en juin 1474, l'adhésion de la France au traité de Constance : les conditions sont réunies pour l'ouverture des hostilités avec le duc de Bourgogne. A l'automne, c'est l'invasion de la Comté.

Diesbach meurt en août 1475, alors qu'il part à nouveau en guerre contre la Bourgogne. Il est emporté par la peste dans la force de l'âge, peu avant la signature de la paix de Picquigny entre Louis XI et Édouard IV. Sa disparition n'altère pas le cours des événements : les

1. Karl Bittmann, p. 517.
2. Adolf Gasser, *Les guerres de Bourgogne*.
3. Dignité de premier magistrat dans certains cantons suisses (avoyer, forme romande d'avoué).

Confédérés déclarent la guerre à Jacques de Savoie le 14 octobre 1475[1]. Celui-ci a reçu en apanage de son père, le duc Louis Ier, les châtellenies et seigneuries du pays de Vaud avec le titre de comte de Romont.

En trois semaines, les Suisses occupent le pays de Vaud : la guerre commence. Elle se terminera quinze mois après par la mort du Téméraire. Nicolas de Diesbach, qui a deux ans de plus que Charles et meurt deux ans avant lui, a disposé les cartes du jeu politique de telle sorte qu'il peut être considéré comme le véritable vainqueur des guerres de Bourgogne.

Les opérations sont d'une rare violence. Les Confédérés brisent les portes des villes à coups de hache et massacrent la population : Morat, Estavayer, Yverdon, Romont sont ainsi prises. Le bourreau de Berne, qui suit l'armée, reçoit l'ordre à Estavayer de noyer dans le lac les prisonniers. Il lie les hommes par les pieds et les mains, mal sans doute : la corde se rompt. Attendri par les pleurs d'un jeune prisonnier, il lui fait grâce. Il est mis à mort !

Les Confédérés marchent en direction de Lausanne et de Genève, qui se soumettent et payent rançon : deux mille florins pour Lausanne, vingt-six mille pour Genève. Somme considérable : pour la réunir, on fond l'argenterie. Cela ne suffit pas ! On livre des otages. En moins d'un mois, le comte de Romont a perdu tous ses États et la duchesse de Savoie n'a pu empêcher ses principales villes d'être rançonnées : le duché se désagrège.

La conférence de la dernière chance s'ouvre à Neuchâtel le 26 novembre 1475 : elle est organisée par Rodolphe de Hochberg, comte de Neuchâtel. Celui-ci possède à la fois des terres d'Empire et des fiefs bourguignons. Par sa femme, Marguerite de Vienne, il est seigneur de Seurre et de Chagny. Philippe le Bon a été son parrain, son père, gouverneur de Luxembourg. A

1. Voir *La maison de Savoie en pays de Vaud.*

Neuchâtel, il gère ses terres comme un propriétaire foncier, s'efforçant de développer ses domaines. Une guerre serait pour lui désastreuse : il veut l'empêcher. Il est intervenu auprès de Charles, qui lui a dépêché à la fin du mois d'octobre un gentilhomme comtois, Simon de Cléron. Le Conseil de Berne a accordé un sauf-conduit et approuvé la démarche : la négociation peut s'engager. Elle va durer un mois. Les envoyés de Charles et les délégués des cantons se jaugent et, les jours passant, paraissent se comprendre.

Cependant, le 26 décembre, la rupture est consommée. « Charles veut conserver l'Alsace et exige l'évacuation du pays de Vaud ; les Confédérés demandent exactement le contraire[1]. » Aucun rapprochement n'aura lieu. Charles va partir à la reconquête du pays de Vaud pour une maison de Savoie, envers laquelle il éprouve des sentiments mitigés, tandis que les Confédérés vont défendre l'Alsace, qui appartient à leur vieil ennemi, la maison de Habsbourg ! Deux volontés s'affrontent : Charles tend à établir un lien territorial entre ses différentes possessions et Berne souhaite rassembler sous une même autorité le plateau suisse, des Alpes au Jura, du Rhin au Léman. « Toute volonté d'expansion territoriale implique un système d'alliances et tout système d'alliances introduit une série d'engagements aux conséquences imprévisibles. »

La Savoie est un « État bicéphale », selon l'expression de Pierre Frédérix, qui s'étend de Bourg-en-Bresse et de Genève jusqu'au Piémont et au comté de Nice. A Chambéry se forment, tout naturellement, un parti français et un parti milanais. Le roi de France convoite la Bresse et la Savoie ; le duc de Milan, le Piémont. L'un et l'autre attendent le moment de saisir leur proie. C'est une affaire de famille : Louis XI est le frère de Yolande de Savoie et le beau-frère de Galéas-Marie Sforza, duc de Milan. La Savoie et la Bourgogne sont

1. Louis-Édouard Roulet, *Neuchâtel et la paix de Bourgogne*, p. 164.

deux États récents, deux conglomérats de territoires qui ne parlent pas la même langue et ne constituent pas une nation. Au XVIe siècle, elles devront abandonner leur caractère multiforme et se replier sur les Pays-Bas pour la Bourgogne et le Piémont pour la Savoie. A l'automne 1475, la conquête du pays de Vaud constitue le premier coup porté à l'État savoyard.

Charles assiège Nancy. La ville prise, que va-t-il faire ? Se tourner vers l'Alsace, où il ne trouvera guère de résistance ? Il n'a pas renoncé au comté de Ferrette, que le traité de Soleuvre du 13 septembre 1475 lui a reconnu : « Je ne ferai la paix de ce côté, répète-t-il, qu'après restitution. » Mais, dans l'accord qu'il conclut le 17 novembre avec l'empereur, il consent à un délai de six mois pour trouver « un accommodement amiable » avec Sigismond d'Autriche.

Ses pensées se tournent vers le midi. Il rêve de la Provence, négocie avec le roi René pour devenir son héritier. Le duc de Milan est son allié, son armée est emplie d'Italiens, qu'« il aime plus que nuls autres soldats[1] ». Le rêve glisse du Rhin vers les Alpes. Les hommes du XVIe siècle porteront leur regard vers l'Italie : dans ses chimères, Charles est un précurseur.

Sur le chemin des Alpes, il va s'emparer de la Suisse. Le chancelier, ses principaux capitaines lui déconseillent l'entreprise, évoquent la rigueur de la saison, le besoin de repos de l'armée après le siège de Neuss, la difficulté d'une guerre dans les montagnes et la vaillance des Suisses.

En vain ! Charles se voit passer le Jura comme un autre Hannibal. Celui-ci est devenu son héros favori : sans cesse, il le cite en exemple. Le soir, à Nancy, il lit Tite-Live et aime les pages que l'historien romain consacre à Hannibal, « le plus audacieux pour affronter le danger, le plus habile à le conjurer ». Ce pourrait être son portrait :

---

1. Prosper de Barante, t. X, p. 269.

« Aucune peine ne fatiguait son corps ou n'entamait sa confiance ; il supportait également la chaleur et le froid ; pour le manger et le boire, il se limitait à ses besoins, non à son plaisir ; pour veiller ou dormir, il ne faisait pas de différence entre le jour et la nuit ; il n'avait alors besoin, pour se reposer, ni d'un lit moelleux ni de silence[1]. »

Charles appartient, comme Hannibal, à la race des grands hommes qui font l'histoire, n'écoutent pas les désirs de leur corps, tendent toute leur énergie vers un objectif à atteindre : hommes d'un grand rêve, d'une grande entreprise.

Hannibal avait l'âme d'un fondateur de monarchie et, comme Alexandre, rêvait de créer un ordre politique nouveau. C'était un homme libre de tous devoirs supérieurs, hormis l'idée qu'il servait. Il massacra à Crotone, comme Charles à Dinant et à Liège. C'était aussi un solitaire et il s'intéressait aux détails. Bref, lisant et relisant Tite-Live, Charles est tout à Hannibal.

Pendant qu'il rêve de conquête et d'infini, les États de Flandre lui refusent les subsides nécessaires à son entreprise. Ils trouvent celle-ci vraiment trop onéreuse ! Charles n'écoute pas leurs remontrances :

« C'est la dernière fois que je proposerai mes demandes à mes sujets, au lieu de leur faire connaître mes volontés. Dorénavant, je leur montrerai que je suis leur maître et leur seigneur. »

Cependant, après l'échec des pourparlers de Neuchâtel, les Confédérés ont tenu une diète à Zurich. Ils ne souhaitent pas la guerre mais, si Charles attaque, ils se défendront ! Ils lui envoient une délégation, lui rappellent que Sigismond d'Autriche a déposé, à Bâle, la somme nécessaire au rachat du comté de Ferrette, que Jacques de Romont a arrêté leurs marchands, que la duchesse de Savoie a autorisé la traversée de ses

1. Tite-Live, *Hannibal*, livre XXI, p. 67.

États par des mercenaires italiens destinés à les combattre.

Ils ajoutent :

« Vous n'avez rien à gagner contre nous ; notre pays est pauvre, nos prisonniers n'auront pas les moyens de payer de riches rançons. Il y a plus d'or et d'argent dans vos éperons et les brides de vos chevaux que vous n'en trouverez dans toute la Suisse[1] ! »

Louis XI, pour sa part, a versé aux Confédérés, en janvier 1476, vingt et un mille francs, une somme énorme pour l'époque ! En neuf mois, la ville de Berne reçoit du roi dix mille francs, soit le double de son revenu annuel[2]. Louis XI pousse ses alliés à un combat qu'il n'est pas disposé à livrer lui-même. Il connaît la valeur des troupes suisses, qu'il a affrontées dans sa jeunesse à Saint-Jacques-de-la-Birse[3]. S'il le faut, il volera à leur secours, mais il n'a pas l'intention de se battre.

Charles pouvait-il éviter les défaites qui l'attendaient ? Oui ! S'il avait adopté une politique strictement défensive et s'y était tenu. Mais il ne peut et ne veut remplir une telle condition. Dès lors, seule sa mort pourrait changer le cours des choses. « Il va là où l'idée qu'il se fait de son destin lui prescrit d'aller[4]. » Que sont les Confédérés ? Des agresseurs ! La duchesse de Savoie et son beau-frère ? Des victimes ! Charles doit les secourir, tenir son rôle de redresseur de torts. Il sera Hannibal et rétablira la justice.

Il prépare son expédition avec soin. Plus que jamais, il a le souci du détail. Comme Hannibal, il n'improvise pas. A Nancy, pendant la semaine de Noël et les premiers jours de 1476, il travaille jour et nuit : à peine

1. Prosper de Barante, t. X, p. 274.
2. Adolf Gasser, p. 109.
3. Jean-René Bory, p. 24-26 : Louis XI, alors dauphin, commandait une armée de trente mille hommes, qui affronta, le 26 août 1444, près de Bâle, mille cinq cents Confédérés. L'armée française perdit plus de dix mille hommes.
4. Pierre Frédérix, p. 123.

prend-il le temps de se nourrir. Il examine l'état de ses finances, réorganise son armée, réunit conseil sur conseil. Il mesure les risques de l'opération et tente de les limiter : il ne se dirigera pas vers l'Alsace, mais vers le sud-ouest, le Jura. Il vise le pays de Vaud, envoie un premier détachement en direction de Genève pour montrer le sens de sa démarche.

Le 11 janvier 1476, il quitte Nancy, prend le commandement de son armée à Neufchâteau, pénètre en Franche-Comté. Il s'arrête à Besançon pour les derniers préparatifs, du 22 janvier au 5 février [1]. Dans une lettre du 29 janvier aux échevins de Dijon, il précise ses intentions : il s'agit pour lui de « venger et délivrer ses pays et sujets de Bourgogne et ceux de la maison de Savoie des Suichois (Schwyzois), Valaisiens et autres Allemands ». En somme, rien de plus légitime ! Charles veut mettre fin aux incursions des bandes suisses dans la Comté et délivrer ses alliés de Savoie des envahisseurs allemands.

Le 6 février, il quitte Besançon et, le 8 février, il est au pied du col de Jougne. Pour écraser les Suisses, il emmène avec lui vingt mille hommes, dont six mille proviennent du Piémont et du Milanais. L'artillerie est la plus belle que le duc ait jamais commandée, celle du siège de Neuss, augmentée des canons pris en Lorraine. Quant aux bagages de l'armée, ils sont immenses. Charles traîne avec lui toutes ses richesses, ses joyaux, ses tapisseries, ses statues, ses manuscrits, ses services d'or, de vermeil et d'argent, les tentes et les pavillons nécessaires pour loger la cour, la chancellerie et les ambassades.

Il veut conduire une guerre éclair, montrer sa puissance, imposer sa force. Il est fier de mener à sa suite et de « tenir au-dessous de lui » des princes et des grands seigneurs : le prince de Tarente, fils du roi de Naples, le comte de Romont, prince de Savoie, le duc de

1. Charles Brusten, *Les itinéraires de l'armée bourguignonne*, p. 64.

Clèves, le prince d'Orange, le comte de Marle. Il aime paraître « dans un appareil qui puisse donner l'idée de sa grandeur ». Son armée rappelle celle de Xerxès : « On voit, mêlée aux gens de guerre, une foule de valets, de marchands, de femmes et de filles de joyeuse vie[1]. » Ce n'est pas une troupe en marche, c'est une population qui se déplace, occupe les villes et les villages, dresse ses tentes dans les champs ! Les habitants du Jura n'ont jamais rien imaginé de pareil : une invasion.

Charles emmène avec lui tout ce qu'il possède. Il est en représentation : sa vie devient une pièce de théâtre, qu'il joue pour les autres et pour lui-même. Elle s'apparente aussi, de plus en plus, à « une marche obstinée vers la mort[2] ». Il s'installe au sommet du col de Jougne, à plus de mille mètres, dans la neige qui tombe. Pendant trois jours, il passe la revue de ses troupes et de ses bagages. Il salue les officiers, retient auprès de lui un chambellan, dicte une lettre. Il compte les chariots et vérifie leur contenu : ici, il soulève une bâche ; là, il ouvre un coffre. Une mentalité de notaire ! Son ambition se résume, dans l'instant, à caresser du regard ses trésors.

Le 11 février, il descend du col, traverse Les Clées, fait hisser l'étendard de Bourgogne sur le château d'Orbe. Il y a dix-huit mois que Charles est en campagne. Il lui reste onze mois à vivre.

Le comte de Romont commande l'avant-garde. Il a précédé Charles à Orbe, arrive devant Yverdon, qui l'attend comme un libérateur. Les habitants le renseignent et lui fournissent les moyens de prendre la ville. Dans la nuit du 12 au 13 janvier, un commando pénètre dans Yverdon par deux maisons attenant aux remparts : ses hommes se répandent dans les rues, crient « Ville gagnée ! Bourgogne, Bourgogne ! » Dans

1. Prosper de Barante, t. X, p. 291.
2. Pierre Frédérix, p. 125.

l'obscurité, les Suisses, à peine vêtus, quittent leurs maisons, se regroupent et se retirent dans le château. Ils tentent une sortie, la réussissent, blessent Romont et se replient à nouveau. Peu après, ils reçoivent, avec des renforts, l'ordre de gagner Grandson et de défendre la place « jusqu'à la dernière extrémité », afin de contenir l'avance de l'armée bourguignonne et de permettre le regroupement des forces confédérées. La garnison de Payerne, dans le même temps, se replie sur Morat : les Confédérés pensent que le duc de Bourgogne marchera sur Berne par le sud du lac de Neuchâtel, où il pourra trouver l'appui de renforts savoyards.

La duchesse de Savoie a quitté Turin avec ses enfants. Le 19 février, elle passe le col du Mont-Cenis dans une tempête de neige. Le même jour, Charles quitte Orbe mais, au lieu de prendre la direction de Payerne et de Morat, vient mettre le siège devant Grandson. La colline sur laquelle il fait dresser son pavillon au sud-ouest de Grandson est encore appelée de nos jours *Duc de Bourgogne*. Il pleut, le brouillard ne se lève pas, les ruisseaux sont gonflés. L'armée suit avec peine : chacun s'installe comme il peut dans la boue et le froid.

Le camp couvre la plaine entre les contreforts du Jura et le lac de Neuchâtel, en demi-cercle autour de Grandson. Il s'étend jusqu'à l'Arnon, petite rivière qui se jette dans le lac à l'est de la ville. Si l'on tient compte des détachements qui opèrent dans le pays de Vaud et de l'avant-garde qui s'avance en direction de Neuchâtel, il regroupe environ quinze mille hommes, plus les bagages, le trésor et la chancellerie.

En face, la garnison de Grandson compte à peine cinq cents hommes, qui vont se battre comme des lions, repousser deux assauts sous des tirs incessants d'artillerie. Le magasin à poudre saute, le commandant meurt, les vivres manquent ; les bateaux qui amènent des renforts ne peuvent accoster. Parmi les défenseurs, un débat s'engage entre les uns, qui veulent se rendre, et d'autres, qui souhaitent continuer le combat. Un gentilhomme allemand, du nom de Ramschwag, se présente comme l'envoyé du margrave de Bade. Il est introduit dans le château et tient des propos qui emportent la décision :

« Fribourg est en ruines ; la population y a été égorgée. Berne a décidé de se rendre ; tout est en désordre parmi les alliés... Il n'y a plus que vous qui résistez. Ne poussez pas Monseigneur à bout ! J'ai demandé la grâce pour vous : il vous l'accorde et m'a chargé de venir vous le dire. Fiez-vous à ma parole sur mon âme et sur mon sang ! Rendez-vous ! Tout à l'heure, il sera trop tard[1] ! »

Tout ce discours, sans doute romancé, est relaté par Barante, qui prend plaisir au récit de la prise de Grandson. Pour faire bon poids, il ajoute que des filles de mauvaise vie se sont introduites dans le château et ont débauché les soldats. Passent, avec les femmes, les rumeurs !

Hans Wyler, qui commande la garnison, est partisan de la reddition. Il paie à Ramschwag le prix que celui-ci réclame pour son intervention. Puis, il quitte le château, arrive devant Charles, qui le reçoit fort mal :

« Par saint Georges ! Qu'est-ce que ces gens viennent faire ?

— Monseigneur, répond Ramschwag, se mettre à votre miséricorde ! »

Les rescapés d'Estavayer, les réfugiés d'Yverdon demandent vengeance, le comte de Romont aussi : « Il faut commencer cette guerre, dit-il, en jetant l'effroi dans l'esprit des peuples ! La peur ouvrira les portes des villes et des forteresses. Quand on n'épargne personne, les guerres sont bientôt finies[2] ! »

On ne va donc épargner personne. Le matin du 28 février, mercredi des Cendres, plus de quatre cents

1. Prosper de Barante, t. X, p. 299.
2. *Ibid.*

hommes sont pendus aux arbres. Jean Molinet décrit la scène, qui dure quatre heures : les branches cassent sous le poids des pendus ; les corps tombent à terre, sont mutilés. Le lendemain, les hommes qui survivent sont noyés dans le lac. L'exécution provoque la haine : « Grandson ! Grandson ! » va devenir le cri de guerre des Confédérés.

Le rassemblement des alliés a commencé à Neuchâtel au début de la semaine. Sont d'abord arrivés les contingents de Bâle et de Strasbourg, puis ceux de Berne — sept mille hommes sous le commandement de Nicolas de Scharnachthal, ceux de Zurich sous les ordres de Hans Waldmann, de Lucerne avec leur avoyer Heinrich Hassfurter. Uri et Unterwalden ont envoyé chacun cinq cents hommes ; Schwyz, le tiers de sa population mobilisable, plus de mille hommes. Physiquement et moralement, ces troupes constituent une élite.

Comment ont-elles été formées ? A la différence de l'armée bourguignonne, elles ne reposent pas sur une organisation féodale et ne comprennent pas de soldats de métier. Dès l'enfance, les garçons suivent un entraînement intensif. Même les fêtes comportent des épreuves sportives : course à pied, de fond et de vitesse, lutte, lancer de pierres, tir à l'arc. Tout homme en bonne santé, quelle que soit sa classe sociale ou sa profession, peut être appelé au service armé : il est soldat en même temps que citoyen. « Pour être élu, *Ehrbar,* il faut être *Wehrbar*, c'est-à-dire posséder une instruction militaire[1]. » Un avoyer commande en temps de guerre ceux qu'il administre en temps de paix.

Cette formation explique la prédominance de l'infanterie dans l'armée suisse, qui comprend peu d'artillerie et peu de bagages. La « bataille » est formée de hallebardiers et de piquiers, qui entourent la « piétail-

1. Gonzague de Reynold, *Formation de l'Europe. Les Germains*, cité par Pierre Frédérix, p. 81.

le » composée d'archers et d'arbalétriers. La hallebarde, longue d'environ deux mètres, est une hache à fendre les heaumes, un véritable ouvre-boîte. La pique est trois fois plus longue : difficile à manier, elle est réservée à des athlètes qui suivent un entraînement spécial.

Ainsi, l'armée que Charles va affronter est composée d'hommes indisciplinés, mais capables de marcher pendant des heures, d'une exceptionnelle énergie. Ce sont des paysans aptes au combat, qui ont envie d'en découdre : selon Étienne Chatton, « un curieux mélange de bêtes de guerre et de paysans enfoncés dans leur purin ». Rassemblés par communes, ils se connaissent entre eux, avec leurs forces et leurs faiblesses. Pour ces soldats d'occasion, « le butin remplace la solde et, en campagne, la guerre nourrit la guerre[1] ». En Europe, aucun souverain ne peut réunir une telle armée.

Le vendredi 1er mars, Charles part en reconnaissance et s'empare, à une dizaine de kilomètres de Grandson, du château de Vaumarcus, perché au-dessus du lac au débouché du ravin de la Vaux. A cet endroit, les monts du Jura descendent jusqu'au lac. Jean de Neuchâtel, parent du margrave de Bade, commande Vaumarcus. Il a proposé sa médiation pour empêcher la guerre : il se rend et Charles installe dans le château une garnison de quatre cents archers sous les ordres de Georges de Rosimbos. Il n'aperçoit pas l'ennemi : il ne peut d'ailleurs le voir en raison de la configuration du terrain. Il se retire à Grandson. Il n'effectuera pas d'autre reconnaissance et cela le perdra.

Il n'enverra aucun détachement sur la route qui gagne Neuchâtel sur les flancs du mont Aubert, ne mettra aucun guetteur dans les bois de la Côte et de Seyte, au-dessus de Concise. De l'ennemi, il ne sait rien, sinon qu'il se concentre dans la région de Neu-

---

1. Roger Sablonier, p. 432.

châtel : c'est le seul renseignement que lui communique la duchesse de Savoie. Quand il met ses troupes en marche le samedi 2 mars au matin, il ignore tout des plans de l'adversaire. A Panigarola, qui ne le quitte pas, il indique qu'il part « occuper un monticule voisin du passage que les Suisses devront emprunter[1] ».

Pour gagner la bataille, il doit attirer l'ennemi dans la plaine. Sa force principale réside dans sa cavalerie qu'il ne peut utiliser sur un terrain escarpé. Il s'efforcera donc de contraindre les Confédérés à quitter les pentes de la montagne et descendre sur le bord du lac.

Au petit matin, l'armée bourguignonne s'ébranle. Une première colonne commandée par le Grand bâtard longe la rive en direction de Vaumarcus. Une deuxième, aux ordres directs du duc, grimpe dans les prés et les vignes au-dessus de Concise. Les bagages restent dans le camp : Charles laisse derrière lui, avec le gros de son artillerie, ses tentes et ses trésors.

Dans les heures décisives qui précèdent la bataille, quels sont les objectifs des Confédérés ? Quel plan, quelle tactique décident-ils d'appliquer ?

Leurs chefs tiennent conseil le 1er mars au soir. Ils ne sont pas mieux informés que ne l'est Charles. Ils estiment, avec raison, que le camp de Grandson est inexpugnable, défendu par des dizaines de canons, protégé par la barrière naturelle que constitue l'Arnon, renforcée par des remparts de chariots. Il leur faut obliger le Téméraire à le quitter. Quel moyen choisir ? Conduire le duc à défendre le château de Vaumarcus, dont il s'est emparé : les Suisses vont donc attaquer Vaumarcus. C'est là qu'ils décident de porter leur effort principal.

Ils forment deux colonnes, qui se mettent en marche le samedi matin, à la même heure que Charles. Une partie de l'armée prend la route du bord du lac en direction de Vaumarcus ; un contingent de deux mille

1. Dépêche du 4 mars 1476 au duc de Milan.

cinq cents hommes environ emprunte sur les hauteurs l'ancienne voie romaine, la *vy Detraz* (via detra), en direction de Verneaz. Au passage de la rivière de la Vaux, les Confédérés se heurtent à une avant-garde bourguignonne, qui donne l'alerte. Ils poursuivent leur avance, traversent les bois, découvrent à leur lisière, au-dessous des vignes, l'armée de Charles déployée dans la plaine.

Le sol est gelé, recouvert de neige ; les arbres sont poudrés de givre. Il est midi et le soleil paraît[1].

Les troupes suisses se regroupent pour livrer bataille. Le détachement qui a suivi la voie romaine est rejoint par les contingents qui ont contourné Vaumarcus et progressent le long du lac. « L'attaque est menée simultanément par les hauts et par l'axe qui suit les rives du lac[2]. »

Panigarola voit « une formation serrée de huit mille hommes, au milieu desquels flottent une trentaine de bannières vertes et un étendard blanc[3] ». Les Suisses s'avancent en bataillons carrés, « faisant un rempart de leurs longues piques et de leurs hallebardes », selon Barante[4]. Alignés sur quatre rangs, les piquiers forment un mur compact : la jambe gauche fléchie en avant, l'arme appuyée contre la jambe droite. Derrière eux marchent les arbalétriers et les archers.

Les Suisses ont repris la tactique de la phalange de Philippe de Macédoine[5]. La pique suisse, en bois de frêne, longue de six mètres, est l'héritière de la sarisse macédonienne. Par quels liens ? Il semble que les

1. J'ai suivi, en janvier 1996, le chemin pris par les Confédérés de Fresens à Verneaz et Concise, à la même heure, par le même froid, le même temps bas.
2. Hans-Rudolf Kurz, p. 206.
3. Dépêche du 18 mars 1476, citée par Pierre Frédérix, p. 134.
4. Prosper de Barante, t. X, p. 308.
5. Jean-René Bory *(Le sang et l'or de la Renaissance)* présente l'évolution de la phalange au temps de Philippe et d'Alexandre de Macédoine, puis son utilisation par l'armée romaine. Au château de Penthes, on peut voir de belles gravures des XVIe et XVIIIe siècles, sur lesquelles apparaît la sarisse (p. 36-37).

armées du sultan, notamment à Nicopolis, ont utilisé la sarisse.

Cette infanterie, la plus redoutable de l'Europe, a l'avantage du terrain et descend vers l'armée bourguignonne. Face à elle, Charles va prendre, au cours de la journée, deux décisions.

D'abord, il envoie un corps de cavalerie au-dessus de Corcelles, afin d'attaquer la phalange suisse sur son côté droit. Il confie le commandement de cette opération à Louis de Chalon qui, à vingt-huit ans, est l'un de ses meilleurs officiers. A plusieurs reprises, sur un terrain difficile, la cavalerie bourguignonne charge, mais les chevaux s'embrochent sur les piques suisses. Louis de Chalon réussit à pénétrer jusqu'à la bannière de Schwyz : lorsqu'il tente de la saisir, il est tué. Contrairement à toute attente, la cavalerie bourguignonne ne parvient pas à entamer le mur que lui oppose l'infanterie suisse. Le hérisson, « ce taureau aux mille cornes », continue à descendre lentement vers Concise[1]. Les meilleurs officiers bourguignons tombent : Louis d'Aymeries, fils du chancelier Rolin, Jean de Lalaing, le condottiere italien Pierre de Lignana.

Charles prend alors sa deuxième décision stratégique de la journée. Afin d'attirer le hérisson dans la plaine, il donne l'ordre à la cavalerie de prendre du champ, à l'infanterie de reculer pour ouvrir un passage à l'ennemi, qu'il se propose ensuite d'attaquer sur ses flancs. La manœuvre est habile, son exécution délicate : les ordres doivent être transmis en plusieurs langues et le recul de l'artillerie dans une bataille de cette importance constitue une première.

L'après-midi est largement avancée. Il fait toujours aussi froid, mais le ciel s'est dégagé. Le soleil éclaire, sur les hauteurs comme sur la rive du lac, de nouvelles troupes qui s'élancent au combat aux cris de « Grand-

1. Pierre Frédérix, p. 136.

son ! Grandson ! », alors que mugissent les cornes d'Uri. Arme psychologique, arme sacrée ! Selon le chroniqueur lucernois Petermann Etterlin, les piques et les hallebardes étincellent au soleil et les trompes jettent l'effroi.

Le repli, voulu par le Téméraire, est perçu comme une fuite par les troupes qui montent en ligne, venant du camp de Grandson. Ce malentendu, « grotesque autant que grandiose », décide du sort de la bataille[1].

L'armée bourguignonne, dont plus de la moitié n'a pas combattu, prend la fuite. Elle est la meilleure de son époque et elle détale devant les fantassins suisses ! La panique gagne les compagnies d'ordonnance les unes après les autres ; les mercenaires italiens fuient les premiers. Le duc galope entre ses troupes débandées, injurie les fuyards, les frappe du plat de son épée. Rien n'y fait : « Hommes, bêtes, voitures, tout est en déroute[2]. »

Charles rallie quelques centaines de cavaliers, tente de couvrir la retraite, organise des contre-attaques : les Suisses s'arrêtent, reçoivent ses hommes au bout de leurs piques et reprennent leur marche en avant. Le dernier combat se livre le long de l'Arnon. Le camp de Grandson pourrait être défendu : les Suisses marchent depuis le matin, ont parcouru vingt kilomètres avec leur équipement, sont épuisés. Mais la panique est telle que les fuyards n'ont qu'une idée : gagner le Jura.

Charles écume. « Accablé de fatigue, épuisé de douleur et de rage, resté presque le dernier », il quitte à son tour le champ de bataille. Panigarola le convainc de se retirer : il se replie sur Jougne avec une petite escorte. « Ah Monseigneur ! lui dit son fou, nous voilà bien *hannibalisés*[3]... »

La nuit tombe. Les Suisses n'ont pas assez de cava-

1. Klaus Schelle, p. 269.
2. Pierre Frédérix, p. 136.
3. Prosper de Barante, t. X, p. 312.

liers pour exploiter leur victoire. Entrant dans Grandson, ils découvrent les pendus du mercredi des Cendres. Les corps sont encore accrochés aux arbres : ils coupent les cordes et enterrent les morts. Quelques Bourguignons se sont réfugiés dans le château : ils les pendent aux mêmes arbres, avec les mêmes cordes.

« La grande affaire désormais, le miracle, c'est le butin » : il est resté célèbre dans l'histoire. « Ces pauvres Suisses, écrit Barante, étaient loin de connaître la valeur de tout ce qu'ils avaient conquis : ils ne savaient ni ce qui était beau, ni ce qui était rare[1]. » Tout est rare et le plus souvent fort beau ! Les tapisseries et les dentelles de Flandre, trouvées dans des coffres, sont coupées et distribuées à l'aune comme de la toile. Le gros diamant, que le Téméraire portait au cou, est trouvé sur un chemin dans une boîte ornée de perles fines : l'homme qui le ramasse garde la boîte et le jette. Se ravisant, il va le chercher, le trouve sous un chariot, le vend un écu au curé de Montagny, qui le revend trois écus aux commissaires du camp. Son histoire tient de la légende : un marchand bernois l'achète cinq mille florins, un commerçant génois l'acquiert et le vend au duc de Milan, Ludovic le More, pour dix mille florins. Après la chute des Sforza, le diamant devient la propriété du pape Jules II : Charles le portait au cou, le pape sur sa tiare ! De Jules II, il passe à Léon X, entre dans la famille des Médicis, d'où le nom de *Florentin*, qui lui est parfois donné. Il quitte les Médicis pour les Habsbourg, qui le gardent à Vienne jusqu'à leur chute. Perdu en Suisse en 1476, il retourne en Suisse en 1918 avec le dernier empereur d'Autriche. Mis en vente en 1929, il serait actuellement aux États-Unis, mais sa trace est perdue.

Après Grandson, la Suisse devient « un vaste marché noir », dans lequel les paysans sont des receleurs, les orfèvres et les joailliers des revendeurs. On marchande

---

1. *Ibid.*, p. 313.

et on négocie du Rhin au lac de Genève. Pour le matériel militaire, les avoyers organisent le partage : Lucerne devient un dépôt, Berne, Schwyz et Soleure s'adjugent les pavillons du duc, les églises héritent des reliques et des bannières.

Le chapeau de parade du Téméraire, couvert de perles et de pierres précieuses, est surmonté d'un fermail de trois rubis, les *Trois frères*. Un des vainqueurs le met sur sa tête, le trouve ridicule, le jette, disant qu'« il aime mieux avoir dans son lot un bon harnais de guerre [1] ». Jacques Fugger l'achète. Quelques années plus tard, il le revend, du moins le fermail, à Maximilien de Habsbourg qui, épousant Marie de Bourgogne, devient « l'héritier naturel de toutes ces richesses [2] ».

Il est un butin dont les historiens suisses, à l'exception de la chronique de Bâle, ne font guère mention : les deux mille « joyeuses filles de l'armée de Bourgogne », que les vainqueurs trouvent dans le camp et qu'ils se répartissent dans des conditions dont jamais personne ne parlera [3].

En s'enfuyant de Grandson, Charles s'arrête quelques instants à Jougne. Le château a brûlé, il n'y a pas de chambre où il puisse coucher, son escorte est peu nombreuse et les Suisses ne sont pas loin. Il gagne la Comté et s'installe à Nozeroy dans le château de Louis de Chalon, dont le corps lui est retourné par les Suisses. Panigarola le rejoint : il est son confident. Il l'a accompagné dans la défaite, il écoute ses explications. L'ambassadeur rend compte au duc de Milan et ses dépêches du 4 et du 29 mars constituent le récit le plus fidèle de la bataille de Grandson. Olivier de La Marche n'était pas à Grandson, n'est pas à Nozeroy : malade, il est à Salins. Dans ses *Mémoires*, il écrit simplement que « le duc était bien triste d'avoir perdu cette journée

1. Florens Deuchler, dans *Le butin des guerres de Bourgogne*.
2. Prosper de Barante, t. X, p. 310.
3. Florens Deuchler, *Die Burgunderbeute*.

où ses riches bagages furent pillés et son armée rompue[1] ». C'est peu ! Les lettres de Panigarola sont autrement précises.

Charles se cache, ne veut voir personne. Il demeure enfermé avec son sang, qui bouillonne en lui. Peut-il avoir été battu par les Suisses, ces « bouviers » ? Il ne supporte pas cette idée. D'ailleurs, il n'a pas été vaincu, il a été trahi. Il avait réussi à attirer les Suisses dans la plaine et il était sur le point de les envelopper ! « Il s'agit moins d'une défaite que d'un terrible accident ! » Oui, il a été victime d'un accident ! C'est l'explication qu'il donne aux princes de toute l'Europe et qu'il cherche à se donner à lui-même. Il n'accepte pas l'humiliation qu'entraîne la défaite : « dans huit jours au plus », il va former une nouvelle armée « deux ou trois fois plus forte que celle de Grandson ». Il l'affirme à Panigarola : une armée qu'il composera de troupes solides, qu'il prélèvera en Picardie et en Bourgogne, avec des soldats qui n'ont pas « l'habitude de tourner le dos devant l'ennemi ».

Et, s'il ne peut vaincre, il mourra les armes à la main ! Il ne peut plus se montrer, paraître ! Or, il attache à l'image qu'il donne de lui-même une importance plus grande qu'à la réalité.

Il ne peut vivre ainsi, il tombe malade : Commynes soutient qu'il n'a, après Grandson, retrouvé ni sa santé, ni ses esprits. Il est fiévreux, souffre de l'estomac, ne dort pas de la nuit et, d'ailleurs, ne se déshabille pas. Il laisse pousser sa barbe, ne se lave plus. Lui, qui ne prenait jamais de vin et qui, pour se calmer, mangeait de la confiture de roses, maintenant boit du vin pur en abondance. Il est seul, sans amis, sans confident autre que Panigarola — personne « pour l'écouter, le plaindre, lui relever le cœur[2] ». Il n'a pas vu sa femme depuis deux ans, pressent que sa mort est

1. Olivier de La Marche, t. III, p. 210-212.
2. Prosper de Barante, t. X, p. 335.

prochaine : le voilà tout à son angoisse, plus forte que jamais. Selon l'expression de Pierre Frédérix, il est « au bout de son rouleau[1] ».

Il a laissé à Grandson, en tués et blessés, moins d'un millier d'hommes. Louis XI trouve que ce n'est pas assez : il est « fâché que les Bourguignons aient perdu si peu de gens[2] ! » Mais les Suisses ne bougent pas — comme s'ils digéraient leur victoire. Ils se sont battus pour défendre leur territoire, non pour conquérir le pays de Vaud : à Berne et à Fribourg de continuer la lutte ! Les contingents des autres cantons, après avoir passé, selon la coutume, trois jours sur le champ de bataille, rentrent chez eux.

Les Suisses n'attaqueront pas Charles et, pour ce dernier, la situation ne serait pas dramatique sans l'humiliation de la défaite, le ridicule qui court l'Europe et le marque aux yeux de tous ! Il dit à Panigarola que, « pour rétablir sa renommée, il mourra à la guerre ou en sortira plus puissant que jamais ».

Il analyse les causes de la défaite. Il doit pourvoir ses soldats de piques plus longues, comme celles des Suisses, il doit aussi réduire sa cavalerie, qui ne lui a servi à rien. Dans ses compagnies d'ordonnance, les « lances », composées de six cavaliers et de trois hommes à pied, ne comporteront plus à l'avenir que quatre hommes à cheval.

Il se sauve, une fois de plus, par le travail, l'attention qu'il porte au moindre détail. Dans sa tête et sur le papier, il crée une nouvelle armée, qu'il va former près de Lausanne, où il arrive le 14 mars. Il installe son pavillon dans *Les plaines du loup*.

La frénésie d'action qui est la sienne va le guérir. Travaille-t-il trop ? En avril, après Pâques, il tombe à nouveau malade : une rechute si grave qu'il doit être transporté en ville avec des douleurs dans le ventre qui

1. Pierre Frédérix, p. 148.
2. Prosper de Barante, t. X, p. 333.

le font crier, des jambes enflées, une menace d'hydropisie. Pendant trois jours et trois nuits, deux médecins ne le quittent pas : son médecin habituel, le Milanais Matteo de Clerici, et un Napolitain que lui a envoyé la duchesse de Savoie. Ils le purgent, lui appliquent des compresses glacées sur le ventre, le calment.

Au bout d'une semaine, Charles a surmonté son désespoir. Il est prêt pour un nouveau départ.

XXIII

Morat

Le 6 avril 1476, arrivent à Lausanne les envoyés du pape et de l'empereur : Alexandre Nanni, évêque de Forli, et Grawin Hessler, prieur de Xanten, qui deviendra cardinal. Leur mission est double : réconcilier Charles et les Suisses et, pour Hessler, conclure le mariage de Marie de Bourgogne et de Maximilien de Habsbourg.

Mais Charles veut sa revanche et les Confédérés n'ont effectué aucune approche de paix. D'ailleurs, s'ils s'étaient engagés dans cette voie, il ne les aurait pas suivis. Il déclare à Panigarola qu'il a fait « vœu de mourir au combat ou de vaincre, afin de rétablir sa renommée et son honneur[1] ». Quant au mariage de Marie, il l'approuve, ne pose plus aucune condition à sa réalisation. Il oublie ses exigences de Trèves, comme s'il voulait d'abord assurer l'avenir de Marie. Huit mois avant sa mort, il choisit pour sa fille unique un mari et un protecteur.

Le dimanche de Pâques, dans la cathédrale de Lausanne, Yolande de Savoie et Charles de Bourgogne assistent, côte à côte, à la messe. Ils ont le même âge et tout paraît encore les rapprocher. Le légat du pape

1. Lettre de J.-P. Panigarola au duc de Milan en date du 30 mars 1476.

et le protonotaire impérial ont bien travaillé : à la fin de la messe, l'accord qu'ils ont négocié au nom du pape et de Frédéric III est rendu public. Il est présenté l'après-midi aux troupes assemblées dans *Les plaines du loup* : les Suisses ne peuvent rien attendre de l'empereur, sinon la guerre. Frédéric III est prêt à les combattre et Louis XI n'interviendra pas. Les Suisses seront donc battus ! Panigarola commente : « Ces manœuvres n'ont pas d'autre but que d'obtenir le mariage. »

Le 6 mai, dans une lettre à l'empereur, Charles promet qu'il conduira sa fille « en personne à Cologne », en novembre, le jour de la Saint-Martin. Mais, d'abord, il doit vaincre les Suisses. La duchesse Marguerite a réuni à Gand les États de Flandre, qui ont refusé toute levée de soldats nouveaux et toute attribution de crédits supplémentaires. Ils se sont même opposés au départ de Marie pour Lausanne. Puisqu'ils n'ont plus prise sur le duc, ils gardent en otage l'héritière de Bourgogne !

Dans *Les plaines du loup*, Charles organise son armée en quatre corps, qu'il divise chacun en deux lignes de bataille. Le premier corps, placé sous les ordres de Julio d'Acquaviva, duc d'Atry, comprend les troupes de la garde : il est composé d'une majorité de Bourguignons et de Flamands. Le deuxième est commandé par le jeune prince de Tarente, qui n'a guère l'expérience de la guerre. Il est secondé par deux soldats de métier, deux capitaines italiens : Jean-François Troylo et Antoine de Lignana, le frère de Pierre, tué à Grandson. Le troisième corps est confié au comte de Marle, le fils du connétable de Saint-Pol. Le quatrième est placé sous les ordres du comte de Romont, le beau-frère de la duchesse Yolande : il comprend une majorité de recrues savoyardes, dont certaines sont venues du comté de Nice.

Le 9 mai, l'armée quitte le camp, se déploie au bord du lac, où un pavillon a été dressé pour la duchesse de

Savoie. A cheval, sans arme, vêtu d'une tunique de soie brodée d'or, Charles conduit une inspection minutieuse. Pendant quatre heures, il passe dans les rangs, examine l'équipement de chaque soldat, frappe de son bâton de commandement ceux qui n'ont pas appliqué ses consignes. C'est une revue comme il aime les organiser. Sa dernière parade.

Les ambassadeurs présents s'interrogent : cette armée sera-t-elle plus efficace que celle de Grandson ? Fera-t-elle preuve d'une volonté de combattre supérieure ? Est-elle en mesure de vaincre les Suisses ?

Sur la vingtaine de milliers d'hommes qui la composent, un bon tiers est constitué de mercenaires italiens, « assez peu disposés à risquer leur peau [1] ». Ils le sont d'autant moins qu'ils viennent d'apprendre que les Confédérés ont décidé à Lucerne de ne pas faire de prisonniers. Pour les deux autres tiers, l'armée de Lausanne comprend des soldats levés par la contrainte, qui « maudissent de toute leur âme la guerre où on les amène malgré eux [2] ». Toutes les nationalités de l'Europe, ou presque, y sont représentées : des Anglais aux Flamands, des Allemands aux Lombards. Les uns et les autres ne s'aiment guère : des bagarres ont éclaté, qui ont provoqué sept morts. Le duc a dû intervenir personnellement pour rétablir l'ordre [3]. En dehors des Savoyards, les soldats du Téméraire ne se battent pas pour leur pays, mais pour une solde que, d'ailleurs, ils ne perçoivent pas toujours à temps. En face d'eux, les Suisses constituent une armée nationale : une supériorité essentielle, qui sera décisive.

Panigarola regarde, analyse et conseille au duc de ne pas tout miser sur une seule carte. « La guerre, dit-il

1. Pierre Frédérix, p. 152.
2. Prosper de Barante, t. X, p. 317.
3. Louis-Édouard Roulet, *Présence et engagement des combattants anglais à Grandson et Morat*, p. 108.

à Charles, est une affaire hasardeuse[1] ! »Sur ce point essentiel, il n'est pas écouté. Il l'est davantage, quand il conseille d'avancer prudemment. Charles n'est pas l'homme d'une décision rapide : il suit son avis. Il prend la route de Morat par Moudon et Payerne. Il avance prudemment, trop prudemment même. Il n'arrive en vue de Morat que le 9 juin.

Il n'attaque pas immédiatement. Pour impressionner la garnison, il organise une revue de ses troupes. Pas un instant, il n'envisage de contourner Morat et de marcher sur Berne. Morat est sur son passage : il prendra Morat !

Le mardi 11 juin, il établit son quartier général sur la butte du *Bois Domingue* à douze cents mètres des remparts ; il déploie l'armée en demi-cercle autour de la ville. Pendant dix jours, il va conduire le siège. En vain ! Il ne prendra pas Morat et les Confédérés pourront assembler leurs forces tout à loisir : quand ils les jugeront suffisantes, ils attaqueront. Charles a trop tardé et sa prudence le perd.

Morat, qui compte un peu plus de trois mille habitants, n'a guère changé depuis le XVe siècle : l'enceinte, le château, les portes, les rues principales subsistent à peu près entièrement. Ville attachante, modèle aujourd'hui encore d'une cité médiévale, Morat — ou Murten — est établie à la frontière de la Suisse alémanique et de la Suisse romande. Au XVe siècle, elle est à la fois savoyarde et bernoise : vassale des comtes de Savoie, elle a conclu une alliance avec Berne au siècle précédent.

Quand Berne occupe le pays de Vaud en octobre 1475, elle installe à Morat une garnison, que renforceront des troupes venues de Fribourg et d'autres cantons. En juin 1476, deux mille hommes défendent la ville. Un capitaine d'exception, Adrien de Bubenberg, les commande.

1. Klaus Schelle, p. 284.

Il a été le compagnon d'armes de Charles à Montlhéry et il a son âge : quarante-deux ans. Il connaît bien le duc, qui l'a souvent invité en Flandre : ils y ont tous deux chassé. A Berne, il a dirigé le parti bourguignon contre le parti français des Diesbach. Il a été écarté, puis rappelé aux affaires après Grandson. Il ne pardonne pas au duc d'avoir changé de politique et de combattre les Suisses. Face à lui, il va tenir Morat, animer la résistance « par sa présence, ses paroles, son exemple[1] ».

De son quartier général, Charles peut suivre les positions de son armée : du nord-est au sud-ouest, les Savoyards du comte de Romont, les Bourguignons du duc d'Atry, les Italiens de Troylo et de Lignana. Le prince de Tarente, dont ils sont les adjoints, abandonne Charles avant l'attaque suisse. Il est venu dans l'espoir d'obtenir la main de Marie, qui est désormais promise à Maximilien. Il ne croit pas à la victoire et s'en va. Mauvais présage !

Du *Bois Domingue*, la vue s'étend sur le lac et la ville. Mais elle est bouchée à l'est et au sud par des crêtes toutes proches d'où le danger peut venir : Berne est à trente kilomètres, Fribourg à quinze. Charles établit une ligne de défense au-dessus des villages de Coussiberlé et de Cressier pour se protéger d'une attaque qui viendrait de Fribourg ; il la prolonge à l'est jusqu'aux hauteurs de Burg et d'Altavilla, pour se prémunir d'une attaque qui viendrait de Berne.

Il ordonne la construction d'une palissade de rondins, renforcée d'une levée de terre. Il y fait percer des ouvertures pour permettre les tirs de l'artillerie et les sorties de la cavalerie : c'est la fameuse haie verte, *Grünhag*, qui apparaît sur une gravure de Martin Martini, réplique d'un tableau exécuté en 1480 par Heinrich Bichler pour l'hôtel de ville de Fribourg. Charles confie la défense de la haie verte à des

1. Prosper de Barante, t. X, p. 354.

piquiers : c'est l'une des leçons qu'il a tirées de sa défaite de Grandson. Il a commandé plusieurs centaines de piques et des hommes du premier corps ont été entraînés à leur maniement.

A l'est, s'étend sur plusieurs kilomètres une forêt épaisse, le *Galmwald,* qui recouvre des collines, des creux, des vallonnements difficiles à traverser, où la vue est partout limitée. Deux cours d'eau la sillonnent, la Biberen à l'ouest et la Sarine à l'est, que les Suisses doivent franchir pour marcher sur Morat. Deux ponts seulement traversent la Sarine : celui de Gümmenen, par lequel passe aujourd'hui la route de Morat à Berne et, au sud, celui de Laupen.

Il est difficile de reconstituer la bataille : les chroniqueurs suisses, Diebold Schilling et Petermann Etterlin, mentionnent peu de noms de lieux. Cependant, le témoignage de Diebold Schilling est exceptionnel par les illustrations que sa chronique comporte. Schilling a assisté aux réunions du Conseil de Berne, comme le Secrétaire général du Gouvernement à Paris de nos jours. Il en a rédigé les comptes rendus : il est un témoin direct des événements qu'il relate. Parfois, son récit a été censuré. Mais, si un texte peut être corrigé, une image ne peut être modifiée : la *Chronique de Berne* vaut surtout par ses illustrations [1].

Du côté bourguignon, Olivier de La Marche consacre à la bataille six lignes dans ses *Mémoires* : pas plus qu'il n'était à Grandson, il n'est à Morat. Le duc l'a envoyé en mission à Gex auprès de la duchesse de Savoie [2]. Mais la déroute bourguignonne est longue-

1. Avec six cent sept illustrations, la *Chronique de Berne* constitue l'ouvrage historique le plus important sur la Confédération au XVe siècle ; elle a été publiée à nouveau à Berne à la fin du siècle dernier. Petermann Etterlin a combattu à Morat : il écrit à Bâle en 1507 *Kronica von der loblichen Eydgenoschaft*, publiée à nouveau en 1752.

2. Olivier de La Marche, t. III, p. 211 : « Le duc alla mettre le siège devant Morat, qui est une ville du comté de Romont... Vinrent les Suisses... Et, pour la seconde fois, le duc fut déconfit et les Suisses lui tuèrent beaucoup de gens. »

ment décrite par Jean-Pierre Panigarola dans une lettre adressée le 25 juin au duc de Milan : « J'ai tout vu de mes propres yeux, j'ai assisté au combat et je me suis tant avancé que cela a failli me coûter la vie. » Ce document essentiel, découvert dans les archives de Milan à la fin du XIXe siècle, permet de suivre, souvent heure par heure, le déroulement des événements[1].

Depuis cent ans, les publications sur Morat rythment les commémorations. En 1876, pour le quatre-centième anniversaire de la bataille, Gottlieb Friedrich Ochsenbein a réuni en un livre les documents du XVe siècle qu'il a pu regrouper[2]. En 1926, le major de Vallière a écrit une description très vivante des combats[3]. En 1976, le colloque du cinq-centième anniversaire, que Louis-Édouard Roulet a présidé, a apporté de nouvelles précisions ; Georges Grosjean y a présenté une analyse magistrale de la bataille[4]. En 1986, Louis-Édouard Roulet a publié *Plaidoyer pour une réhabilitation*. Il développe l'hypothèse d'une négociation secrète qui aurait existé entre la duchesse de Savoie et les Confédérés par l'intermédiaire du comte de Romont et du comte de Gruyère[5].

Il se fonde sur les lettres d'Antoine d'Appiano, ambassadeur du duc de Milan auprès de la duchesse de Savoie : Appiano bénéficie de la confiance de Yolande, comme Panigarola de celle de Charles. Il est un témoin privilégié qui écrit à son maître jour après jour. D'après les confidences de Yolande, il relate l'engagement de la négociation, les conditions de son déroulement. Philibert de Viry doit prendre contact, de la part du comte de Romont, avec Louis de Gruyère. Le 22 avril, Appiano indique que Viry n'a pas encore été

1. P. Ghinzoni, *La battaglia di Morat.*
2. Gottlieb Friedrich Ochsenbein, *Die Urkunden der Belagerung.* Au XIXe siècle, avant Ochsenbein, l'étude qui compte est celle d'Emanuel von Rodt, *Die Feldzüge Karls des Kühnen.*
3. P.-E. de Vallière, *Morat.*
4. Georges Grosjean, *Die Murtenschlacht.*
5. Louis-Édouard Roulet, *Le Téméraire à Morat.*

autorisé à se rendre à Fribourg. C'est trop tôt, précise Yolande de Savoie, les Confédérés n'ont pas commencé leur rassemblement. Le 1er mai, Appiano revient à la charge : pour le duc de Milan, la négociation entre la Savoie et les Suisses revêt une importance capitale. Les discussions ont-elles été engagées ?

Appiano insiste. La duchesse a-t-elle évoqué ce sujet avec le duc de Bourgogne ? Elle répond que Charles accepterait un arrangement avec Fribourg, mais pas avant d'avoir effacé la honte de Grandson. Dans les jours qui suivent, Philibert de Viry demande un sauf-conduit à Louis de Gruyère ; ce dernier rend compte à Berne. Le 14 mai, Appiano indique que Viry est de retour et que Louis XI pousse les Suisses au combat. La correspondance d'Antoine d'Appiano permet de mieux comprendre le déroulement de la bataille : elle explique le comportement du comte de Romont, qui s'apparente à une trahison [1].

Je suis allé à Morat. Sous la conduite d'Étienne Chatton, conservateur au château de Gruyères, j'ai parcouru le champ de bataille, grimpé sur la butte du *Bois Domingue*, arpenté la clairière de Lurtigen, recherché la haie verte. Sur une carte d'état-major, je me suis efforcé de définir les positions respectives des armées suisse et bourguignonne.

Dès son arrivée, le mardi 11 juin, Charles effectue une reconnaissance du *Galmwald*. C'est par la forêt que les renforts suisses peuvent arriver. Il estime qu'il doit tenir les ponts. Il charge le comte de Marle de s'en emparer. Déclenchée le 12 juin, l'offensive se solde par un échec. Bien que huit mille hommes aient été engagés, l'armée bourguignonne ne peut franchir la Sarine.

Les jours suivants, Charles ne renouvelle pas l'at-

1. Louis-Édouard Roulet m'a adressé, le 25 mars 1996, une note qu'il a rédigée à mon intention, dans laquelle il précise l'état de ses recherches et son interprétation de la bataille de Morat et de la trahison de Romont.

taque, n'effectue aucune autre tentative de contrôle des ponts, ne poste aucun détachement dans le *Galmwald*. Les Suisses pourront s'avancer sous le couvert des bois jusqu'au camp bourguignon, sans que leur soit opposée la moindre résistance. Charles accorde à la conduite du siège de Morat une importance plus grande qu'au combat qu'il devra livrer contre l'armée suisse.

Cette erreur stratégique le perd. Pourquoi la commet-il ?

Il se fonde sur l'expérience de Grandson, l'analogie des deux champs de bataille : à Grandson et à Morat, un lac, une ville fortifiée, une plaine en bordure du lac, une route du haut et une route du bas. La différence résulte de l'inversion du relief : pour les Bourguignons à Grandson, la ville et le lac se trouvent à leur droite et le Jura à leur gauche ; à Morat, la ville se situe à leur gauche et le *Galmwald* à leur droite.

Charles pense que les Suisses tenteront, en priorité, de porter secours à la garnison et dirigeront leur attaque principale par la route du bas. Cette stratégie n'exclut pas, comme à Grandson, « une feinte, donc une surprise, voire un assaut par la route du haut[1] ». Il précise ses arguments. Une attaque par le haut les obligerait à parcourir à découvert une distance de plus d'un kilomètre, à s'offrir en cibles aux défenseurs de la haie verte, une attaque par le bas leur permettrait de « répéter le mouvement de Grandson pour répéter la victoire ». L'ennemi conduira une diversion par le haut et l'assaut principal par le bas.

Charles doit prendre Morat avant l'arrivée des renforts qui s'avancent vers la ville. Le mercredi 12 juin, il ordonne un assaut au nord par les Savoyards de Romont, au sud par les Italiens de Troylo. Dans la soirée, ces derniers parviennent à s'emparer du rempart, qu'ils tiennent, alors que les Lombards refluent.

1. Louis-Édouard Roulet, *Le Téméraire à Morat*, p. 47.

Charles modifie son plan de bataille et charge Romont, et non plus Troylo, de conduire le siège. Dans la nuit du 14 au 15 juin, il fait transférer l'artillerie au nord de la ville, enterrer les pièces à moins de trois cents mètres des remparts. Le samedi matin, le bombardement commence. Une partie du mur d'enceinte s'écroule, la tour de la Poudrière s'effondre, celle des Chaudronniers est gravement endommagée. Bubenberg tente une sortie, engage un combat au corps à corps, mais ses hommes sont repoussés et des centaines de morts jonchent les fossés.

L'alerte conforte Charles dans son analyse. Le point faible de son dispositif se trouve non sur les hauteurs, où le camp est protégé par la haie verte, mais le long du lac. « Lorsque l'armée bourguignonne se portera en avant pour appuyer Romont, au contact des Suisses, son flanc gauche sera soumis au feu des défenseurs de la ville[1]. » Un prisonnier confirme que les Confédérés vont attaquer par la route du bas. Charles se confesse, revêt son armure, met ses troupes en alerte. Le soir vient, la nuit passe et personne n'apparaît à la lisière du *Galmwald*. Charles commente pour Panigarola : l'ennemi n'a pas « osé passer l'eau et le pont ».

Le mardi 18 juin, il ordonne un nouvel assaut. L'artillerie a ouvert une brèche, dans laquelle les Savoyards s'engouffrent : ils escaladent le mur d'enceinte, mais ne peuvent prendre la ville. Après quatre heures d'un combat au corps à corps, ils doivent se retirer. Charles se cabre sous l'échec. Le mercredi 19 juin, il admoneste ses capitaines, qui lui répondent : nous ne pouvons continuer à sacrifier nos meilleures troupes, que nous devons réserver pour la bataille décisive contre l'armée suisse. Charles les écoute, modifie une nouvelle fois ses plans : Romont est déchargé de la conduite du siège.

---

1. *Ibid.*, p. 49.

Le danger ne vient pas de Morat, mais du *Galmwald*. Une armée considérable s'approche : l'attaque bourguignonne sur les ponts de la Sarine a déclenché une mobilisation générale. En mai, seules Berne et Fribourg se battaient pour le pays de Vaud ; en juin, la Suisse entière prend les armes. Les détachements des cantons arrivent les uns après les autres : le premier, celui d'Unterwalden, le 17 juin ; le lendemain, ceux d'Uri, de Schwyz, de Lucerne et de Bâle. Le 19 juin, les Suisses sont suffisamment nombreux pour franchir la Sarine et établir une tête de pont dans le vallon de la Biberen autour du village d'Ulmitz.

Ce jour-là, quelles sont les intentions et les décisions du Téméraire ?

Il renforce les défenses du camp en prévision d'une attaque qui surviendra, précise-t-il à Panigarola, le samedi. La bataille de Grandson s'est déroulée un samedi. Le samedi est, pour les Suisses, le jour favorable. A Morat, ils attaqueront le samedi 22 juin.

Ainsi, Charles annonce, le mercredi 19 juin, la date précise de la bataille ! Il ne se trompe pas, bien qu'il ne sache pas que les Confédérés ont traversé la Sarine. Sa conviction est qu'ils attaqueront au nord par la route du lac.

Pas immédiatement : ils attendent l'arrivée des derniers renforts. Quatre mille hommes quittent Zurich, couvrent avec leurs armes cent vingt kilomètres en deux jours. Le vendredi 21 juin, ils entrent à Berne, font halte pour se reposer et, à dix heures du soir, repartent sous la pluie à la lueur des torches. De nuit, par des chemins détrempés, ils gagnent Gümmenen, qu'ils atteignent au petit matin. A elle seule, cette marche constitue un exploit.

Pour sa part, le duc René de Lorraine a quitté Strasbourg avec trois cents cavaliers le dimanche précédent : le chapelain de l'évêque de Bâle, Johannes Knebel, assistait au départ et l'a décrit. René arrive à Gümmenen le 22 juin. Edlibach précise dans sa chronique qu'il opère sa jonction avec les Confédérés à quatre heures du matin [1].

Finalement, ce sont plus de vingt-deux mille hommes, dont deux mille cavaliers, qui se rassemblent dans le *Galmwald*. Le vendredi soir, un conseil de guerre est tenu, un plan de bataille arrêté, un commandement mis en place. Guillaume Herter, de Strasbourg, homme de guerre expérimenté, reçoit la mission de coordinateur avec le titre de *Ordnungsmacher*. Jean de Hallwyl, d'Argovie, se voit confier l'avant-garde : cinq mille piquiers, renforcés par des arbalétriers, que couvrira la cavalerie lorraine. Hans Waldmann, de Zurich, prend le commandement de la « bataille », environ douze mille hommes. C'est un fils de paysan, un ancien tanneur, qui a montré un grand talent militaire à Héricourt et à Grandson : les bannières de la Confédération lui sont confiées. Enfin, l'arrière-garde, qui constitue l'aile gauche du dispositif, est placée sous les ordres de Gaspard de Hertenstein, l'avoyer de Lucerne.

Quel est le plan d'attaque ? Il a été modifié le 20 juin pour des raisons plus politiques que militaires. Initialement, les Suisses devaient donner l'assaut en direction de Morat par la route du bas, selon les prévisions de Charles. Ils choisissent de ne pas attaquer le comte de Romont et de porter leur effort sur le haut en direction de la haie verte.

Berne est prête à renouer les liens avec la Savoie : Yolande a-t-elle donné un signe avant la bataille ? Elle rompra avec Charles le lundi et sera enlevée par La Marche le jeudi suivant. A-t-elle préparé la rupture ? Romont a-t-il pris contact avec les Confédérés ? Il le semble. Charles s'est-il méfié ? A-t-il envisagé une possible trahison de Romont ? Il ne le semble pas.

Le 21 juin au soir, Charles effectue une reconnaissance dans la forêt en direction du vallon de la Bibe-

---

1. Louis-Édouard Roulet, *Le duc René à la bataille de Morat*.

ren ; Panigarola l'accompagne. Ils s'approchent des positions suisses et aperçoivent « une troupe peu nombreuse en contrebas ». Revenu au *Bois Domingue*, Charles réunit ses capitaines et décide de laisser sur le plateau, pour tenir la haie verte, seulement deux mille fantassins et trois cents lances. Il envoie les autres troupes se reposer : la pluie n'a pas cessé et les hommes sont trempés. Aucune mesure de protection n'est prise pour la nuit.

Le samedi 22 juin, l'aube se lève sur un ciel bas et gris, des bois ruisselants, une terre détrempée : depuis la veille, il pleut. Du *Bois Domingue*, nappée d'eau, Morat se devine à peine.

Panigarola a rejoint Charles dans son pavillon : il est inquiet. La veille, il a souhaité que le camp soit mis en armes et que l'armée campe sur le plateau. Il renouvelle ses avertissements : « Nous pouvons nous attendre d'heure en heure à voir surgir les Suisses. Ils essayeront de nous tomber dessus, ainsi qu'ils l'ont fait à Grandson ; ils s'approcheront sous le couvert des bois et nous surprendront. »

Charles ne l'écoute pas. Lui, qui évoquait le mercredi une attaque pour le samedi, le jour venu n'y croit plus ! Malgré des bruits de troupe signalés pendant la nuit, il est persuadé que « l'ennemi ne viendra pas » : il martèle ces mots, comme pour s'en convaincre.

Alors qu'il les prononce encore, l'armée suisse avance à travers les bois, pas à pas, sans se montrer ni faire de bruit. La matinée s'avance et la pluie tombe toujours. La poudre est mouillée, les cordes des arcs sont humides et sans ressort. Les Bourguignons se serrent sous les tentes. Les Suisses ont dépassé Lurtigen et, de la haie verte, on les entend approcher. « Nous reçûmes, écrit Panigarola, tant de messages disant que l'ennemi venait, que le duc commença à le croire. »

Panigarola court à la haie verte. La pluie cesse et le soleil paraît. Déjà, la légende s'empare de Morat. Les Confédérés s'agenouillent et prient avant de donner l'assaut. Puis l'ambassadeur milanais voit déboucher des bois, sur le plateau, « la pointe d'un bataillon de Suisses armés de lances longues et minces, tous à pied, et les couleuvrines en avant ». Plus bas, dans la vallée qui s'ouvre sur le lac, il aperçoit un autre bataillon et, entre les deux, « environ quatre cents cavaliers », qui s'arrêtent pour attendre les troupes à pied. Les hommes marchent serrés les uns contre les autres ; Panigarola estime leur nombre à plus de huit mille [1].

Charles n'a toujours pas quitté son pavillon. Il espère la bataille, qui vient, et le voici paralysé. L'ambassadeur et son médecin l'aident à s'équiper « comme s'ils étaient ses valets de chambre » ; ils le hissent sur son cheval. Il est midi et demi. Charles met tant de temps à rejoindre la haie verte que, « lorsqu'il y arrive, ses troupes ont déjà commencé à tourner le dos ! »

A Morat se reproduit ce qui s'est passé à Grandson : « Les piquiers suisses chargent comme le feraient des milliers de buffles [2]. » En face d'eux, les Bourguignons de la ligne de défense sont moins de cinq mille, fantassins et cavaliers. Les soldats du camp les rejoignent par paquets : ils ne sont ni assez groupés, ni assez nombreux pour résister.

Charles contemple, impuissant, son armée qui fuit. Il s'est trompé dans son analyse, ne prend aucune décision, ne donne aucun ordre. Le sang, qui reflue en lui, le laisse sans force. Il tourne les yeux vers Morat, ville promise, désormais hors d'atteinte, regarde ces « bouviers suisses », comme il les appelle, qui chargent, détruisent son armée et emportent ses rêves. La tragédie s'accomplit : Charles ne fait rien, ne dit rien pour en arrêter le cours.

La haie verte est enlevée. Les troupes qui la défendent refluent et emportent, dans leur débandade, celles qui montent au front et n'ont pas encore pris part à la

1. Lettre de J.-P. Panigarola du 25 juin 1476.
2. Pierre Frédérix, p. 170.

bataille. Troylo, avec ses trois mille hommes, tente de s'opposer à l'avance des Suisses : en vain !

Romont ne l'aide pas. Bien au contraire, il rassemble ses hommes, démonte ses pièces d'artillerie et, sans être inquiété, « dans le dos de l'ennemi d'hier, de l'allié de demain », quitte Morat[1].

Au *Bois Domingue,* la garde résiste. Les officiers de la maison ducale entourent Jacques van den Maas, impavide, qui tient le grand étendard de Bourgogne. Jacques Galeotto les a rejoints avec une ou deux compagnies d'ordonnance. Rien n'y fait : l'étendard tombe avec celui qui le porte. Les Anglais sont les derniers à tenir : Somerset contre-attaque avec ses archers à cheval. Il tombe à son tour. « En moins de temps qu'il n'en faut pour dire un miserere », écrit Panigarola, l'armée bourguignonne tout entière est en déroute. Les Suisses dévalent les pentes en direction du lac : Gaspard de Hertenstein coupe la route d'Avenches et rend la retraite impossible.

A Grandson, l'armée suisse n'avait pas de cavalerie. A Morat, deux mille cavaliers se ruent sur le camp bourguignon, transpercent les soldats encore dans les tentes. C'est un carnage. Des hommes se sont réfugiés dans les arbres : ils sont tirés comme des oiseaux. D'autres se sont jetés dans le lac : ils sont canardés comme du gibier d'eau. La plupart sont égorgés. Jean de Luxembourg offre vingt-cinq mille florins, une somme considérable, pour avoir la vie sauve. Lui aussi est égorgé !

---

1. Louis-Édouard Roulet, *Le Téméraire à Morat*, p. 53. De Salins, dans une lettre capitale du 9 juillet 1476, Panigarola relate la confidence de Charles, estimant que Romont l'a trahi. Oui ! il a été trahi par « deux à trois mille hommes ». A quel corps pouvaient-ils appartenir ? Ni à celui du duc d'Atry, ni à celui du comte de Marle, ni à celui du prince de Tarente, ni à la réserve du Grand bâtard, qui ont été entraînés dans la déroute. Seules, les troupes du comte de Romont ont pu fuir. Elles comprenaient des Bourguignons de sa maison : c'est à eux, plus qu'aux Savoyards du comte d'Orlier, que Charles s'en prend. Il a été abandonné par une partie des siens !

Le Grand bâtard monte un cheval que lui a donné le duc de Milan ; il est plus rapide que ses poursuivants et réussit à s'enfuir. Dans sa course, l'ambassadeur d'Espagne reçoit deux coups d'épée sur la tête. Panigarola, qui galope à côté de lui, éperonne son cheval et sauve sa vie ! Il commente : « Je ne pourrai jamais oublier cette journée. »

Quel est le bilan de Morat ? Pierre Frédérix le résume en huit mots : « une heure de bataille, cinq heures d'épouvante [1] ». Combien de Bourguignons ont été tués ? Les premiers rapports font état de dix mille morts, selon l'estimation de Hertenstein, qui parcourt le champ de bataille le lundi 24 juin, à nouveau sous la pluie et dans la puanteur.

L'ambassadeur bourguignon, Contay, qui est reçu par Louis XI après la bataille, évoque huit mille tués. Commynes assiste à l'entretien. D'après ce qu'il entend et apprend par ailleurs, il estime que les pertes ont été très supérieures ; il avance le chiffre de dix-huit mille tués. Pour leur part, les Suisses ont perdu deux mille hommes.

Ils ramassent des milliers d'armes, des centaines de chevaux, de chariots, des tentes, près de cent pièces d'artillerie. Comme à Grandson, ils désignent des commissaires pour répartir le butin : peine inutile ! Le pavillon de Charles est attribué à René de Lorraine : il est pillé avant que René ne puisse l'occuper.

Le butin de Morat ne saurait se comparer à celui de Grandson. Selon Etterlin, il est *« Kinderspiel und Bettelwerk »*, jeux d'enfants et pouillerie ! Mais, les manteaux de deuil des ducs de Bourgogne, conservés dans le château de Gruyères, affirment une présence hautaine, témoignent d'un art austère et constituent, cinq siècles après, le souvenir le plus fort des guerres de Bourgogne.

Dans sa fuite, Charles court douze lieues jusqu'au

1. Pierre Frédérix, p. 173.

Léman, entend le dimanche matin la messe à Morges et, comme un somnambule, gagne Gex. Dans la cour du château, la duchesse de Savoie l'accueille. Autour d'elle, ses cinq enfants : Philibert, le prince héritier, qui a douze ans, Charles, Jacques-Louis et deux filles. Charles plie le genou, baise la main et, sans rien dire, gagne l'appartement que la duchesse lui a réservé : sa propre chambre. Il y réunit La Marche et Givry.

Il prétend en remontrer au destin : la colère l'enflamme ; l'angoisse le saisit, noue son ventre, accélère les battements de son cœur. Matteo de Clerici, son médecin qui l'a rejoint, lui applique des ventouses sur la poitrine. En quelques jours, il reprend confiance, rebondit, paraît à Yolande plus déterminé que jamais.

Déjà, il organise à nouveau. Il n'a plus d'armée ? Qu'importe ! Il en formera une nouvelle. Que lui manque-t-il ? Des hommes, des armes, de l'argent. Il envoie son frère rassembler à Salins les débris de l'armée. Plus tard, il ira le rejoindre, mais il veut emmener avec lui la duchesse de Savoie. Yolande refuse, souhaite se rendre à Genève, où l'attend son beau-frère, Jean-Louis de Savoie. « Vous ne pouvez ainsi me trahir ! » Charles supplie et tempête. Yolande tient ferme. Leurs adieux ont lieu le jeudi 27 juin dans l'après-midi ; Charles embrasse Yolande. Il prend la route du col de la Faucille vers le Jura ; elle, la route de Genève, avec ses enfants, sa garde, ses bagages. Elle pense ne plus le revoir.

Soudain, à l'entrée de Genève, des cavaliers l'attaquent, commandés par Olivier de La Marche. Ils ont l'ordre de l'arrêter, elle et ses enfants. Ils l'enlèvent. Mais, dans la nuit qui tombe, les gentilshommes piémontais de son escorte réussissent à fuir avec le prince héritier, Philibert, et l'un de ses frères, Jacques-Louis. La duchesse est conduite en Franche-Comté, dans le château de Rochefort. Quand Charles apprend que l'héritier de Savoie lui échappe, il menace de tuer La

Marche, qui écrit dans ses *Mémoires* : « Ma vie fut en danger, parce que je n'avais pas emmené le duc de Savoie[1]. »

Presque seul, Charles gagne Salins. Si les Suisses le poursuivaient, ils pourraient le prendre. Mais, comme à Grandson, ils n'exploitent pas leur victoire. Selon leur tradition, ils campent trois jours sur le champ de bataille ; ils enterrent les morts en jetant les corps dans des fosses, qu'ils recouvrent de chaux vive[2]. Puis ils se séparent et, pour la plupart, rentrent chez eux.

Demeurent les contingents de Berne, Fribourg, Soleure, Lucerne et Gruyères, qui partent à la conquête du pays de Vaud. Dix mille hommes prennent la direction de Lausanne, dévastent et pillent tout ce qu'ils trouvent sur leur chemin. Le 27 juin, le jour de l'enlèvement de la duchesse de Savoie, ils entrent dans Lausanne, saccagent la ville, n'épargnent ni la cathédrale ni les églises ni les couvents. Les Valaisans, de leur côté, pénètrent dans le Chablais sur la rive sud du lac : le 29 juin, ils brûlent Évian, menacent Thonon. Les uns et les autres, des deux bords du Léman, convergent vers Genève.

Pour les arrêter, Jean-Louis de Savoie dépêche des députés à Berne. Louis XI intervient : si la victoire de Morat l'a réjoui, le sac de Lausanne lui déplaît. Il soutient et finance les Suisses, non pour dépecer la Savoie, mais pour faire la guerre au duc de Bourgogne. Il envoie des troupes à Chambéry avec mission de « protéger les États de son neveu ».

Au nom du jeune duc, l'évêque de Genève fait valoir que la Savoie n'est plus l'alliée de la Bourgogne : Charles est un traître, plus encore qu'un vaincu. Le baiser donné à Yolande est le baiser de Judas ! L'évêque et le roi unissent leurs efforts : un armistice est signé, une conférence prévue à Fribourg, qui déci-

1. Olivier de La Marche, t. III, p. 236.
2. Prosper de Barante, t. X, p. 370.

dera les conditions de la paix. Les Confédérés quittent Lausanne.

Charles arrive à Salins le 2 juillet. Panigarola retrouve auprès de lui sa place de confident : le duc lui assure qu'il réunira une armée de cent cinquante mille hommes ! Il rit, plaisante, bavarde, comme s'il n'avait pas été battu. Cent cinquante mille hommes ? Panigarola est stupéfait. Est-ce du délire ? Une foi aveugle en lui-même ? Non ! C'est le refus de l'évidence. Charles repart dans des rêves qui l'alimentent et l'apaisent tout à la fois.

Le duc de Milan, lui annonce Panigarola, a l'intention d'occuper le Piémont. Qu'il le fasse et que disparaisse la Savoie ! Charles, pour sa part, a l'intention d'occuper Genève. « Cette année même », il entrera à nouveau en campagne et marchera « pour la troisième fois contre les Suisses ! »

Il réunit à Salins les États de Bourgogne, ensemble ceux du duché et de la Comté. Devant eux, il prononce l'un de ses meilleurs discours, le plus personnel, le plus persuasif, explique la défaite, ses causes, ses conséquences. Il n'a ménagé ni ses ressources ni sa vie. Il parle d'abondance, sans note, cite Tite-Live, évoque le courage des citoyens romains qui, la patrie menacée, ont tout donné pour la défendre, gardé seulement une bague à leur doigt. Octave a été battu à Cannes, puis il est devenu le maître du monde ! Plus près de nous, le roi Jean d'Aragon a été vaincu par les Français, mais il a été secouru dans sa vieillesse par ses sujets : si vous faites de même, je triompherai à nouveau ! Il vous appartient de défendre la Bourgogne assiégée : la sécurité de votre pays, le sort de vos femmes et de vos enfants, la conservation de vos biens dépendent de votre résolution !

C'est sa conclusion : les députés sont touchés d'un tel malheur et d'une telle modération. Ils veulent bien assurer la défense de leurs villes ! Mais à deux conditions : que le duc ne s'expose pas lui-même aux périls de la guerre et qu'il accepte les propositions de paix qui lui seront faites. Charles n'attend rien de ses ennemis, tout de ses États : des hommes, des armes, de l'argent. Il assure que la Flandre, la Picardie, le Luxembourg vont lui envoyer des soldats, lui fournir des subsides. Il bâtit les plans d'une nouvelle expédition. Il rêve, « tire des traites sur un monde qui a cessé de lui obéir[1] ».

Le 13 juillet, il apprend que les États de Flandre, réunis par la duchesse Marguerite, ont rejeté les demandes que le chancelier Hugonet leur présentait. Il n'y a plus d'armée, ont-ils ajouté, il n'est plus nécessaire de verser les crédits que nous avons votés pour la paye des soldats !

Les nouvelles de Lorraine ne sont pas meilleures : René se prépare à reprendre possession de son duché. Le 20 juillet, Lunéville lui ouvre ses portes. « Tant que je serai maître de la Lorraine, confie Charles à Panigarola, ni les troupes ni l'argent ne me manqueront. » Il doit tenir la Lorraine pour assurer la liaison avec ses « pays de par-deçà ». N'est-il pas en train de la perdre ? Il annonce à Jean de Rubempré son arrivée à Nancy avec une armée de trente mille hommes.

Il ne pense plus aux Suisses, à sa revanche, à la reconquête du pays de Vaud. Sa priorité, sa dernière priorité devient la Lorraine. Il marchera sur Nancy : ce sera son ultime rendez-vous avec le destin.

---

1. Pierre Frédérix, p. 183.

XXIV

Nancy

Le 22 juillet 1476, Charles s'installe au château de La Rivière sur le plateau de Leviers, entre Salins et Pontarlier. De La Rivière, comme de ses autres résidences, il ne reste rien. Lieu austère de prés, de pins et de fermes isolées : c'est là que Charles, dans les soleils de l'été 1476, forme sa dernière armée.

Charles-François Landry, l'historien contemporain qui l'a le plus aimé, est allé à La Rivière :

« Je suis bien chez vous, Monseigneur ! A La Rivière : une maison de belle toiture étonnait, de loin déjà. Serait-ce le château ? Cette maison que je vis, presque un cube, avec un toit tout aussi important que la bâtisse, non, Monseigneur, vous n'auriez pu la reconnaître : elle est faite de pierres prises à votre château. »

Rien. C'est encore trop dire ! Un curé accueille Landry. La grosse maison est le presbytère, le château n'est plus qu'une butte :

« Monseigneur, le lieu de votre passion est lui-même tombé au gouffre du néant[1]. »

C'est sans doute mieux ainsi : tout est laissé à l'ima-

1. Charles-François Landry, p. 402.

gination. Au vent, à la bête d'impatience, à la mort qui approche.

Quelle armée Charles peut-il former au camp de La Rivière ? Sa dernière armée ! Avec les restes de Morat, les renforts venus de Bourgogne et des Pays-Bas, les troupes restées en Lorraine, elle devrait comprendre une dizaine de milliers d'hommes. Beaucoup moins la composeront : les pertes et les désertions ont réduit les effectifs. Depuis deux ans, Charles a exposé ses hommes au froid, à la défaite et à la mort : il n'a su ni les épargner ni les mener à la victoire[1].

Pour eux, existe-t-il encore une espérance ? Les États de Bourgogne évoquent les pertes subies et la lassitude engendrée par la guerre. Les États de Flandre refusent de payer « pour des entreprises qui ne les regardent pas ». Qu'est-ce qui attend l'armée de l'été 1476 ? « Une marche à horions », écrit Jean Molinet. En Lorraine, où Charles veut la conduire, il n'y a rien à ramasser ! « De nouveaux ennemis déclarés, les amis refroidis, les sujets rompus et défaits » : l'armée commence à murmurer et à « tenir son maître en mépris[2] ».

Autour de Charles, tout se dérobe. Le duc de Milan s'apprête à changer de camp. Il a envoyé à Louis XI un ambassadeur, François Petrasanta, pour renouer avec la France. Le roi reçoit Petrasanta et évoque Charles de telle façon que l'ambassadeur conclut :

« C'est son Turc ! Jamais, il n'aura pour lui d'amitié, jamais, jamais ! »

Louis XI insiste :

« En vérité, je crois qu'il est fou. J'ai tort d'employer ce mot, mais c'est ainsi ! Ce n'est pas à son savoir qu'il doit d'avoir duré, mais au hasard et au pouvoir de l'argent et parce que le monde a bien voulu s'en accommoder.

1. Charles Brusten, *La fin des compagnies d'ordonnance*, p. 370.
2. Philippe de Commynes, p. 306.

— Pourquoi lui permettez-vous de survivre ?

— Patience ! Patience ! J'aurais pu entrer en guerre contre lui ; à plusieurs reprises, il a violé la trêve. Sa fin sera ce qu'il plaira à Dieu[1] ! »

La fin approche : Charles est de plus en plus solitaire, boit de plus en plus de vin. Son médecin lui pose chaque soir des ventouses sur la poitrine. Il n'a plus d'amis, pas même cet « ami spécial » si nécessaire, que Commynes évoque dans ses *Mémoires*[2]. Toujours le définit ce mélange d'exigence et de fuite, qui le rend si proche, si humain : Charles a besoin de « se colleter à l'inconnaissable[3] ».

Les ambassadeurs le quittent ; Panigarola regagne Milan. Seul, Charles travaille encore. Par quel miracle peut-il réunir « l'apparence d'une armée[4] » ? Au camp de La Rivière, il y a des Bourguignons, des Picards, des Luxembourgeois, des gens du Hainaut, des lances italiennes sous le commandement de Jacques Galeotto, un armement passable, des tentes, de l'argent : de quoi aller jusqu'à Nancy. Après, ce sera à la grâce de Dieu !

Le mercredi 25 septembre, Charles lève le camp. Il atteint Besançon en cinq jours de marche : il ne se presse pas plus qu'avant Morat. Il entre en Lorraine par Bugnéville, où son père avait fait prisonnier le roi René. Le 7 octobre, il est à Neufchâteau, à soixante kilomètres de Nancy. « Soixante kilomètres de trop et quarante-huit heures de retard » : la garnison de Nancy s'est rendue et René est entré dans sa capitale. Le gouverneur bourguignon, Jean de Rubempré, s'est retiré en direction de Pont-à-Mousson. La dernière campagne du Téméraire, la campagne de Lorraine, commence. Charles doit opérer sa jonction avec Campobasso et René doit le lui interdire. Charles ne tra-

---

1. Lettres de François Petrasanta au duc de Milan, du 12 août et du 2 septembre 1476.
2. Philippe de Commynes, p. 306.
3. Charles-François Landry, p. 380.
4. L'expression est de Pierre Frédérix.

verse pas la Moselle, marche sur Toul par la rive gauche et rejoint Campobasso.

Les nouvelles de France ne sont pas bonnes. Louis XI a fait enlever Yolande de Savoie, qu'il accueille à Plessis-lès-Tours :

« Madame la Bourguignonne, soyez la bienvenue !

— Vous me pardonnerez, Monsieur ! Je suis bonne Française et prête à vous obéir dans ce qu'il vous plaira de me commander[1]. »

Pour Yolande, Commynes doit trouver de l'argent, organiser le retour à Chambéry, rédiger un traité d'alliance entre la France et la Savoie. « Jusqu'à leur mort, note-t-il, Louis et Yolande resteront bon frère et bonne sœur[2]. »

Charles met le siège devant Nancy le 22 octobre 1476. Son épouse Marguerite et sa fille Marie s'enferment à Gand dans le palais de *Ten Walle*. Nancy est sa dernière ville promise, la capitale de son royaume : elle restera, comme les autres, hors d'atteinte. Charles installe son pavillon à la Commanderie Saint-Jean.

Il n'a plus rien à espérer du duc de Milan et de la duchesse de Savoie, de ses États de Bourgogne et de Flandre. Le voici seul devant Nancy qu'il doit prendre, comme il devait prendre Neuss et Morat. Vient la Toussaint, approche Noël. « L'hiver, cette année-là, fut terrible, un hiver de Moscou[3]. » Le gel, la glace : les hommes perdent les pieds et les mains, les chevaux crèvent. Et, toujours, la neige tombe.

Arrive au camp Grawin Hessler, l'envoyé de l'empereur, que Charles n'a pas revu depuis Pâques, depuis Lausanne. Il est porteur d'une lettre et de joyaux que Maximilien envoie à Marie. Le 4 novembre, de son « château près de Nancy », Charles assure l'empereur de sa « joie » : Marie épousera Maximilien, quand il

1. Prosper de Barante, t. X, p. 391-392.
2. Philippe de Commynes, p. 305.
3. Jules Michelet, p. 1031.

le voudra et là où il le voudra. Mais qu'il fasse vite : la vie est si courte ! Hessler rejoint Gand, où Marie adore déjà « le cousin très cher et très aimé », qu'elle n'a jamais rencontré. Le 28 novembre, elle lui envoie son portrait et lui écrit qu'elle l'attend ! Les échevins de Gand offrent un banquet aux recluses de *Ten Walle* et au représentant de l'empereur. Ils se réjouissent de l'alliance qui se noue entre les Pays-Bas et l'Empire, qui reprend les rêves du Téméraire, mais sans lui, sans son cortège de guerres et d'impôts !

René a quitté la Lorraine et rejoint Bâle, où l'assemblée des cantons suisses est réunie depuis le 2 novembre. On le fête, on évoque Morat avec émotion, on l'assure que les Confédérés ne signeront aucune paix séparée. Rien de plus ! René gagne Berne, puis Lucerne. « Des troupes, pour l'amour de Dieu, qu'on me fournisse des troupes [1] ! » Il paiera ce qu'il faudra...

Il envoie à Nancy son maître d'hôtel, gentilhomme provençal, du nom de Baschi. Il le charge de franchir les lignes bourguignonnes et de porter la bonne nouvelle aux assiégés : des renforts arrivent ! Lui-même quitte la diète, délègue Guillaume Herter pour l'y représenter, part en Alsace poursuivre sa campagne de recrutement. Baschi est arrêté par les Bourguignons, alors qu'il franchit le fossé de Nancy : Charles ordonne qu'il soit pendu.

Campobasso plaide la grâce. Charles le gifle. Baschi « conduisait-il tous les marchés du comte avec le duc de Lorraine ? » Commynes le pense [2]. Conduit à l'échafaud, Baschi demande à parler au duc « pour lui révéler un secret touchant à la sûreté de sa personne ». Charles refuse :

« Il ne cherche qu'à sauver sa vie ! Qu'on écourte sa déclaration, qu'on se dépêche !

---

1. Pierre Frédérix, p. 193.
2. Philippe de Commynes, p. 310.

— Je vous en conjure, supplie Baschi ! Il donnerait un duché pour connaître ce que je lui ferais savoir... »

Campobasso ne veut pas que l'entretien ait lieu. Il ordonne au bourreau d'exécuter la sentence sur-le-champ. « Ce que Baschi voulait dévoiler au duc, il l'emporte dans la tombe[1]. » Sa mort soulève l'indignation. René de Lorraine commande que soient exécutés les Bourguignons prisonniers des garnisons lorraines : plus de cent hommes sont pendus à Épinal, Lunéville, Mirecourt.

Un dernier visiteur arrive à la Commanderie, Alphonse V, roi de Portugal, cousin de Charles par sa mère. Il souhaite jouer le médiateur entre Louis XI et Charles, pensant ainsi obtenir du roi de France l'appui qui lui est nécessaire dans sa lutte contre la Castille. Charles le reçoit le 29 décembre : « Aidez-moi à me défendre ! » L'autre n'est pas venu pour lui porter secours et, le 31 décembre, repart. « La tourmente de neige hurle autour des huttes et des tentes du camp bourguignon[2]. » La mort rôde.

Dans la nuit du nouvel an, Campobasso déserte, emmenant son fils et ses mercenaires. Charles ne réagit plus : il réglera cette affaire plus tard, en son temps ! On le prévient que des cavaliers français sont aperçus près de Toul : ce sont des rumeurs destinées à lui faire lâcher prise ! Il n'a plus guère avec lui que trois mille hommes, dont la moitié, pas plus, en état de combattre.

En face, combien sont-ils ? Guillaume Herter a obtenu à Lucerne « un bon pour six mille hommes ». Voici que se présentent à Bâle sept, huit, neuf mille volontaires, venus de tous les cantons suisses, attirés par l'appât du gain. Pour l'essentiel, ce sont de jeunes paysans décidés à se battre, auxquels René a promis double solde. Pour la première fois dans l'histoire de

---

1. Klaus Schelle, p. 309.
2. *Ibid.*, p. 310.

la Confédération, ils constituent une levée massive de mercenaires recrutés par un prince étranger. A Grandson et Morat, il n'était pas question d'argent. A Bâle, en cette fin d'année 1476, il s'agit seulement de butin et d'aventure ! Le duc de Lorraine provoque « l'éclosion d'une virtualité helvétique, qui deviendra une véritable institution : le service étranger[1] ».

Ces soldats de fortune arrivent à Bâle par petits groupes, sans bannières, sans officiers. Ils se répandent dans les tavernes, courent les filles, créent le scandale. Le 19 décembre, trois cents d'entre eux font chavirer le bateau qui les conduit à Brisach et se noient dans le Rhin. René supplie qu'on cesse de lui envoyer des trublions, remet à Oswald de Thierstein le commandement des recrues, gagne l'Alsace. Il gèle et le Rhin charrie des glaces. A Nancy, les assiégés crèvent de faim : ils abattent les chevaux, chassent les chats et les rats. Pour se chauffer, ils démolissent les maisons, brûlent les poutres. Et, toujours, la neige continue de tomber.

Dans la traversée de l'Alsace, les troupes suisses ne trouvent pas de vivres et pillent, mais elles avancent « gaiement, sans murmure et en bon ordre[2] ». Les meilleurs capitaines de Morat les commandent : Hans Waldmann, Heinrich Hassfurter, Brandolf de Stein. A la différence de leurs hommes, ils ont rejoint René pour abattre le Téméraire : ils paieraient même s'il le fallait ! Quand mille deux cents florins manquent à René pour régler la première solde, Thierstein les avance.

Charles s'est retiré, avec quelques pages, dans son pavillon. Ses capitaines, Philippe de Croy, Antoine de Bourgogne, lui conseillent la retraite en direction de Pont-à-Mousson. Qu'il attende le printemps ! Les mercenaires suisses auront regagné leur pays et il pourra

1. Louis-Édouard Roulet, *Le duc René à la bataille de Morat,* p. 428.
2. Prosper de Barante, t. X, p. 148.

former une nouvelle armée. C'est la solution de sagesse, qu'il n'écoute pas : s'il le faut, répond-il, je combattrai seul.

« On lui parlait comme à un vivant, ajoute Michelet, mais il était mort. » Il choisit le « pire parti » selon Commynes : livrer bataille « avec le petit nombre de gens épouvantés » qui le suivent encore[1]. Il attend et l'engourdissement vient. Son valet de chambre a ordre de ne laisser personne approcher. Il choisit d'entrer librement dans sa mort qui, seule, peut désormais apaiser sa soif d'infini.

René marche à sa rencontre avec vingt mille hommes. Le vendredi 3 janvier, il est à Croismare, le samedi 4 à Saint-Nicolas-de-Port, où il a fixé le rassemblement de son armée. Les Lorrains y arrivent les premiers dans la matinée. Dans l'après-midi, les Suisses les rejoignent. Ils massacrent les Bourguignons qu'ils trouvent sur leur passage, les chassent dans les rues, les caves, l'église même. Ils les noient dans la Meurthe en les enfonçant sous l'eau avec leurs piques.

Ce même jour, arrivent Campobasso, ses fils et trois cents cavaliers, qui ont troqué la croix de Saint-André pour la croix de Lorraine. René les envoie garder, à l'est de Nancy, le pont de Bouxières, afin de couper la retraite des Bourguignons qui tenteraient de fuir. La victoire paraît certaine.

Le dimanche 5 janvier, veille des Rois, « l'enfant », comme Charles appelle René, se réveille tout dispos et décide d'attaquer. Il a vingt-six ans, la volonté de gagner, la certitude de la revanche. Il s'habille, s'arme, entend la messe. Ses hommes ont passé la nuit étendus à même le sol de l'église, serrés dans le froid les uns contre les autres. Ils sont jeunes, « joyeux d'avoir à agir », écrit un chroniqueur alsacien : ils vont au combat comme ils iraient au bal !

Combien suivent le duc de Lorraine dans sa marche

---

1. Philippe de Commynes, p. 78.

vers Nancy ? Dans *La vraye déclaration du fait et conduite de la bataille de Nancy*, qu'il a certainement dictée à un secrétaire, René indique que son armée comprenait « de dix-neuf à vingt mille hommes[1] ». Il neige et la campagne est blanche, les bruits arrivent assourdis. René chevauche une jument grise, La Dame, qui l'a déjà porté à Morat. Par-dessus son armure, il a revêtu une robe de drap d'or marquée d'une double croix blanche ; les manches sont à ses couleurs, gris, blanc et rouge. Sur son étendard est peinte l'image de l'Annonciation, avec l'ange Gabriel et les mots *Ave Maria*.

Au hameau de La Madeleine, il décide une première halte pour armer, selon la coutume, quelques chevaliers. Trois kilomètres plus loin, à La Neuveville, l'armée s'arrête à nouveau : on déniche un guetteur bourguignon perché dans le clocher et on le met à mort. On n'en trouve pas d'autre, car il n'y en a pas ! Le Téméraire ne connaîtra pas l'approche de l'ennemi. Encore un kilomètre : voici le bois de Jarville, dont restent aujourd'hui vingt hectares devant le château de Montaigu. En 1477, c'est une forêt épaisse. René s'arrête une fois encore, un plan d'attaque est défini : seul un détachement continuera par la route de Nancy et marchera droit sur l'armée bourguignonne. Le gros de l'armée contournera par la gauche le bois de Jarville et progressera sous les couverts du bois de Saurupt.

L'avant-garde est commandée par Vautrin Wisse, seigneur de Rosières, qui est originaire de la région et connaît bien le terrain. Son étendard représente un bras armé sortant d'un nuage : la main tient une épée nue. Derrière lui, chevauchent trois ou quatre cents cavaliers français et lorrains, qui ont charge d'ouvrir le passage ; puis marchent les piquiers suisses. Guillaume Herter commande l'infanterie, Oswald de Thierstein, la cavalerie. Cette avant-garde regroupe huit mille

1. Pierre Frédérix, p. 249 s.

hommes, « c'est-à-dire beaucoup plus, à elle seule, que toute l'armée du Téméraire [1] ». La « bataille » suit aux ordres de René. Pour les trois quarts, elle est formée de gens à pied : piquiers, hallebardiers et arquebusiers.

En silence, sous la neige qui tombe toujours, l'armée traverse le ruisseau de Heillecourt, arrive à Valgrange, où Stanislas bâtira un château près de trois siècles plus tard. Nouvel et dernier arrêt : un prêtre revêt un surplis, tend une hostie. Les hommes s'agenouillent : « Si nous devions tous mourir, ce que Dieu ne voudra pas, car il aide les siens, nous serions tous sauvés ! » Les capitaines suisses s'approchent de René : « Maintenant, laissez-nous faire ! » Les professionnels prennent la direction des opérations [2]. L'armée suit la lisière du bois de Saurupt, traverse la route de Mirecourt, le ruisseau de La Madeleine : un kilomètre à peine la sépare de l'aile droite bourguignonne. Il est midi.

Comment Charles a-t-il disposé son armée ? Quelle stratégie a-t-il choisie ?

La bataille de Nancy va se livrer entre le bois de Saurupt et la Meurthe sur un front de quinze cents mètres. Au XVe siècle, ce n'étaient que prairies et champs. Quatre ruisseaux se jetaient dans la Meurthe : leur trace a disparu sous les maisons, les rues, les voies ferrées.

Charles dispose de quatre mille hommes selon Commynes, de deux mille seulement selon La Marche. Au centre, à l'emplacement de l'actuelle église de Bon-Secours, il place l'artillerie et, derrière elle, sous son commandement direct, la « bataille » ; à l'aile gauche, entre la route de Nancy et la Meurthe, un corps de cavalerie sous les ordres de Jacques Galeotto ; à sa droite, appuyé au bois de Saurupt, un autre corps de cavalerie qu'il confie à Josse de Lalaing. Charles s'attend à une attaque de front : pas un instant, il n'envi-

1. Klaus Schelle, p. 311.
2. Pierre Frédérix, p. 208 ; Emanuel von Rodt, t. II, p. 399.

sage un débordement sur sa droite par le bois de Saurupt. Il n'a pas envoyé d'éclaireurs sur les hauteurs d'où l'attaque viendra : « La leçon de Morat semble ne lui avoir rien appris[1]. » La Marche, qui ne consacre pas une page au récit de la bataille, indique : « le duc était mal parti... » C'est peu dire ! La Marche insiste plus sur la trahison de Campobasso que sur le déroulement du combat.

Charles n'a pas dormi. Une dernière fois, il a lu la *Cyropédie* ; de grand matin, il s'est levé, a revêtu son armure et prié dans l'oratoire attenant à sa chambre. Quand il sort, son frère Antoine l'attend : les deux hommes se regardent. Antoine fixe Charles, prononce un seul mot : « Luxembourg ! » Il est encore temps de fuir, la défaite peut être évitée. Charles reste muet. Est-ce la certitude que son destin est accompli ? Est-ce déjà l'engourdissement de la mort ? La neige tourbillonne mais, pour lui, les brumes sont dissipées : « C'est comme s'il voyait, avec une douloureuse netteté, ce qui va se passer et sans pouvoir rien n'y changer[2]. »

Il met son casque. Le cimier, le lion d'or qui symbolise la grandeur de la Bourgogne, se détache et tombe. Il regarde de nouveau son frère et dit : « *Hoc est signum Dei*[3] *!* » Il monte sur Moreau, son cheval noir. Son visage lui semble de pierre. Dans ce matin de froid et de neige, il est pressé de mourir, « pressé d'en terminer avec ce qui ne l'intéresse plus[4] ». Il part pour son dernier combat : se battre, il sait le faire. Jusqu'à la mort ! Il tombera l'épée à la main, après avoir, dans un ultime corps à corps, donné lui-même la mort.

Dans le bois de Saurupt, au premier rang de l'armée

---

1. Pierre Frédérix, p. 204.
2. Klaus Schelle, p. 313.
3. Prosper de Barante, t. X, p. 422. L'anecdote est mentionnée dans les chroniques de l'époque ; Klaus Schelle en déduit que « l'incident a réellement eu lieu » (p. 339).
4. Charles-François Landry, p. 219.

de Lorraine, chevauchent deux capitaines français. A leur droite, s'ouvre un chemin d'exploitation forestière, qui descendrait de nos jours au quai de la Bataille : ils s'y engagent. Les cavaliers lorrains vont jaillir de la forêt sur le flanc droit de la cavalerie bourguignonne. Il est une heure de l'après-midi. La neige cesse de tomber et le soleil paraît.

« Grandson, Morat, Nancy : trois surprises, trois défaites[1]. » Charles attend l'armée lorraine en face de lui, venant par la route de Saint-Nicolas. Elle surgit sur sa droite, presque derrière lui, prenant à revers Josse de Lalaing. Quand ils l'aperçoivent, les Bourguignons se jettent à sa rencontre et, dans un premier temps, la font reculer. Les couleuvrines de l'armée lorraine se mettent à tirer : « Jamais orgues ne sonnèrent si dru ! » Les piquiers suisses chargent comme à Grandson et Morat : « Ils n'ont rien épargné, écrit le chroniqueur de Lorraine, ils les ont tous tués ! »

La bataille se joue en quelques minutes. Tel un bélier, la phalange suisse s'enfonce dans le dispositif bourguignon, qui rompt : les trompes d'Uri mugissent. Charles est attaqué par-devant et par-derrière. Jacques Galeotto, blessé, voyant la bataille perdue, se retire le long de la Meurthe, traverse la rivière au gué de Tomblaine et s'enfuit vers le nord. Charles tente un mouvement de conversion face aux milliers d'assaillants qui descendent du bois de Saurupt. Le détachement ennemi, qui a pris la route de Saint-Nicolas, enlève l'artillerie et la retourne contre l'armée bourguignonne : celle-ci, alors, se désagrège.

« A grands coups de lances, d'épées, de hallebardes et de piques », les Suisses poursuivent les Bourguignons, qui refluent vers l'étang Saint-Jean, les rattrapent un à un et les mettent à mort[2]. Ils ne font pas plus de prisonniers qu'à Morat. Deux ou trois fois

1. Pierre Frédérix, p. 209.
2. *Chronique de Lorraine,* p. 1013.

encore, on aperçoit le Téméraire sur son cheval noir, qui tourbillonne « au milieu d'un essaim, dont on ne sait s'il le défend ou l'attaque[1] ». Il tombe et disparaît.

Quelle route les Bourguignons en fuite peuvent-ils prendre ? Ils remontent le cours de la Meurthe en direction du pont de Bouxières, où Campobasso est posté en embuscade avec ses cavaliers. Lui ne cherche pas à tuer, mais à faire de l'argent ! Il n'en a guère le temps. Les Suisses, qui poursuivent les fuyards, ne songent qu'à massacrer dans l'ivresse de leur victoire. Sur le pont, ils chargent, égorgent, enfoncent dans les eaux de la Meurthe ceux qui résistent encore.

Quand René arrive, la nuit tombe. Il interroge Campobasso : Avez-vous le duc de Bourgogne ? C'est la seule question qui le préoccupe. Campobasso ne l'a pas vu, personne ne l'a vu. A la lueur des torches, René entre dans sa capitale. Les rues sont jonchées d'ossements, les maisons brûlées, le palais n'a plus de toit. Qu'importe !

Le lundi 6 janvier, fête des Rois, les habitants de Nancy partent à la recherche des vivres et des bagages, que les Bourguignons ont abandonnés sous leurs tentes. Ils s'emparent d'un casque et de deux épées, qui seront chaque année portés en triomphe le jour anniversaire de la victoire. Ils prennent des canons, des étendards, un drageoir à épices. C'est peu ! Ils dépouillent les cadavres de leurs armes, de leurs bagues, de leurs vêtements. Le butin est dérisoire : ni celui de Grandson, ni celui de Morat. Les soldats suisses, sans attendre le délai de trois jours que leur coutume impose, demandent à rentrer chez eux :

« Réglez-nous, nous partons !

— Et le duc de Bourgogne ?

---

1. Pierre Frédérix, p. 211.

— S'il s'est échappé et reprend le combat, nous reviendrons ! »

Tout le jour, René de Lorraine cherche le cadavre de Charles : il lui faut le trouver, le reste est sans importance ! Il interroge les prisonniers, parcourt le champ de bataille, envoie des estafettes au loin, vers les ponts, vers le Rhin. Dans la nuit, Campobasso lui amène un jeune page romain, Baptiste Colonna, qui servait dans l'armée de Bourgogne : avant d'être fait prisonnier, il aurait vu le duc tomber non loin de l'étang Saint-Jean.

Le lendemain, mardi 7 janvier, le page conduit les recherches. Le soleil est revenu, rose sur la neige bleue. Les arbres sont dessinés de givre, les herbes gainées de verre. Sous les murs de Nancy, un jeune homme aux longues jambes, un médecin portugais et une vieille femme courent la campagne. Il faut lire la *Chronique de Lorraine* :

« Tous les morts étaient nus et congelés : à peine pouvait-on les reconnaître. Le page allait çà et là, trouvait des gens puissants, des grands et des petits, blancs comme la neige. Il disait : “Parmi tous ceux que j'ai regardés, je n'ai pas reconnu Monsieur mon maître !”

« Il cherchait encore. Il vint dans les prés de Virelay, au bord de l'étang Saint-Jean. Il y avait beaucoup de morts en ce lieu : les hommes, qui le suivaient, retournaient les cadavres sens dessus dessous ; les uns étaient sur le dos, d'autres sur le ventre. Parmi ceux-ci, il trouva monsieur de Bourgogne : “Hélas ! Voici mon seigneur et maître [1] !” »

Autour du cadavre de Charles, dix autres corps gisent, nus et pillés comme le sien. L'un d'eux est celui du gouverneur de Nancy, Jean de Rubempré, auquel on peut soulever le crâne, « comme on le ferait du couvercle d'un pot d'étain ». Au moins est-il reconnais-

1. *Chronique de Lorraine,* p. 1014-1015.

sable ! Charles ne l'est pas, la tête prise dans la glace, une joue enlevée par un loup, le corps piétiné par des chevaux. Il a reçu un coup de hallebarde dans la tête, deux coups de pique dans les reins et les cuisses. Un cadavre mutilé, pillé : le petit Colonna le regarde. Comment peut-on mourir ainsi, lorsqu'on est si fort ? Le médecin portugais commence son office, la lente identification du corps de l'un des hommes les plus puissants du siècle.

Lopo da Guarda reconnaît Charles à six signes : à la mâchoire, des dents manquent ; à la gorge, la cicatrice du coup de lance de Montlhéry ; à l'épaule, la trace d'un furoncle ; aux mains prises dans la glace, les ongles très longs ; au gros orteil du pied gauche, un ongle incarné ; enfin, au testicule droit, la trace d'une fistule [1].

Quel homme était Charles ? Quelles souffrances a-t-il endurées ? Quels troubles, quelles violences, quelles brûlures du sang ?

Le cadavre est porté à Nancy dans une maison de la vieille ville appartenant à Georges Marquiez : tous les détails comptent. Il est lavé : la *Chronique de Lorraine* le décrit « blanc comme neige, petit, fort bien membré ». Charles est revêtu d'une longue robe brodée, la tête coiffée d'une toque rouge. Le samedi 11 janvier, son corps est embaumé. Ses obsèques sont célébrées le dimanche 12 janvier à six heures du matin, une semaine après sa mort. Les corps de Charles de Bourgogne et de Jean de Rubempré sont transférés dans la collégiale Saint-Georges. Trois messes sont dites, puis Charles est inhumé dans le transept, près de l'autel Saint-Sébastien, Rubempré, un peu plus loin, comme à son chevet.

---

1. Jean de Roye, *Journal,* t. II, p. 41. Selon le docteur Troalen, « Charles le Téméraire a probablement contracté, par sa femme, une tuberculose épididymo-testiculaire qui le laissa stérile » (*Charles le Téméraire, ses maladies et ses médecins*, Thèse de médecine, Université de Paris-Val-de-Marne, 1981).

Quelques mois plus tard, Marguerite de Bourgogne demande que le cercueil de son mari soit conduit à Dijon. René de Lorraine répond : « Je ne vends pas de cadavre ! »

Longtemps, on pensa que Charles n'était pas mort. La nuit après qu'on l'eut découvert, il gela et « ce fut comme si gelait aussi la pensée qu'il était encore[1] ».

---

1. Rainer Maria Rilke, p. 170.

L'HÉRITAGE

La nouvelle parvient progressivement à Gand, par petites touches, de manière diffuse et incertaine. C'est d'abord une rumeur, qui s'amplifie : le duc a été battu à Nancy, le duc est mort ! Mais la légende de son invulnérabilité est si forte que l'idée s'accrédite qu'il n'a pas été tué et qu'il s'est retiré en Souabe. Dix ans après, on traitera des ventes et on acceptera des créances payables à son retour. A Gand, résident la duchesse Marguerite et sa belle-fille, la duchesse Marie, devenue Mademoiselle de Bourgogne : les deux femmes sont unies dans la même attente et partagent la même inquiétude. Ensemble, elles vont faire face avec un grand courage. Le 20 janvier, la nouvelle de la mort de Charles leur parvient et le 25, elles prennent le deuil.

A Plessis-lès-Tours, Louis XI est plus vite et mieux informé. Dans la nuit du 8 au 9 janvier, des chevaucheurs arrivent et annoncent la défaite bourguignonne. Jean Daillon, seigneur du Lude, les intercepte et vient avant le jour frapper à la porte du roi, auquel il montre une lettre de Georges de La Trémoille : personne, depuis la défaite de Nancy, n'a revu le duc de Bourgogne.

Louis XI est si surpris, cette nouvelle lui cause une si grande joie qu'il ne sait « quelle contenance tenir [1] ».

---

1. Philippe de Commynes, p. 324.

Il rassemble son monde, entend la messe, fait dresser une table dans sa chambre, décide d'envoyer en Lorraine le bâtard de Bourbon et Philippe de Commynes. Il écrit à Georges de La Trémoille une lettre demeurée célèbre : « Il est temps d'employer vos cinq sens de nature à mettre le duché et le comté de Bourgogne en mes mains. Entrez dans le pays, prenez-le ! » Il l'entretient aussi de son projet de marier Marie de Bourgogne avec le dauphin. Le 11 janvier, par un froid de glace, les envoyés du roi se saisissent d'un chevaucheur bourguignon en route pour Gand, porteur d'un message qui décrit les conditions de la mort de Charles. Le lendemain, Louis XI ordonne des processions pour célébrer le double trépas du duc de Milan, qui vient d'être assassiné, et du duc de Bourgogne, ses deux ennemis.

Dans les Pays-Bas, « tout laisse présager un terrible avenir [1] ». Les villes grondent. La cour s'interroge sur les intentions du duc de Lorraine, des Suisses et, plus encore, du roi de France. Malgré la trêve de Soleuvre, les armées royales se sont mises en marche : jusqu'où iront-elles ? Elles ont pénétré en Bourgogne et en Picardie. Les duchesses écrivent au roi, en appellent à sa bonté et à sa clémence, lui qui s'est réfugié en Bourgogne dans sa jeunesse et qui a porté Marie sur les fonts baptismaux. Les termes de leur lettre ont été débattus par le Conseil : les Pays-Bas ne sont pas dépourvus de commandement. Par une ordonnance prise avant les guerres de Bourgogne, Charles a désigné Adolphe de Clèves comme lieutenant général des « pays de par-deçà ». Le chancelier Guillaume Hugonet demeure en fonctions, comme Guy de Brimeu, Jean de La Bouverie, Ferry de Clugny, Louis de Gruuthuse.

A plusieurs reprises, Louis XI a évoqué devant Commynes ce qu'il ferait si Charles venait à disparaître. Tenant un langage de modération, il donnait sa préférence au mariage du dauphin avec l'héritière de

1. Yves Cazaux, p. 186.

Bourgogne, malgré la différence d'âge : Marie a vingt ans, le dauphin à peine sept. Si Marie ne voulait pas épouser un enfant, il s'efforcerait de lui proposer, comme époux, un prince français. Le jour où il apprend la mort de Charles, il abandonne « ce sage projet » et cesse de « prendre les choses par le bout où il devrait les prendre ». Il rêve de conquêtes militaires, bien qu'il n'ait « nul droit » à rattacher la Bourgogne à la France : par cette incidente, Commynes tranche le débat sur les droits de Louis XI à s'emparer du duché[1].

Quelle instance peut décider de l'avenir de la Bourgogne ? Le XVe siècle est procédurier. A Dijon, le débat s'engage devant les États de Bourgogne réunis le 25 janvier 1477. L'évêque de Langres, dont dépend Dijon, appuie la cause royale ; Jean de Chalon, prince d'Orange, l'un des plus grands noms du duché, rejoint Louis XI à la suite d'une décision de justice, dans une affaire de succession qui lui est défavorable. Les troupes françaises campent sous les murs de la ville ! Le clergé hésite et la noblesse, divisée, s'agite. Les assemblées du tiers état sont « tumultueuses et passionnées » : elles s'interrogent sur l'avenir des franchises bourguignonnes[2]. Une majorité se rallie à Louis XI, en y mettant quelques formes : si le duc n'est pas mort, le roi devra lui rendre son duché !

Pour les « pays de par-deçà », les États se réunissent à Gand le 26 janvier : dès l'annonce du décès de son père, Marie les a convoqués. Pas un instant, elle n'a songé à différer leur réunion. Au contraire, elle en a avancé la date. Elle doit affronter une révolution à laquelle elle n'est pas préparée. Elle va jouer de sa jeunesse, de son inexpérience, lâchera du lest quand il le faudra et, selon la belle expression d'Yves Cazaux, laissera « la révolution brûler sa poudre ». Elle accompagnera le mouvement et, peu à peu, reprendra le

1. Philippe de Commynes, p. 329.
2. Yves Cazaux, p. 189.

contrôle du pouvoir. Dans l'épreuve, elle se révélera une grande dame de Bourgogne !

Les députés de Flandre aspirent à la paix. Le conflit avec Louis XI n'a jamais été le leur. Le duc Charles voulait la guerre, eux ne la souhaitent pas ! Lui mort, tout devrait s'arranger ! Ils ne pensent qu'à régler de vieux comptes, revenir sur les humiliations passées, retrouver les voies d'une expansion paisible. Ils vont légiférer, empiéter sur les pouvoirs de la nouvelle duchesse, mettre à mal la centralisation conduite par Philippe le Bon et Charles le Téméraire. Devant eux, Marie se présente en souveraine, analyse la situation née de l'offensive française, dénonce le danger qui menace l'Artois et la Flandre. D'entrée de jeu, elle renonce aux derniers versements de l'aide que les États ont votée en 1473, à la demande de son père, pour six ans. Elle s'en remet aux députés du soin d'organiser la défense des Pays-Bas.

La situation dépend de Louis XI. Dès sa prise de fonctions, Marie lui a envoyé une ambassade composée de ses principaux conseillers, Guillaume Hugonet et Guy de Brimeu. A Péronne, le roi les reçoit et déploie sa séduction. Son objectif, le seul dans l'immédiat, est la prise d'Arras. Il va l'atteindre : la ville lui ouvre ses portes le 4 mars.

Les États ne veulent pas laisser la duchesse négocier seule : ils décident le 28 février, à leur tour, d'envoyer au roi une délégation, que conduit l'abbé de Saint-Pierre-lès-Gand. Commynes décrit l'entrevue : Marie de Bourgogne, déclarent les délégués, a la volonté « de se conduire en toutes choses selon le Conseil des États de son pays ». Ah, leur répond le roi, vous êtes mal informés ! Votre duchesse entend conduire ses affaires non par votre intermédiaire, mais par d'autres, qui ne veulent pas la paix comme vous-mêmes : vous serez désavoués ! Louis XI leur apprend que Guillaume Hugonet et Guy de Brimeu lui ont remis une lettre écrite pour partie de la main de Marie, pour partie de celle de sa belle-mère, pour partie de celle d'Adolphe de Clèves. Cette missive lui demande de négocier avec quatre personnes — quatre seulement — dans lesquelles la duchesse place sa confiance : sa belle-mère Marguerite, Adolphe de Clèves, le chancelier Hugonet et Guy de Brimeu. Les ambassadeurs sont troublés, veulent des preuves, oublient dans la discussion l'objet même de leur mission. Louis XI leur présente la lettre. Cela ne suffit pas, il la leur donne !

Les délégués n'ont qu'une hâte : regagner Gand, qu'ils trouvent en ébullition. Les États ont pris la décision d'éloigner la duchesse Marguerite pour cause de trahison. Là encore, Louis XI a agi, fait répandre la rumeur que les Anglais voulaient enlever Marie, que Marguerite était chargée de mener l'entreprise. La duchesse douairière s'est défendue : « Si je suis étrangère de naissance, je ne le suis pas de cœur ! » Elle doit, dans les larmes, s'incliner et quitter Gand. Elle gagne Audenarde, qui constitue son douaire avec Malines et Termonde.

Le jour même du retour des ambassadeurs, des messagers annoncent la reprise des hostilités dans l'Artois : Louis XI n'a guère tardé. A cette nouvelle, la duchesse envoie Jean de La Bouverie, président du Parlement de Malines, demander l'aide des États généraux. La guerre, que les Flamands espéraient éviter par la négociation, reprend : l'Artois va être occupé, on ne sait comment résistera le Hainaut, les frontières de la Flandre sont découvertes. Le 13 mars, Marie se rend dans la salle des États ; Jean de La Bouverie l'accompagne. Guillaume Hugonet est resté chez lui et Guy de Brimeu a quitté la ville. Ils savent, l'un et l'autre, que leur vie est en danger.

Les ambassadeurs rendent compte de leur mission. Lorsque des précisions leur sont demandées, ils évoquent une lettre confidentielle, que la duchesse aurait adressée à Louis XI sans l'accord des États. Marie se lève : cette lettre n'existe pas, je ne l'ai pas écrite ! Un délégué de Gand lui fait face. Selon Commynes, c'est un « homme de peu d'honneur » : il sort la lettre, la lit, la tend à la duchesse. Dans le tumulte, Marie bredouille, appelle à la pitié, « cherche refuge dans sa jeunesse, son inexpérience et ses malheurs[1] ». En vain ! Les députés crient à la trahison, s'indignent du mensonge de leur souveraine. Dans la journée, l'un des échevins de l'ancienne municipalité de Gand est exécuté.

Le premier échevin de la « nouvelle loi » arrête le chancelier Hugonet dans son hôtel et Guy de Brimeu dans la chartreuse où il s'est réfugié : tous deux sont incarcérés, comme Guillaume de Clugny, coadjuteur de l'évêque de Thérouanne, et Jean de Melle, trésorier de Gand. L'ordre d'arrestation est établi à la requête des pays de Flandre, de Brabant, de Hollande et de Zélande.

Cette journée capitale ouvre la révolte municipale, journée de haine, de rancœur et de méfiance mêlées ! Quoi qu'il advienne, Marie restera désormais fidèle à la mémoire de Charles. Elle écrit à Maximilien, lui confirme son intention de l'épouser et lui rappelle l'engagement pris par son père. Les événements du 13 mars 1477 expliquent ainsi l'arrivée à Gand, le 18 août suivant, d'un jeune homme de dix-neuf ans, fils d'empereur, qui sera lui-même empereur : Maximilien d'Autriche.

Dans l'immédiat, que peut décider Marie ? Si elle remet ses conseillers à leurs juges naturels, ce sera l'acquittement, qui déchaînera la violence : Hugonet et Brimeu sont d'avance condamnés à payer de leur vie l'apaisement des esprits. Commynes évoque à leur sujet une possible concussion : contre la promesse du mariage de Marie avec le dauphin, le roi les aurait achetés et eux auraient promis de le servir. La Marche prétend que les deux hommes se sont « laissé fléchir

1. Yves Cazaux, p. 210.

par les offres du roi ». Mais aucun document ne prouve, bien au contraire, leur trahison. L'un et l'autre ont servi l'État bourguignon avec une grande fidélité ; la dignité de leur mort impose le respect.

Werner Paravicini a étudié la vie de Guy de Brimeu, seigneur de Humbercourt. Né en 1434, un an après Charles, il représente la troisième génération d'une famille au service des ducs de Bourgogne. Famille de Picardie : Brimeu, arrière-fief d'Amiens, est situé près de Montreuil-sur-Mer et Humbercourt, arrière-fief de Péronne, près de Doullens. En 1456, Brimeu devient chambellan de Charles, qu'il accompagne en 1461 dans son voyage en Bourgogne et à la cour de Louis XI. En 1462, il est commissaire auprès des États d'Artois ; en 1465, il est envoyé en mission à Rome. Il participe à la campagne de Dinant, est nommé lieutenant général du pays de Liège, gouverneur général des pays mosans. A Trèves, il appartient à l'équipe qui négocie avec l'empereur. Après la mort de Charles, Marie le choisit pour participer à son conseil restreint. Il est chevalier de la Toison d'or, maréchal héréditaire de Brabant, comte palatin. Comme Hugonet, et pour les mêmes raisons, il finit sa vie sur l'échafaud le jeudi saint 3 avril 1477. Sa devise était « Non force », celle d'un diplomate qui met la force au dernier rang des moyens qu'il utilise [1].

Marie n'abandonne pas ses conseillers. Alors que leur procès se déroule, le lundi 31 mars, elle part seule vers l'hôtel de ville en longue robe noire de deuil : elle réclame son droit souverain de faire grâce. Les échevins ne l'écoutent pas. Elle gagne la place du Marché du Vendredi, s'adresse à la foule du balcon où son père se tenait en juin 1467 lors de la révolte de Gand. Scène prodigieuse : cette jeune fille de vingt ans, héritière des grands ducs d'Occident, supplie à genoux ses sujets de ne pas condamner à mort ses conseillers ! Marie a les

1. Werner Paravicini, *Guy de Brimeu, seigneur d'Humbercourt.*

larmes aux yeux, sa voix se brise : « une partie du peuple souhaite, note Commynes, que son plaisir soit fait et qu'ils ne meurent pas » ; d'autres, plus nombreux, abaissent leurs piques les unes contre les autres « comme pour combattre [1] ». Le procès se poursuivra : Hugonet, Brimeu, Melle sont condamnés à mort.

La question leur est appliquée. Les membres disloqués, ils sont conduits au lieu de leur supplice à quinze heures, l'heure de la mort du Christ : le XVe siècle aime les symboles. Pour Brimeu, chevalier de la Toison d'or, l'échafaud est tendu de noir. Les insignes de l'ordre lui sont enlevés avant qu'il ne soit décapité : les formes sont respectées ! Son corps est transporté à Arras, où il a demandé à être inhumé. Hugonet, le matin même, a écrit à sa femme l'une des plus belles lettres de l'époque, d'amour, de réconfort et de confiance en Dieu :

« La mort est commune à toutes gens... La mienne est sans cause ! Sachez, ma mie, que je suis résolu à la recevoir sans aucun regret. Écrit ce jeudi saint, que je crois être mon dernier jour. »

Dans les mois qui suivent la mort de Charles, Louis XI agit comme s'il faisait « siennes la précipitation et la cruauté » de son adversaire, comme s'il voulait, selon l'usage primitif, le manger « pour s'approprier sa force [2] ». Louis XI a détruit Charles mais, dans les régions les plus secrètes de son cœur, il se venge de sa propre personnalité de diplomate et non d'homme de guerre. En 1477, il devient l'homme de guerre qu'il a rarement été. Conduisant ses troupes au combat, il est blessé au siège d'Arras. Il emploie les méthodes de Charles, passe par l'épée les habitants d'Avesnes et détruit la ville. En juin 1478, pour réduire Douai et Valenciennes, il lance des milliers de fau-

---

1. Philippe de Commynes, p. 350.
2. Paul Murray Kendall, *Louis XI*, p. 378.

cheurs « à l'assaut des blés mûrissants[1] ». En juin 1479, il ordonne le bannissement de la population d'Arras, hommes, femmes et enfants : trois mille familles doivent quitter la capitale de l'Artois, à laquelle Louis XI donne, par dérision, le nom de « Franchise ».

Dans les « pays de par-deçà » et les « pays de par-delà », le roi applique « le même système : corruption, répression, terreur[2] ». Beaune ne cède qu'à la force, Dole et Vesoul sont brûlées, leur population est massacrée. Pendant des années, des maquis résisteront dans le Charolais. La guerre, coupée de périodes de trêves, durera jusqu'à la paix d'Arras de décembre 1482. Guerre totale, elle ravage les pays bourguignons, appauvrit une grande partie de la France. S'y ajoute la guerre civile : la révolte des villes de Flandre se prolongera jusqu'en juillet 1492.

Dès février 1477, Marie doit abolir la paix de Gavere, rétablir à Gand les droits coutumiers et les franchises, arrêter la politique de centralisation qu'ont conduite son grand-père et son père. Puis elle regagne à la main ce qu'elle a lâché, s'oppose aux revendications des États et, contre les extrêmes, mène une politique du juste milieu.

La grande affaire est son mariage. Dans ses *Mémoires*, La Marche, en une phrase, décrit l'empressement de toute l'Europe : « Madame était requise du roi d'Angleterre pour lord Scales, frère de la reine ; le roi de France voulait l'avoir pour Monseigneur le dauphin, Monseigneur de Clèves pour son fils et Monseigneur de Ravenstein pour le sien[3]. »

Les États, eux-mêmes, sont partagés. Le 13 mars, après la rencontre avec Louis XI, les députés de Bruges

1. *Ibid.*, p. 377.
2. Jean-Philippe Lecat, *Quand flamboyait la Toison d'or*, p. 372.
3. Olivier de La Marche, t. III, p. 243. Le duc de Clèves était alors Jean ; son frère cadet, Adolphe, portait le titre de seigneur de Ravenstein.

rédigent un compte rendu qui témoigne de leurs hésitations. Marie est-elle tenue par les engagements de son père ? Leur réponse est négative. Quelle alliance est la plus profitable aux intérêts de l'État bourguignon ? Les possessions de l'empereur sont bien éloignées et de « faible secours ». L'alliance anglaise serait mal prise par le roi de France et « il en résulterait une guerre perpétuelle ». Le mariage de Mademoiselle avec le dauphin est la solution qui peut conduire à la paix : « Le pays n'est pas en état de faire grande résistance. » Mais les députés partagent le sentiment que « jamais, l'on n'obtiendra du roi un traité favorable à moins qu'on ne lève la main et que l'on ne présente le visage ! »

Louis XI repousse l'offre d'un mariage français et, par son refus, justifie l'attitude de Marie. Pour s'opposer au danger que représentent les armées françaises, l'alliance impériale est le choix qui préserve pour les Pays-Bas l'intégrité de l'État bourguignon. La duchesse ne peut que poursuivre la politique du Téméraire :

« Mon père a souhaité mon mariage avec le fils de l'empereur Il s'est engagé et m'a engagée avec lui. Je n'aurai pas d'autre mari que Maximilien ! »

D'ailleurs, le dauphin est trop jeune. La gouvernante de Marie, Jeanne de Hallwin, qui est une femme d'un solide bon sens, ne mâche pas ses mots : « La Bourgogne a besoin d'un homme et non d'un enfant[1] ! » Un homme ! Marie va donc épouser Maximilien d'Autriche : ce mariage austro-bourguignon, que suivra à la génération suivante un mariage austro-espagnol, déterminera pour deux siècles l'évolution de l'Europe.

Frédéric III a envoyé à Bruxelles et à Bruges une ambassade. L'évêque de Metz, qui la conduit, demande le 16 avril, au nom de l'empereur, la main de Marie pour Maximilien. Le 18 avril, le Conseil ducal donne son accord et, le dimanche 27, Marie

---

1. Georges-Henri Dumont, p. 76.

s'unit par procuration à Maximilien d'Autriche, que représente le duc de Bavière. Reste à obtenir le consentement des États, réunis à Louvain pour une session extraordinaire. Marie se rend devant eux le 14 mai, plaide son choix, confirme leurs privilèges, s'engage à ce que son mari les respecte également. Elle appelle à l'union sacrée pour la défense des Pays-Bas. En deux mois, la situation s'est renversée : Marie ne rencontre pas d'opposition.

Maximilien se met en route de Vienne pour Gand le 21 mai. Herman Vander Linden, dans les *Itinéraires de Marie de Bourgogne et de Maximilien d'Autriche*, a publié des documents de l'époque qui décrivent, jour après jour, le voyage du jeune prince autrichien[1]. En juillet, Maximilien arrive à Cologne, où une ambassade bourguignonne l'attend. Le 5 août, à la tête de sept cents cavaliers, qui arborent des queues de renard à la pointe de leurs lances, il entre aux Pays-Bas par Maastricht. A Louvain, Bruxelles, Termonde, la foule l'acclame comme un sauveur et une réponse au double danger qui menace le pays : le désordre intérieur et l'invasion étrangère. Marie va devenir d'Empire « par le cœur et par la chair », soutenue, à l'instant décisif de son mariage, par tout son peuple.

Le lundi 18 août dans la soirée, Maximilien arrive à Gand, se fraye un passage jusqu'à la place du Marché du Vendredi, se repose quelques intants dans l'auberge qui lui a été réservée. A la lueur des torches, il gagne le palais de *Ten Walle*. Dans une chambre de parade, ayant à ses côtés la duchesse Marguerite et les membres de son Conseil, Marie l'attend. Maximilien et Marie ne parlent pas la même langue ; ils « s'entendent, note La Marche, par signes ». Leur mariage est célébré le lendemain dans la chapelle du palais : le mardi 19 août 1477, à six heures du matin, à l'heure

1. Herman Vander Linden, *Itinéraires de Marie de Bourgogne*, p. 118-125.

du mariage de son père, Marie de Bourgogne s'unit à Maximilien d'Autriche.

Ce ne sera plus la Bourgogne seule que la France trouvera devant elle, ce seront à l'avenir l'Autriche et l'Espagne. Maximilien écrit à Louis XI pour protester contre les destructions opérées par les troupes françaises dans les États de sa femme, lui fait grief d'avoir rompu la trêve de Soleuvre. « Licitement et sans autre réquisition », il prend les armes pour la défense des pays bourguignons. Le contrat de mariage, délibéré par le Conseil, règle la succession de Marie. Son fils aîné deviendra duc de Bourgogne et héritera de l'ensemble de ses possessions : l'indépendance de l'État bourguignon est ainsi assurée.

Maximilien et Marie vont former un couple très uni : toutes les chroniques l'attestent. Pour Commynes, Marie « aimait fort son mari et était dame de bonne renommée[1] ». Vivre auprès d'elle devient ce que Maximilien désire le plus au monde. Cinq siècles après, leur union dégage encore « le parfum délicat du bonheur[2] ». Avec ses longs cheveux blonds, Maximilien est beau : pour Molinet, c'est même « Narcisse ressuscité » ! Gai, sportif, il chante et se mêle aux fêtes populaires. Il aime les femmes. A l'un de ses amis d'enfance demeuré à Vienne, il compare son épouse à ses maîtresses passées :

« Aussi grande que la Leyenbergerin, beaucoup plus petite que Rosina, elle a la peau blanche comme neige, un petit nez, des yeux gris brun, beaux et clairs. La paupière inférieure est un peu descendue, comme si elle venait de dormir ; les lèvres sont un peu fortes, mais pures et rouges. »

Il conclut : « C'est la plus belle femme que j'aie jamais vue ! »

Maximilien et Marie font chambre commune et

1. Philippe de Commynes, p. 387.
2. Yves Cazaux, p. 306.

chassent ensemble. Le soir, ils écoutent de la musique et jouent aux échecs. L'hiver, ils patinent sur les prairies gelées des environs de Bruges. Marie apprend à Maximilien le français, Maximilien à Marie le vieil allemand. Ils participent à des fêtes populaires : ce sont des souverains comme la Flandre et le Brabant les aiment, proches, menant la vie d'une famille bourgeoise ! Ils résident à Bruges, à Bruxelles dans le château où Marie est née, puis de nouveau à Bruges. Marie donne naissance à trois enfants : Philippe à Bruges le lundi 22 juin 1478, Marguerite à Bruxelles le lundi 10 janvier 1480 et François à Bruxelles le lundi 10 septembre 1481. Trois fois un lundi ! L'aîné, Philippe, reçoit le prénom de son arrière-grand-père, comme une évocation des temps heureux de la paix. Le dernier, François, meurt en décembre 1481.

Quelques mois plus tard à Bruges, en mars 1482, c'est l'accident de chasse, la mort de Marie, la fin d'un bonheur simple et, pour les Pays-Bas, de nouveau la guerre civile qui va s'ajouter à la guerre contre la France. L'air est pur et limpide ; Marie, « folâtre et gaie », chasse l'épervier. En traversant un canal, elle tombe de cheval. Commynes commente : « Elle chevauchait un cheval ardent. Il la fit tomber sur une grande pièce de bois [1]. » Elle est écrasée, la cage thoracique est défoncée, les mains sont disloquées et même retournées. Elle est ramenée à Bruges : jour après jour, son état empire. La fièvre la prend et ne la quitte plus. Elle meurt le 27 mars 1482 [2]. De son lit, malgré sa souffrance, elle a dicté son testament : elle confie à son mari la tutelle de ses enfants et le gouvernement de ses pays.

Les États n'acceptent pas une telle décision. Ils s'ou-

---

1. Philippe de Commynes, p. 404.
2. Un médecin belge, le docteur Paul Janssens, a examiné en 1979 le squelette de Marie : il a conclu à un hémo-pneumothorax « provoqué par les côtes fracturées qui ont blessé la plèvre et y ont amené, à la fois, de l'air et du sang » (Georges-Henri Dumont, p. 318).

vrent en avril dans une atmosphère de crise. Deux thèses s'opposent, celle de la toute-puissance du prince et celle de la primauté des États. La guerre civile ravage la Flandre : en juillet 1485, Maximilien conduit une expédition pour reprendre son fils Philippe aux Gantois. Élu à Francfort, en février 1486, roi des Romains, dès son retour dans les Pays-Bas, il doit faire face à une nouvelle rébellion des villes flamandes. Il est retenu prisonnier à Bruges, de février à mai 1488, dans une cage de bois « toute ferrée de fer[1] ». Frédéric III doit annoncer qu'il lève une armée pour que Maximilien soit enfin libéré !

Cette période est relatée par La Marche à la fin de ses *Mémoires :* c'est sans doute la partie la plus vivante, la mieux écrite de toute son œuvre. Les dates s'entrechoquent dans un grand désordre chronologique, mais qu'importe ! « Si je n'ai pas tout mis par ordre, avoue La Marche, j'ai au moins dit la vérité. » Il est plus proche de Maximilien qu'il ne le fut de Charles. Ses *Mémoires* s'achèvent par la recherche du surnom qu'il veut attribuer à son maître : cœur d'or ? D'argent ? De fer ? « La goutte d'eau creuse le fer ! » Aussi choisit-il cœur d'acier, car l'acier est « plus noble que toute autre matière » : ce sera donc Maximilien cœur d'acier[2] !

Le fils aîné de Maximilien et de Marie, Philippe le Beau, épouse, le 20 octobre 1496, Jeanne de Castille. Dès 1477, les négociations avaient repris entre la Bourgogne et l'Espagne ; le mariage de Philippe et de Jeanne fonde l'entente austro-espagnole. Fille des Rois Catholiques, Ferdinand d'Aragon et Isabelle de Castille, Jeanne la Folle hérite des deux Espagnes à la mort de ses parents[3].

---

1. Olivier de La Marche, t. III, p. 291.
2. *Ibid.*, p. 304 et 313.
3. Ce sont les morts successives de son frère Juan (4 octobre 1497), de sa sœur aînée Isabelle (23 août 1498) et du fils de cette dernière, Miguel (20 juillet 1500), qui font de Jeanne et de Philippe les héritiers des royaumes ibériques.

En réalité plus anormale que folle, mais incapable de régner, elle éprouve une passion pour le mari que ses parents lui ont choisi. Elle a rejoint la Flandre par mer au cours de l'été 1496. Elle est jeune, brune ; ses yeux sont noirs, effilés en amande. A Lierre, elle découvre Philippe, qui la regarde pour la première fois et la bouscule la nuit même. Rien d'autre, dans sa vie, ne comptera plus désormais que la présence et la chaleur de Philippe. Il est jeune, blond et fort : un beau garçon, jovial, aimant les femmes comme son père. Il la trompera. Qu'importe ! Il cherchera à l'écarter du pouvoir, à la faire interner : elle l'aimera encore d'un amour fou[1] !

A Burgos, un soir d'automne, Philippe joue à la paume, il est en nage et boit une pinte d'eau glacée. Il prend froid, n'en a cure, chasse le lendemain et tombe malade. Le 25 septembre 1506, il meurt à vingt-huit ans d'une congestion pulmonaire : Jeanne est désespérée. A la Toussaint, elle se rend à la chartreuse où son mari est enterré, fait ouvrir son cercueil et contemple longuement son corps embaumé. A la Noël, le cercueil est à nouveau ouvert, puis la reine, avec lui, prend de nuit la route de Grenade. Sur le chemin, elle met au monde le 14 janvier 1507, à Torquemada, son sixième enfant, Catherine, qui sera reine de Portugal. Elle fera ouvrir le cercueil une troisième et une quatrième fois. Elle est devenue folle et finira sa vie recluse, seule avec son chagrin. Elle restera enfermée quarante-sept ans dans le château de Tordesillas. L'Espagne a été unifiée, l'Amérique découverte : elle est la reine la plus puissante de la chrétienté et ne le sait pas ! Elle constitue « le maillon le plus fragile, la figure la plus pathétique de la monarchie espagnole[2] ». Dans la folie et la dérision se crée autour d'elle le nouvel empire du monde.

---

1. *Un amour fou* : c'est le titre du roman que Catherine Hermary-Vieille a consacré à Jeanne la Folle.
2. Amarie Dennis, *Jeanne la Folle, mère de Charles Quint.*

A Gand, le 24 février 1500, Jeanne a donné naissance à Charles, qui deviendra Charles Quint. C'est un Flamand, qui ne sait ni l'espagnol, ni même l'allemand : sa langue maternelle est le français. Il se comporte en héritier des ducs de Bourgogne.

Devenu empereur d'Occident, son ambition est de « faire servir l'Empire à la restauration du duché [1] ». Il considère que Louis XI, en s'emparant de Dijon, l'a frustré de son héritage. Dans sa personne, le rêve du Téméraire, la construction d'un royaume de l'Europe médiane, se trouve plus que réalisé : infiniment dépassé.

Il lui manque le point de départ de l'ancienne grandeur bourguignonne, le duché de Bourgogne lui-même : Charles Quint a Bruxelles, Madrid, Naples et Milan. Il n'a pas Dijon et veut Dijon ! Il porte le prénom de son arrière-grand-père. Il est sérieux et appliqué comme lui ; intelligent, cultivé, d'une activité extraordinaire malgré une santé médiocre. Il passe sa vie à cheval, sans cesse en déplacement entre ses capitales, la moitié du temps en campagne, bon soldat et bon général, quoique sans génie. Bon politique aussi, et né pour la politique : il dévore l'Europe, devient roi de Naples, duc de Milan, roi des mers et souverain du Nouveau Monde, un monde qui s'est dilaté sous sa main et à son profit. Comme Charles le Téméraire, il court après ce qu'il n'a pas, rêve d'infini, à la recherche de ses racines perdues.

Dans le testament qu'il rédige à vingt-deux ans, après son avènement à l'Empire, il livre son secret :

« Si, à l'heure de notre trépas, *notre* duché de Bourgogne était réduit en notre obéissance, nous voudrions que notre corps reposât en l'église conventuelle des chartreux de Dijon, auprès des corps de nos prédécesseurs, Philippe le Hardi, Jean son fils, Philippe le Bon, en leur vivant ducs de Bourgogne... »

---

1. René Grousset, p. 151.

La chartreuse de Champmol, les orants, gisants et pleurants de Sluter, Werve et Le Moiturier, telles sont les images qui hantent le jeune empereur. A ces revendications d'outre-tombe, Charles Quint consacre sa vie. Le souvenir de son arrière-grand-père dicte sa politique. Charles le Téméraire est tombé en 1477 devant Nancy, Charles Quint ne peut, en 1552, prendre Metz. Lui aussi tente de conquérir la Provence. Lui aussi s'oppose aux villes flamandes et mène une politique de centralisation : la « constitution caroline », qu'il promulgue le 30 avril 1540, abolit les franchises de Gand, la ville de sa naissance.

En 1550, il demande à la régente de Lorraine, arrière-petite-fille comme lui du Téméraire, de lui remettre la dépouille de Charles. Christine de Danemark lui accorde ce que René de Lorraine a refusé à Marie de Bourgogne : le transfert des restes de Charles le Téméraire à Bruges — non à Dijon.

Le gouvernement des Pays-Bas charge de cette mission Antoine de Beaulaincourt, héraut d'armes de la Toison d'or, Christophe de Schaumbourg et l'évêque Martin Cupers. La régente, de son côté, désigne trois délégués pour aider les Bourguignons dans leur tâche, dont le sénéchal de Lorraine, Pierre du Châtelet, et le prévôt de Saint-Georges de Nancy, Jean Billequel. Ce dernier a soixante-treize ans, c'est le plus âgé : aucun des six commissaires n'a pu assister à l'enterrement de Charles. Les délégués de Charles Quint arrivent à Nancy, en habits de deuil, suivi d'un corbillard vide. Le lundi 22 septembre 1550, une messe des morts est célébrée à Saint-Georges et ils se mettent au travail.

« Sous ce tombeau est enfermé Charles » : ils creusent et ne découvrent qu'un canal plein d'eau ; ils cherchent plus loin « vers l'autel de Saint-Sébastien », là où des croix bourguignonnes de Saint-André sont gravées dans le pavement. Ils fouillent à trois pieds de profondeur et trouvent des ossements qu'ils attribuent, selon le procès-verbal écrit de la main d'Antoine de Beaulaincourt, au corps du Téméraire, qui aurait été « sépulturé à cet endroit [1] ». Les ossements sont dans un cercueil de bois de sapin. La tête est entière, avec une « petite bavure » d'un côté et une « fissure » de l'autre : rien ne rappelle le coup de hallebarde qui a fendu la tête de Charles « de l'oreille jusqu'aux dents ! »

Les commissaires se contentent des dires du vieux Billequel. Ils chargent les ossements dans le corbillard et prennent la route des Pays-Bas. Arrivés en terre bourguignonne, ils les transfèrent dans un cercueil de plomb. Est-ce Charles le Téméraire qui repose dans l'église Notre-Dame de Bruges ? On peut en douter [2].

De Charles ne demeure aucune pierre — ou presque : la collégiale de Nancy a été rasée au XVIIIe siècle et il ne reste rien du *Prinsenhof* de Bruges, des palais de Gand et de Bruxelles, des *Tours bleues* de Gorcum. Seulement le souvenir d'un homme à la poursuite de ses rêves : Charles considérait ce monde comme transitoire et sa gloire comme « rien d'autre qu'une poignée de vent [3] ».

---

1. Charles de Linas, *Procès-verbal des fouilles et de la découverte des ossements.*

2. Pierre Frédérix, p. 327 ; Klaus Schelle, p. 317 : « Aujourd'hui encore, nous ne savons pas si ce sont ses restes qui reposent sous le somptueux monument élevé à Bruges, à côté de celui de Marie. »

3. Georges Chastellain, *Déclaration des hauts faits du duc Philippe,* p. 759.

A mes amis Jean-Philippe Lecat et Jean Favier,

Aux doyens Jean Richard et Jean-Marie Cauchies, aux professeurs Wim Blockmans, Werner Paravicini, Louis-Édouard Roulet, à Marie-Thérèse Caron, Béatrice Javet, Françoise Karro, Holger Kruse, Jacques Paviot, Monique Sommé, qui m'ont conseillé et aidé,

A Martine Chauney, bibliothécaire à la ville de Dijon, Jean Derens, conservateur en chef de la bibliothèque historique de la ville de Paris, Françoise Duvernier, conservateur en chef de la bibliothèque d'Auxerre, Michèle Renson, conservateur des archives municipales de Nancy, Françoise Vignier, directeur des archives de la Côte-d'Or, qui ont mis à ma disposition les ouvrages et les documents d'archives dont ils disposaient,

A Jean-René Bory, directeur du musée du château de Penthes, Étienne Chatton, conservateur du château de Gruyères, Georg Germann, directeur du musée historique de Berne, Daniel de Raemy, conservateur du château de Grandson, qui m'ont accueilli et guidé en Suisse sur les champs de bataille des guerres de Bourgogne,

A Christiane Malka et Jean-Michel Goustour,

le témoignage de ma reconnaissance et de mon amitié.

LES VALOIS DE FRANC

JEAN LE BON
Roi de France (1350-1364)
ép. 1° Bonne de Luxembour
2° Jeanne de Boulogne

VALOIS DE FRANCE

CHARLES V
Roi de France (1364-1380)
ép. Jeanne de Bourbon

LOUIS
Duc d'Anjou (1360-1384)

JEAN
Duc de Berry (1360-1416)

CHARLES VI
Roi de France (1380-1422)
ép. Isabelle de Bavière

LOUIS
Duc d'Orléans (1392-1407
ép. Valentine Visconti

CHARLES VII
Roi de France (1422-1461)
ép. Marie d'Anjou

ISABELLE DE FRANCE
(† 1409)

CHARLES
Duc d'Orléans (1407-1465
ép. 1° Isabelle de France
2° Bonne d'Armagnac
3° Marie de Clèves

LOUIS XI
Roi de France (1461-1483)
ép. Charlotte de Savoie

YOLANDE DE FRANCE
(† 1478)
ép. Amédée IX, duc de Savoie

CHARLES VIII
Roi de France (1483-1498)
ép. Anne de Bretagne

LOUIS XII
Roi de France (1498-1515
ép. Anne de Bretagne, veuve de Charles VIII

CLAUDE DE FRANCE
Duchesse de Bretagne
(† 1524)

T DE BOURGOGNE

VALOIS DE BOURGOGNE

JEANNE DE FRANCE
ép. Charles le Mauvais,
Roi de Navarre (1349-1387)

PHILIPPE LE HARDI
Duc de Bourgogne (1364-1404)
ép. Marguerite de Flandre,
veuve de Philippe de Rouvres

JEAN SANS PEUR
Duc de Bourgogne (1404-1419)
ép. Marguerite de Bavière

PHILIPPE LE BON
Duc de Bourgogne (1419-1467)
ép. 1° Michelle de France
2° Bonne d'Artois
3° Isabelle de Portugal

CHARLES LE TÉMÉRAIRE
Duc de Bourgogne (1467-1477)
1° Catherine de France
2° Isabelle de Bourbon
3° Marguerite d'York

MARIE DE BOURGOGNE († 1482)
ép. Maximilien de Habsbourg,
Empereur (1493-1519)

PHILIPPE LE BEAU († 1506)
ép. Jeanne la Folle

CHARLES QUINT
Empereur († 1558)

JEAN
Comte d'Angoulême († 1467)
ép. Marguerite de Rohan

CHARLES
Comte d'Angoulême († 1496)
ép. Louise de Savoie

FRANÇOIS Ier
Roi de France (1515-1547)

LES ALLIANCES DE L

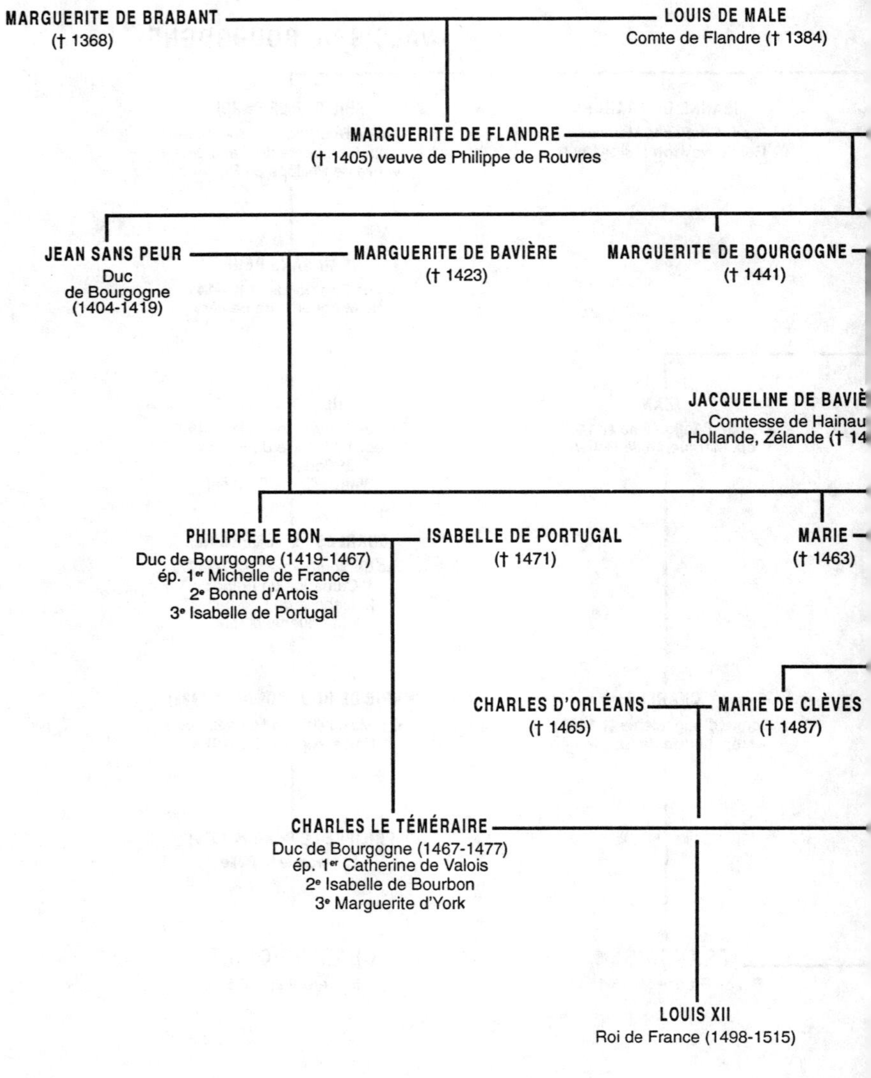

MAISON DE BOURGOGNE

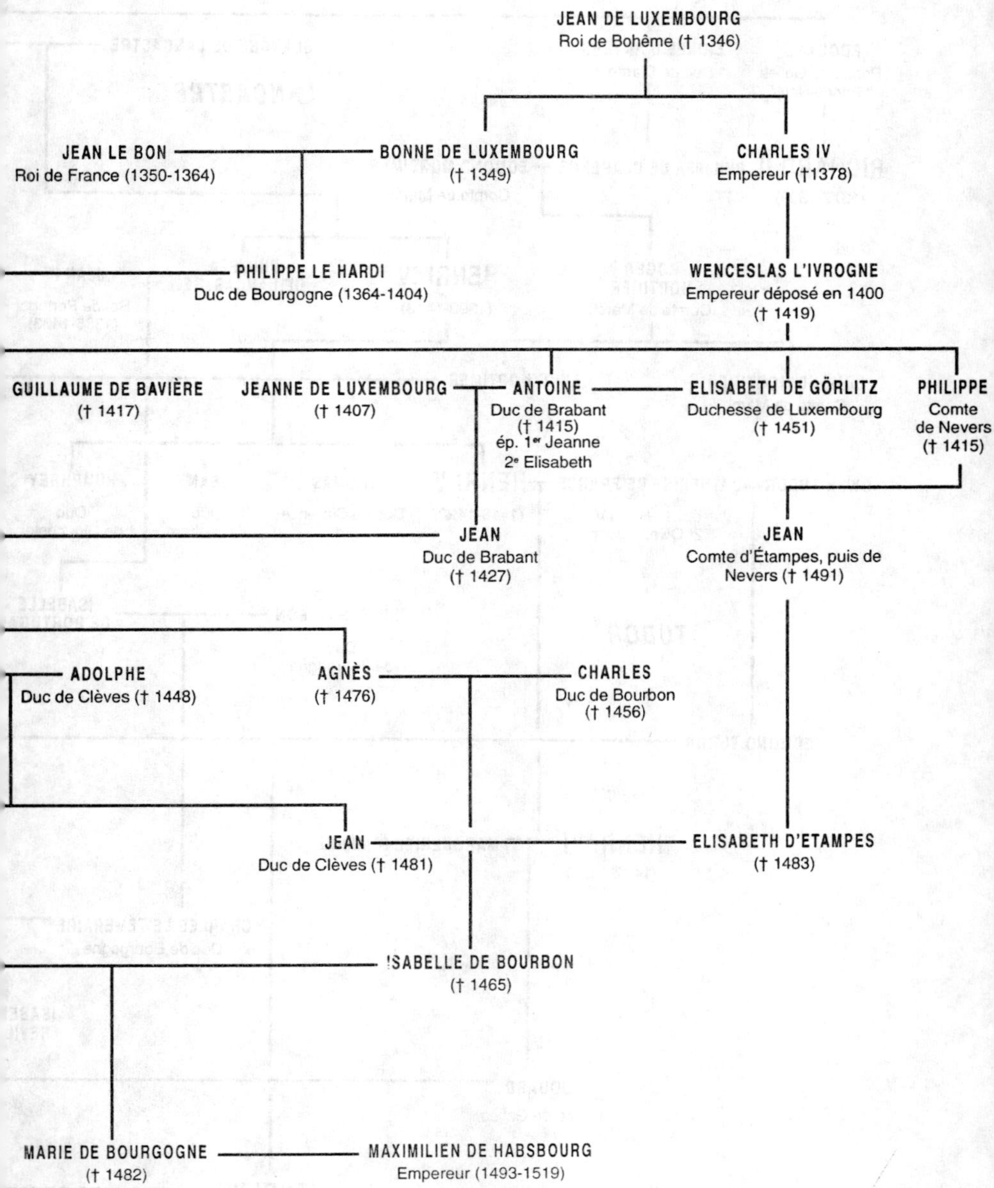

LES ROIS

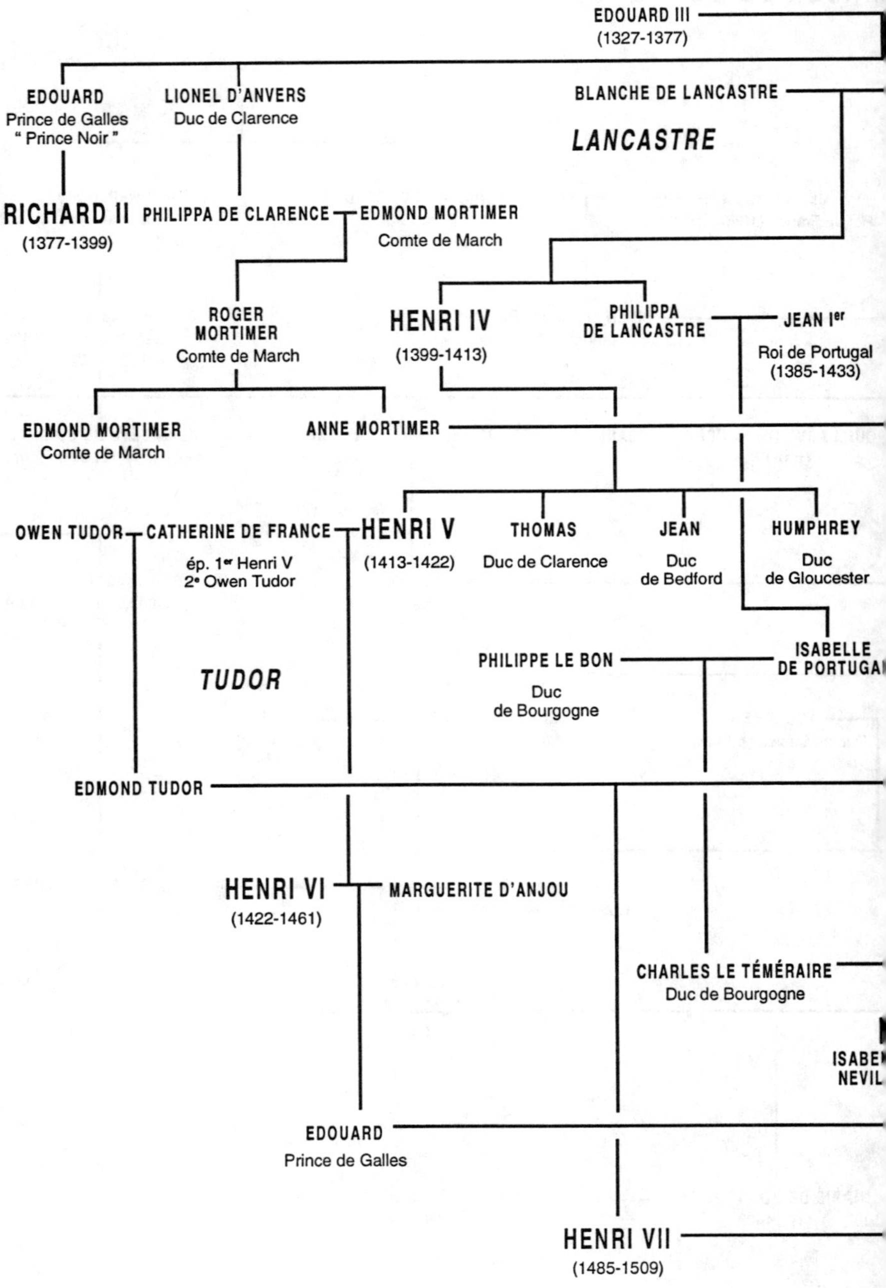

EDOUARD III
(1327-1377)
EDOUARD
Prince de Galles
" Prince Noir "
LIONEL D'ANVERS
Duc de Clarence
BLANCHE DE LANCASTRE
LANCASTRE
RICHARD II
(1377-1399)
PHILIPPA DE CLARENCE
EDMOND MORTIMER
Comte de March
ROGER
MORTIMER
Comte de March
HENRI IV
(1399-1413)
PHILIPPA
DE LANCASTRE
JEAN Ier
Roi de Portugal
(1385-1433)
EDMOND MORTIMER
Comte de March
ANNE MORTIMER
OWEN TUDOR
CATHERINE DE FRANCE
ép. 1er Henri V
2e Owen Tudor
HENRI V
(1413-1422)
THOMAS
Duc de Clarence
JEAN
Duc
de Bedford
HUMPHREY
Duc
de Gloucester
TUDOR
PHILIPPE LE BON
Duc
de Bourgogne
ISABELLE
DE PORTUGA
EDMOND TUDOR
HENRI VI
(1422-1461)
MARGUERITE D'ANJOU
CHARLES LE TÉMÉRAIRE
Duc de Bourgogne
ISABE
NEVIL
EDOUARD
Prince de Galles
HENRI VII
(1485-1509)

NGLETERRE

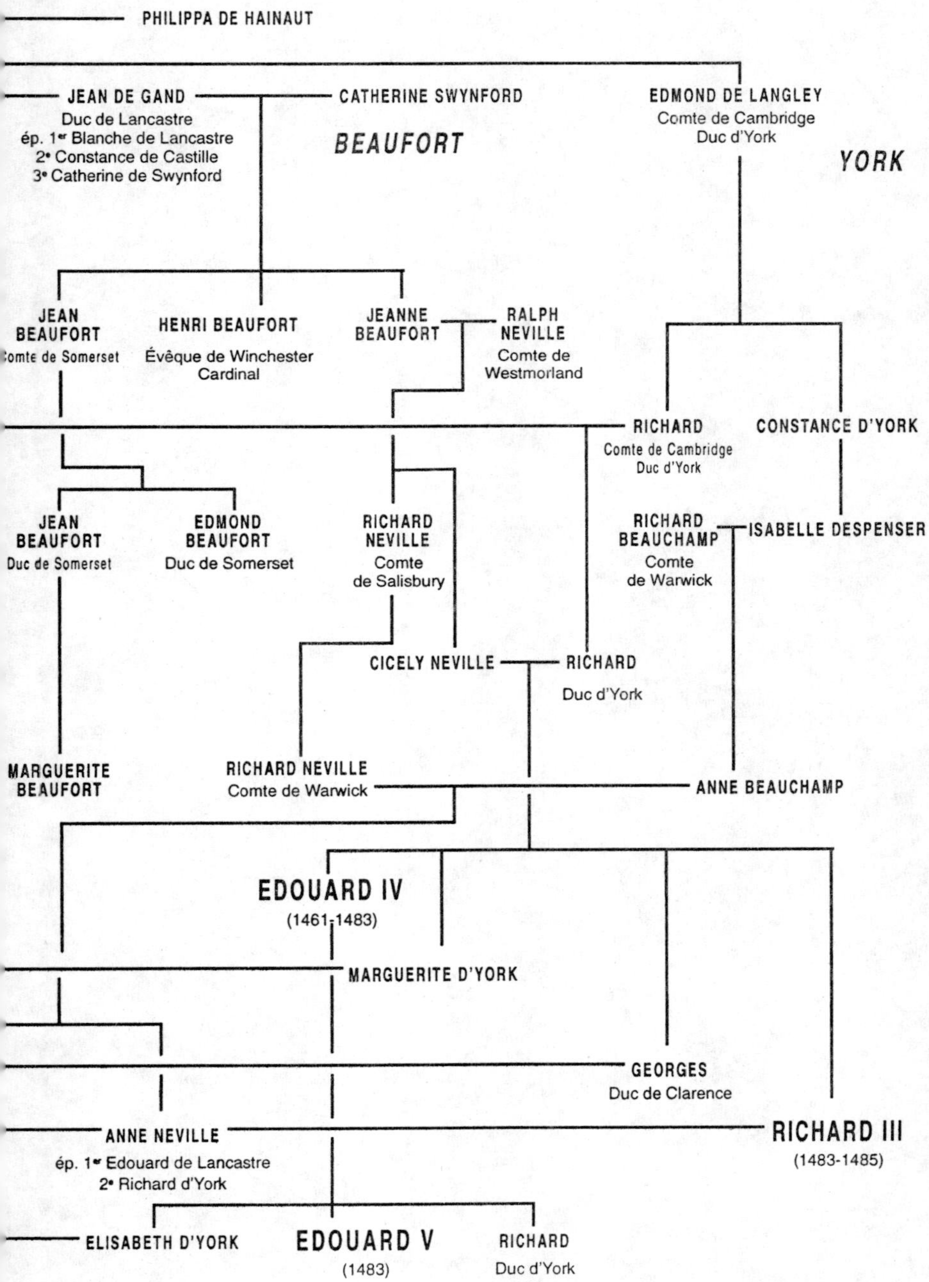
PHILIPPA DE HAINAUT
JEAN DE GAND
Duc de Lancastre
ép. 1er Blanche de Lancastre
2e Constance de Castille
3e Catherine de Swynford
CATHERINE SWYNFORD
BEAUFORT
EDMOND DE LANGLEY
Comte de Cambridge
Duc d'York
YORK
JEAN BEAUFORT
Comte de Somerset
HENRI BEAUFORT
Évêque de Winchester
Cardinal
JEANNE BEAUFORT
RALPH NEVILLE
Comte de Westmorland
RICHARD
Comte de Cambridge
Duc d'York
CONSTANCE D'YORK
JEAN BEAUFORT
Duc de Somerset
EDMOND BEAUFORT
Duc de Somerset
RICHARD NEVILLE
Comte de Salisbury
RICHARD BEAUCHAMP
Comte de Warwick
ISABELLE DESPENSER
CICELY NEVILLE
RICHARD
Duc d'York
MARGUERITE BEAUFORT
RICHARD NEVILLE
Comte de Warwick
ANNE BEAUCHAMP
EDOUARD IV
(1461-1483)
MARGUERITE D'YORK
GEORGES
Duc de Clarence
ANNE NEVILLE
ép. 1er Edouard de Lancastre
2e Richard d'York
RICHARD III
(1483-1485)
ELISABETH D'YORK
EDOUARD V
(1483)
RICHARD
Duc d'York

INDEX DES NOMS DE LIEUX ET DE PERSONNES

BIBLIOGRAPHIE

Cette bibliographie comprend les documents utilisés dans l'ouvrage et donne l'état des travaux les plus récents.

Actes du colloque de Lille et d'Arras, *1454, Lille-Arras et le vœu du faisan*, Université d'Artois, 1995.

Actes du colloque de Liège, *Liège et Bourgogne*, tenu à Liège en octobre 1968, Université de Liège, 1972.

Actes du colloque de Nancy, *Cinq-centième anniversaire de la bataille de Nancy,* organisé par l'Institut de recherche régionale en sciences sociales, humaines et économiques de l'Université de Nancy-II, septembre 1977.

Actes du colloque de Grandson, *Grandson, 1476. Essai d'approche interdisciplinaire d'une action militaire au XVe siècle*, sous la dir. de D. REICHEL, avec la participation de J.-E. GENEQUAND, J.-F. BERGIER, R. PERNOUD, A. GASSER, C. BRUSTEN, E. HEER, H.-R. KURZ, Centre d'histoire, Lausanne, 1976.

Actes du colloque de Morat, *Cinquième centenaire de la bataille de Morat. Un événement suisse d'histoire européenne entre le Moyen Age et les Temps modernes*, avec la participation de C. PFAFF, G. GROSJEAN, P. CONTAMINE, H. WIESFLECKER, G. SOLDI-RONDININI, L.-E. ROULET, Baron SNOY ET D'OPPUERS, Éditions universitaires, Fribourg, 1976.

AUTRAND F., *Charles VI. La folie du roi*, Fayard, 1986.

Azincourt, présenté par P. CONTAMINE, Julliard, 1964.

BARANTE P. DE, *Histoire des ducs de Bourgogne de la maison de Valois, 1364-1477*, Delloye, 1839.

BARBEY F., *Louis de Chalon, prince d'Orange, seigneur d'Orbe, Échallens, Grandson (1390-1463)*, Payot, Lausanne, 1926.

BARTIER J., *Charles le Téméraire*, Dessart, Bruxelles, 1944.

BARTIER J., *Légistes et gens de finances au XVe siècle. Les conseillers des ducs de Bourgogne, Philippe le Bon et Charles le Téméraire*, éd. J. Ducullot, Gembloux, Bruxelles, 1952.

BASIN T., *Histoire de Louis XI*, éd. et trad. C. SAMARAN et M.-C. GARAND, Les Belles Lettres, 1963-1966-1972, 3 vol.

BEAUNE C., « Les vœux du faisan », dans *Splendeurs de la cour de Bourgogne*, Robert Laffont, 1995.

BESSON A., *Marie de Bourgogne : la princesse aux chaînes*, Nouvelles Éditions Latines, 1994.

BITTMANN K., *Ludwig XI und Karl der Kühne. Die « Memoiren » des Philippe de Commynes als historische Quelle*, Max Planck Instituts für Geschichte, Göttingen, 1961-1964-1970, 3 vol.

BONENFANT P., STENGERS J., *Le rôle de Charles le Téméraire dans le gouvernement de l'État bourguignon en 1465-1467*, Annales de Bourgogne, t. XXV, 1953.

BONENFANT P., *Philippe le Bon*, La Renaissance du Livre, Bruxelles, 1955.

BONENFANT P., *Philippe le Bon : sa politique, son action*, De Bœck Université, Bruxelles, 1996.

BORY J.-R., *Le sang et l'or de la Renaissance. L'épopée du service étranger*, Delachaux et Niestlé, Neuchâtel-Paris, 1978-1985.

BRION M., *Charles le Téméraire, grand-duc d'Occident*, 1947, Nouvelles éditions Librairie Jules Tallandier, 1977.

BRUSTEN C., *Les itinéraires de l'armée bourguignonne de 1465 à 1478*, Centre européen d'études burgondo-médianes, n° 2, 1960.

BRUSTEN C., *Les campagnes liégeoises de Charles le Téméraire*, Actes du colloque de Liège, 1972.

BRUSTEN C., *Les compagnies d'ordonnance dans l'armée bourguignonne*, Actes du colloque de Grandson, 1976.

BRUSTEN C., *La fin des compagnies d'ordonnance de Charles le Téméraire*, Actes du colloque de Nancy, 1977.

CALMETTE J., *Le mariage de Charles le Téméraire et de Marguerite d'York*, Annales de Bourgogne, t. I, 1929.

CALMETTE J., *La formation de l'unité espagnole*, Flammarion, 1946.

CALMETTE J., *Les grands ducs de Bourgogne*, Albin Michel, 1949, nouv. éd. 1994.

CARON M.-T., *La noblesse dans le duché de Bourgogne (1315-1477)*, Presses universitaires de Lille, 1987.

CARON M.-T., *Noblesse et pouvoir royal en France, XIIIe-XVIe siècle*, Armand Colin, 1994.

CARON M.-T., *Le banquet du vœu du faisan. Fête de cour et prise de conscience européenne*, Actes du colloque de Lille et d'Arras, 1995.

CAUCHIES J.-M., « Baudouin de Bourgogne (v. 1446-1508), bâtard, militaire et diplomate », *Revue du Nord*, t. LXXVII, Université de Lille-III, 1995.

CAUCHIES J.-M., « Le droit et les institutions dans les anciens Pays-Bas sous Philippe le Bon (1419-1467) », *Cahiers de Clio*, n° 123, 1995.

CAUCHIES J.-M., *Louis XI et Charles le Hardi. De Péronne à Nancy (1468-1477) : le conflit*, De Bœck Université, Bruxelles, 1996.

CAZAUX Y., *Marie de Bourgogne*, Albin Michel, 1967.

CHABEUF H., *Charles le Téméraire à Dijon en janvier 1474*, Mémoires de la Société bourguignonne d'histoire, t. XVIII, Dijon, 1902.

CHAMPEAUX E., *Les ordonnances des ducs de Bourgogne sur l'administration de la justice du duché*, rééd. Mégariotis Reprints, Genève, 1978.

Charles le Téméraire, 1433-1477. Exposition organisée à l'occasion du cinquième centenaire de sa mort, Catalogue rédigé par P. COCKSHAW, C. LEMAIRE et A. ROUZET, Bibliothèque royale Albert-Ier, Bruxelles, 1977.

CHASTEL A., « La pré-Renaissance », dans *Histoire et Société. Mélanges offerts à Georges Duby*, Presses de l'Université de Provence, 1992.

CHASTELLAIN G., *Œuvres*, éd. H. Kervyn de Lettenhove, Académie royale de Belgique, Bruxelles, 1863-1868, 8 vol.

CHASTELLAIN G., *Chronique : les fragments du livre IV révélés par l'« Additional manuscript » 54156 de la British Library*, éd. J.-C. Delclos, Droz, Genève, 1991.

CHASTELLAIN G., « Déclaration des hauts faits du duc Philippe », dans *Splendeurs de la cour de Bourgogne*, Robert Laffont, 1995.

Chronique de Lorraine (extraits), trad. C. Thiry, dans *Splendeurs de la cour de Bourgogne*, Robert Laffont, 1995.

Claus Sluter en Bourgogne. Mythe et représentations, Exposition organisée par l'Association Claus Sluter, Musée des Beaux-Arts de Dijon, 1990.

CLAUZEL D., *Lille 1454, une bonne ville dans les allées du pouvoir*, Actes du colloque de Lille et d'Arras, 1995.

CLERQ J. DU, *Mémoires, 1448-1467*, éd. F. de Reiffenberg, Bruxelles, 1835-1836, 4 vol.

COMMEAUX C., *La vie quotidienne en Bourgogne du temps des ducs Valois : 1364-1477*, Hachette, 1979.

COMMYNES P. DE, *Mémoires*, présenté par P. CONTAMINE, Imprimerie nationale éditions, 1994.

DARDENNE-BAS P., *Les conseillers des ducs de Bourgogne à travers les chroniqueurs*, Mémoire de maîtrise sous la dir. de R. Fossier, Université de Paris-I, 1983.

DELCLOS J.-C., *Le témoignage de Georges Chastellain, historiographe de Philippe le Bon et de Charles le Téméraire*, Droz, Genève, 1980.

DENNIS A., *Jeanne la Folle, mère de Charles Quint*, trad. fse, Hachette, 1956.

Dépêches des ambassadeurs milanais sur les campagnes de Charles le Hardi, duc de Bourgogne, de 1474 à 1477, éd. F. de Gingins La Sarraz, Paris-Genève, 1858, 2 vol.

DEUCHLER F., *Die Burgunderbeute*, Verlag Stämpfli und Cie, Berne, 1963.

DUMONT G.-H., *Marie de Bourgogne*, Fayard, 1982.

ESCOUCHY M. D', *Chronique*, éd. G. du Fresne de Beaucourt, Société de l'histoire de France, 1863-1864, 3 vol.

ERLANGER P., *Marguerite d'Anjou, reine d'Angleterre*, éd. Émile-Paul Frères, 1932.

ETTERLIN P., *Kronica von der loblichen Eydgenoschaft*, J. J. Sprengen, Bâle, 1752.

FAVIER J., *La guerre de cent ans*, Fayard, 1980.

FRÉDÉRIX P., *La mort de Charles le Téméraire*, Gallimard, 1966.

FRIS V., *Histoire de Gand*, Librairie nationale d'art et d'histoire, G. Van Œst et Cie, Bruxelles, 1913.

GACHARD L.-P., *Documents inédits concernant l'histoire de Belgique*, L. Hauman, Bruxelles, 1833-1835, 3 vol.

Gand, apologie d'une ville rebelle, sous la dir. de J. DECAVELE, Fonds Mercator, Anvers, 1989.

GASSER A., *Les guerres de Bourgogne, leurs causes, leur déclenchement*, Actes du colloque de Grandson, Lausanne, 1976.

GHINZONI P., *La battaglia di Morat*, Archivio Storico Lombardo, Milan, 1892.

GROOTHUIS B., *Charles de Charolais en Hollande, 1457-1465*, Mémoire de fin d'études, sous la dir. de W. Blockmans, Université royale de Leyde, 1990.

GROSJEAN G., *Die Schlacht bei Murten in drei altschweizerischen Chronikbildern*, Bibliophile Drucke von Josef Stocker, Dietikon-Zurich, 1975.

GROSJEAN G., *Die Murtenschlacht. Analyse eines Ereignisses*, dans *Cinquième centenaire de la bataille de Morat*, Actes du colloque de Morat, Fribourg, 1976.

GROUSSET R., *Figures de proue*, Balland, 1992.

GUENÉE B., *Un meurtre, une société : l'assassinat du duc d'Orléans, 23 novembre 1407*, Gallimard, 1992.

HERMARY-VIEILLE C., *Un amour fou*, O. Orban, 1991.

HUIZINGA J., *La physionomie morale de Philippe le Bon*, Annales de Bourgogne, t. IV, 1932.

HUIZINGA J., *L'automne du Moyen Age*, dernière édition française, Payot, 1993.

Isabelle de Portugal, duchesse de Bourgogne, 1397-1471, Exposition organisée par la Bibliothèque royale Albert-Ier, Catalogue rédigé par C. LEMAIRE et M. HENRY, Étude iconographique par A. ROUZET, Bibliothèque royale Albert-Ier, Bruxelles, 1991.

Journal d'un Bourgeois de Paris, dans *Mémoires pour servir à l'histoire de France et de Bourgogne*, première édition J.-M. Gandouin et P.-F. Giffart, 1729.

Journal d'un bourgeois de Paris, H. Jonquière, 1929.

KANAO T., *Le messager à la cour de Bourgogne à la fin du Moyen Age,* Thèse de doctorat, sous la dir. de J. Heers, Institut d'histoire de l'Université de Paris-Sorbonne (Paris-IV), 1992.

KENDALL P. M., *Louis XI,* trad. fse, Fayard, 1974.

KENDALL P. M., *Warwick, le faiseur de rois*, trad. fse, Fayard, 1981.

KIRK J.F., *Histoire de Charles le Téméraire, duc de Bourgogne*, trad. fse, Librairie Internationale, 1866, 3 vol.

KRUSE H., *Hof, Amt und Gagen. Die täglichen Gagenlisten des burgundischen Hofes (1430-1467) und der erste Hofstaat Karls des Kühnen (1456)*, Pariser Historische Studien, n° 44, Bouvier, Bonn, 1996.

KURZ H.-R., *Grandson, 2 mars 1476. Le déroulement de la bataille,* Actes du colloque de Grandson, Lausanne, 1976.

LABORDE L. DE, *Les ducs de Bourgogne. Études sur les lettres, les arts et l'industrie pendant le XVe siècle*, 1849-1852, 3 vol.

LACURNE DE SAINTE-PALLAYE J.-B. DE, *Mémoires sur l'ancienne chevalerie*, t. II, *Les honneurs de la cour (Mémoire d'Aliénor de Poitiers, vicomtesse de Furnes)*, Paris, 1781.

La maison de Savoie en pays de Vaud, sous la dir. de B. ANDENMATTEN et de D. DE RAEMY, Payot, Lausanne, 1990.

LA MARCHE O. DE, *Mémoires d'Olivier de La Marche, maître d'hôtel et capitaine des gardes de Charles le Téméraire*, éd. H. Beaune et J. d'Arbaumont, Société de l'histoire de France, 1883-1888, 4 vol.

LANDRY C.-F., *Charles, dernier duc de Bourgogne*, La Guilde du Livre, Lausanne, 1960.

La Toison d'or. Cinq siècles d'art et d'histoire, Exposition organisée par le ministère de l'Éducation nationale et de la Culture et la Ville de Bruges au Musée communal des Beaux-Arts, Catalogue édité par la Ville de Bruges, 1962.

LAURIOUX B., « Banquets, entremets et cuisine à la cour de Bourgogne », dans *Splendeurs de la cour de Bourgogne,* Robert Laffont, 1995.

La vraye déclaration du fait et conduite de la bataille de Nancy, publié en annexes par P. FRÉDÉRIX, dans *La mort de Charles le Téméraire*, Gallimard, 1966.

LEBEUF Abbé, *Mémoires concernant l'histoire ecclésiastique et civile d'Auxerre*, 1743, 2 vol.

Le butin des guerres de Bourgogne et œuvres d'art de la cour de Bourgogne, Catalogue d'exposition rédigé par D. W. H. SCHWARZ, H.-R. KURZ, F. DEUCHLER et R. L. WYSS, Musée d'histoire de Berne, 1969.

LE CAM A., *Charles le Téméraire, un homme et son rêve,* Éditions In Fine, 1992.

LECAT J.-P., *Quand flamboyait la Toison d'or*, Fayard, 1982.

LECAT J.-P., *Le siècle de la Toison d'or*, Flammarion, 1986.

LEGUAI A., *Charles le Téméraire face au roi de France et au royaume de France,* Actes du colloque de Nancy, 1977.

LEGUAI A., *Royauté française et État bourguignon de 1435 à 1477*, Centre européen d'études bourguignonnes, t. XXXII, 1992.

LINAS C. DE, *Procès-verbal des fouilles et de la découverte des ossements,* Mémoires de la Société d'archéologie de Lorraine, 1865.

LORY E.-L., *Les obsèques de Philippe le Bon, duc de Bourgogne, mort à Bruges en 1467,* Mémoires de la Commission des Antiquités du département de la Côte-d'Or, t. VII, 1869.

MAES L.-T., DOGAER G., *A propos de l'ordonnance de Thionville promulguée par Charles le Téméraire en 1473*, Annales de Bourgogne, t. XLV, 1973.

MANDROT B. DE, *Relations de Charles VII et de Louis XI avec les cantons suisses*, Jahrbuch für Schweizerische Geschichte, Zurich, 1881.

MARIX J., *Histoire de la musique et des musiciens de la cour de Bourgogne sous le règne de Philippe le Bon (1420-1467)*, Minkoff Reprint, Genève, 1972.

MICHELET J., *Le Moyen Age*, Robert Laffont, 1981.

MOLINET J., *Chroniques,* éd. G. Doutrepont et O. Jodogne, Académie royale de Belgique, Bruxelles, 1935-1937, 3 vol.

MOLLAT M., « Recherches sur les finances des ducs Valois de Bourgogne », *Revue historique*, t. CCXIX, Presses universitaires de France, 1958.

MOLLAT M., *Une enquête à poursuivre : la situation financière de Charles le Téméraire dans les derniers temps de son règne*, Actes du colloque de Nancy, 1977.

MORAND K., *Claus Sluter. Artist at the Court of Burgundy*, Photographies de D. FINN, Harvey Miller, Londres, 1991.

MORTUREUX F., *Charles le Téméraire : approche historique et psychopathologique*, Thèse de médecine sous la dir. de G. Darcourt, Université de Nice, 1990.

MÜLLER H., *Kreuzzugspläne und Kreuzzugspolitik des Herzogs Phi-*

lipp des Guten von Burgund, Vandenhœck & Ruprecht, Göttingen, 1993.

NÉRET J.-A., *Le Téméraire, Charles de Bourgogne*, Amiot-Dumont, 1952.

NERLINGER C., *Pierre de Hagenbach et la domination bourguignonne en Alsace*, Berger-Levrault, Nancy, 1890.

OCHSENBEIN G.F., *Die Urkunden der Belagerung und Schlacht von Murten*, E. Bielmann, Fribourg, 1876.

PARAVICINI W., *Guy de Brimeu, seigneur d'Humbercourt, lieutenant de Charles le Téméraire au pays de Liège,* Actes du colloque de Liège, 1972.

PARAVICINI W., *Guy de Brimeu. Der Burgundische Staat und seine adlige Führungsschicht unter Karl dem Kühnen*, Pariser Historische Studien, Bonn, 1975.

PARAVICINI W., *Karl der Kühne. Das Ende des Hauses Burgund,* Musterschmidt, Göttingen-Zurich-Francfort, 1976.

PARAVICINI W., « Charles le Téméraire à Tours », dans *Villes, bonnes villes, cités et capitales. Mélanges offerts à Bernard Chevalier*, Tours, 1989.

PARAVICINI W., *Philippe le Bon en Allemagne, 1454,* Actes du colloque de Lille et d'Arras, 1995.

PARAVICINI W., *Der Briefwechsel Karls des Kühnen (1433-1477). Inventar*, Peter Lang, Francfort, 1995, 2 vol.

PARAVICINI W., « Kleve, Geldern und Burgund im Sommer 1473 », *Francia*, n° 23/1, Institut historique allemand, 1996.

PAVIOT J., *La politique navale des ducs de Bourgogne, 1384-1482*, Presses universitaires de Lille, 1995.

PAVIOT J., *Portugal et Bourgogne au* XV*e* *siècle,* Centre culturel Calouste Gulbenkian et Commission nationale pour les commémorations des découvertes portugaises, Lisbonne-Paris, 1995.

PETIT E., *Avallon et l'Avallonnais, étude historique*, C. Gallot, Auxerre, 1867 ; nouvelle édition, Librairie Voillot, Avallon, 1992.

PETIT E., *Histoire des ducs de Bourgogne de la race capétienne*, Société bourguignonne de géographie et d'histoire, Imprimerie Darantière, Dijon, 1885-1905, 9 vol.

PETIT E., *Itinéraires de Philippe le Hardi et de Jean sans Peur (1363-1419)*, Imprimerie nationale, 1888.

PICARD E., « Le lieu et la date de naissance de Philippe le Bon », *Revue de Bourgogne,* t. XIV, 1926.

PIRENNE H., *Histoire de Belgique*, La Renaissance du Livre, Bruxelles, 1948.

POCQUET DU HAUT-JUSSÉ B.-A., *Le retour de Nicopolis et la rançon de Jean sans Peur,* Annales de Bourgogne, t. IX, 1937.

POCQUET DU HAUT-JUSSÉ B.-A., *Jean sans Peur, son but, sa méthode*, t. XIV, Annales de Bourgogne, 1942.

PREVENIER W., BLOCKMANS W., *Les Pays-Bas bourguignons*, Fonds Mercator, Anvers, 1983.

PREVENIER W., BOONE M., « Le rêve d'un État urbain », dans *Gand, apologie d'une ville rebelle*, Anvers, 1989.

RENET P.-C., *Beauvais et le Beauvaisis dans les Temps modernes, époque de Louis* XI *et de Charles le Téméraire, 1461-1483*, 1898, rééd. Genève, 1977.

RICHARD J., *Histoire topographique de Dijon,* Mémoires de la Commission des Antiquités du département de la Côte-d'Or, t. XXII, 1948.

RICHARD J., *Le Vieux-Chastel*, Mémoires de la Commission des Antiquités du département de la Côte-d'Or, t. XXV, 1964.

RILKE R.M., *Les cahiers de Malte Laurids Brigge*, trad. fse, Seuil, 1980.

RODT E. VON, *Die Feldzüge Karls der Kühnen, Herzog von Burgund, und seiner Erben*, Hurter, Schaffhausen, 1843-1844, 2 vol.

ROULET L.-É., *Neuchâtel et la paix de Bourgogne*, Centre européen d'études bourguignonnes, n° 17, 1976.

ROULET L.-É., *Le duc René à la bataille de Morat,* Actes du colloque de Nancy, 1977.

ROULET L.-É., *Le Téméraire à Morat : plaidoyer pour une réhabilitation,* Centre européen d'études bourguignonnes, n° 26, 1986.

ROULET L.-É., *Présence et engagement des combattants anglais à Grandson et Morat,* Centre européen d'études bourguignonnes, n° 35, 1995.

ROYE J. DE, *Journal de Jean de Roye connu sous le nom de Chronique scandaleuse (1460-1483)*, éd. B. de Mandrot, Société de l'histoire de France, 1894-1896, 2 vol.

SABLONIER R., *État et structures militaires dans la Confédération autour des années 1480,* Actes du colloque de Nancy, 1977.

SCHELLE K., *Charles le Téméraire : la Bourgogne entre les lys de France et l'aigle de l'Empire*, trad. fse, Fayard, 1979.

SCHILLING D., *Die Berner Kronik, 1468-1484*, éd. G. Tobler, Berne, 1897-1901, 2 vol.

SCHNERB B., *Les funérailles de Jean sans Peur,* Annales de Bourgogne, t. LIX, 1982.

SCHNERB B., *Les Armagnacs et les Bourguignons. La maudite guerre,* Librairie académique Perrin, 1988.

SOMMÉ M., « La jeunesse de Charles le Téméraire d'après les comptes de la cour de Bourgogne », *Revue du Nord*, t. LXIV, Université de Lille-III, 1982.

SOMMÉ M., *Le cérémonial de la naissance et de la mort de l'enfant princier à la cour de Bourgogne au XVe siècle*, Centre européen d'études bourguignonnes, nº 34, 1994.

SOMMÉ M., *Isabelle de Portugal, duchesse de Bourgogne, une femme au pouvoir au XVe siècle*, Thèse sous la dir. de M.-T. Caron, Université Lille-III, 1995.

Splendeurs de la cour de Bourgogne, récits et chroniques, sous la dir. de D. RÉGNIER-BOHLER, Robert Laffont, 1995.

STEIN H., « Un diplomate bourguignon au XVe siècle, Antoine Haneron », *Bibliothèque de l'École des chartes, Revue d'érudition*, t. XCVIII, 1937.

TERLINDEN C. DE, « Coup d'œil sur l'histoire de l'ordre illustre de la Toison d'or », dans *La Toison d'or. Cinq siècles d'art et d'histoire*, Catalogue, Bruges, 1962.

THEIS L., *Histoire du Moyen Age français. Chronologie commentée de Clovis à Louis XI*, Bibliothèque complexe, 1996.

THIELEMANS M.-R., *Bourgogne et Angleterre. Relations politiques et économiques entre les Pays-Bas bourguignons et l'Angleterre, 1435-1467*, Presses universitaires de Bruxelles, 1966.

THIRY C., « Georges Chastellain, premier indiciaire des ducs de Bourgogne », dans *Splendeurs de la cour de Bourgogne*, Robert Laffont, 1995.

THIRY C., « La mort du Téméraire », dans *Splendeurs de la cour de Bourgogne*, Robert Laffont, 1995.

TITE-LIVE, *Hannibal*, édition choisie, traduite et commentée par M. GRIMAUD, Hachette, 1961.

TOUTEY É., *Charles le Téméraire et la ligue de Constance*, Hachette, 1902.

Trésors de la Toison d'or, Catalogue de l'exposition organisée au Palais des Beaux-Arts, Bruxelles, 1987.

VALLIÈRE P.-E. DE, *Morat, le siège et la bataille (1476)*, Éditions Spes, Lausanne, 1926.

VANDER LINDEN H., *Itinéraires de Marie de Bourgogne et de Maximilien d'Autriche (1477-1482)*, Commission royale d'histoire, Maurice Lamertin, Bruxelles, 1934.

VANDER LINDEN H., *Itinéraires de Charles, duc de Bourgogne, Marguerite d'York et Marie de Bourgogne (1467-1477)*, Commission royale d'histoire, Maurice Lamertin, Bruxelles, 1936.

VANDER LINDEN H., *Itinéraires de Philippe le Bon, duc de Bourgogne (1419-1467) et de Charles, comte de Charolais (1433-1467)*, Commission royale d'histoire, Palais des Académies, Bruxelles, 1940.

VAUGHAN R., *John the Fearless. The Growth of Burgundian Power*, Longmans, Londres, 1966.

VAUGHAN R., *Philip the Good. The Apogee of Burgundy*, Harlow, Londres, 1970.

VAUGHAN R., *Charles the Bold. The Last Valois Duke of Burgundy*, Longman, Londres, 1973.

WALSH R.J., « Charles the Bold and the Crusade : Politics and Propaganda », *Journal of Medieval History*, n° 3, 1977.

XÉNOPHON, *Cyropédie*, trad. M. BIZOS, Les Belles Lettres, 1971.

TABLE

Crédits des illustrations hors-texte

1 - Château de Versailles © Lauros-Giraudon.
2 - © Bulloz.
3 - *Philippe le Bon*, par Rogier Van der Weyden.
Musée des Beaux-Arts de Dijon © Lauros-Giraudon.
4 - Berlin, Gemaldegalerie © Bruckmann Giraudon.
5 - 16 - Paris, Musée du Louvre © Giraudon.
6 - Gand, Musée Voor Schone Kunsten © Giraudon.
7 - Paris, Musée du Louvre © Lauros-Giraudon.
8 - 9 - 10 - Arras, Bibliothèque Municipale © Giraudon.
11 - 12 - © Bruxelles, Bibliothèque Royale Albert 1er.
13 - Bibliothèque Nationale de France © Giraudon.
14 - Erich Lessing © Magnum.
15 - Paris, Collection particulière © Giraudon.
17 - 18 - © Avec l'aimable autorisation de la ville de Gorinchem.
19 - 20 - 22 - © Berne, Burgerbibliothek.
21 - © D.R.
23 - © Zurich, Zentralbibliothek.
24 - © Zurich, Musée National Suisse.
25 - 27 - © R.M.N.
26 - Musée des Beaux-Arts de Nancy © Gilles Mangin.
28 - 29 - 30 - 31 - © Musée des Beaux-Arts de Dijon.

Cet ouvrage a été composé
*par l'***Imprimerie Bussière**
et imprimé sur presse Cameron
dans les ateliers
de **Bussière Camedan Imprimeries**
à Saint-Amand-Montrond (Cher)
en mars 1997
pour le compte des éditions Grasset
61, rue des Saints-Pères, 75006 Paris

N° d'édition : 10305. N° d'impression : 328-4/272.
Dépôt légal : mars 1997.

Imprimé en France

ISBN : 2-246-53581-6